权威·前沿·原创

皮书系列为

“十二五”“十三五”国家重点图书出版规划项目

河北蓝皮书
BLUE BOOK OF HEBEI

河北法治发展报告（2019）

THE RULE-OF-LAW DEVELOPMENT REPORT OF HEBEI (2019)

主　　编／康振海　郭竞坤
执行主编／王艳宁　周保刚　李　靖

社会科学文献出版社
SOCIAL SCIENCES ACADEMIC PRESS (CHINA)

图书在版编目（CIP）数据

河北法治发展报告．2019／康振海，郭竞坤主编．－－北京：社会科学文献出版社，2019．9
（河北蓝皮书）
ISBN 978－7－5201－5494－9

Ⅰ．①河…　Ⅱ．①康…　②郭…　Ⅲ．①社会主义法制－研究报告－河北－2019　Ⅳ．①D927．22

中国版本图书馆 CIP 数据核字（2019）第 192186 号

河北蓝皮书
河北法治发展报告（2019）

主　　编／康振海　郭竞坤
执行主编／王艳宁　周保刚　李　靖

出 版 人／谢寿光
责任编辑／高振华
文稿编辑／李　昊

出　　版／社会科学文献出版社·城市和绿色发展分社（010）59367143
地址：北京市北三环中路甲 29 号院华龙大厦　邮编：100029
网址：www．ssap．com．cn
发　　行／市场营销中心（010）59367081　59367083
印　　装／天津千鹤文化传播有限公司

规　　格／开　本：787mm×1092mm　1/16
印　张：20．5　字　数：305 千字
版　　次／2019 年 9 月第 1 版　2019 年 9 月第 1 次印刷
书　　号／ISBN 978－7－5201－5494－9
定　　价／128．00 元

本书如有印装质量问题，请与读者服务中心（010－59367028）联系

《河北法治发展报告（2019）》
编　委　会

主　　任　董仚生

副 主 任　康振海　郭竞坤

编　　委　康振海　郭竞坤　杨思远　刘永志　薛兰锁
　　　　　　王艳宁　周保刚　罗云鹤　李　靖

主　　编　康振海　郭竞坤

执行主编　王艳宁　周保刚　李　靖

主编简介

康振海　1982年毕业于河北大学哲学系，获哲学学士学位；1987年9月至1990年7月在中央党校理论部中国现代哲学专业学习，获哲学硕士学位。现任河北省社会科学院党组书记、院长、省社科联第一副主席。

康振海同志在《人民日报》、《光明日报》、《经济日报》、《河北日报》、《河北学刊》、《社会科学论坛》、河北人民出版社等重要报刊和出版社发表、出版论著多篇（部），主持并完成《〈宣传干部行为规范〉可行性研究和草案初拟研究》等多项国家级、省部级立项课题。

郭竞坤　中共河北省委政法委员会常务副书记，中共河北省委全面依法治省委员会办公室副主任。

摘　要

《河北法治发展报告（2019）》是由河北省社会科学院牵头、法学研究所担纲，中共河北省委政法委员会全力支持，由省内法律实务部门、高等院校、科研机构的专家学者组成精干学术队伍研究编撰，由社会科学文献出版社着力推出的一部全景式反映河北法治建设的蓝皮书。《河北法治发展报告（2019）》由总报告、专题报告、调研报告、案例分析4个部分组成。

总报告阐述了2018年河北法治建设的总体情况，展望2019年河北省全面深化依法治省的前景。

专题报告推出了11篇研究报告。2018年河北省坚持大扶贫工作格局，推动全省脱贫攻坚工作迈出新的步伐，实现现行标准下65万贫困人口脱贫，11个国定贫困县通过国家评估验收，贫困发生率降至0.78%。《河北省精准脱贫成效及法治保障研究报告》提出，在精准扶贫工作中应更加注重法治的保障作用，实现精准扶贫法治化。河北省深化改革处于“三期叠加”的特定阶段，社会风险隐患增多，重大风险易发高发，需要正确把握社会重大风险特点及发展态势。《河北省重大社会风险特征及有效应对》指出，要拓宽公众参与的范围主体和渠道，提升风险防范化解信息化水平，有效防范化解各类风险，维护社会和谐稳定。《河北省检察机关公益诉讼运行情况研究》指出，河北检察机关将站在检察改革新起点上，立足工作新情况、新问题，进一步总结和分析检察公益诉讼发展趋势，确保在推进河北检察公益诉讼工作中，蹄疾步稳，牢牢把握主动。《河北省冬奥会知识产权保护机制研究报告》阐述了河北省通过制定《河北省奥林匹克标志保护规定》，建立冬奥会跨区域执法联动机制，开展专项整治行动，加强执法人员奥林匹克知识产权保护专题培训，开展冬奥会知识产权法律法规普及宣传活动等举措，有效保护了冬奥会知识产权。《河北省行政审批局运行存在的难点及优化路径》提出了应当设立省级行政审批局交流沟通平台、完善行政审批局规范化和标准化建设、提高窗口工作人员的业务水平和待遇、加快完善审监互动信息交流制度、打破“信息孤岛”实现互联互通、及时修订相关法律法规等对策举措。《河北省法治建设先进典型培树评选与宣传推介做法研究报告》指出，省委省政府主要领导和分管领导高度重视基层典型选树工作，详细介绍了河北省培树、评选、宣传、推广法治建设先进典型的经验做法，进一步擦亮了“法治三个十”等推动法治建设进程、记载法治建设成效的特色品牌。《河北省扫黑除恶专项斗争研究报告》指出，河北省委、省政府高度重视扫黑除恶专项斗争，把扫黑除恶作为一项重大政治任务抓紧抓实，取得了阶段性成果。提出应建立健全机制体制，深挖黑恶势力背后保护伞，铲除黑恶势力产生、存在的土壤，努力形成防止黑恶势力滋生蔓延的常态长效机制。

调研报告推出了6篇研究报告。其中，《2018年度河北省检察公信力测评报告》指出，2014年以来，河北省检察院在全国率先连续五年开展了检察公信力测评，通过不断探索实践，在检察公信力测评指标体系研究、测评工作机制建设和测评成果应用等方面取得良好成效。2018年度测评报告对全省测评数据进行了全面、客观分析，总结了公信力建设规律，发现问题，就进一步提升检察公信力提出建议。

案例分析推出3篇研究报告。其中，《新时代“枫桥经验”在河北创新发展情况研究报告》从分析新时代“枫桥经验”的核心意蕴出发，解读了“枫桥经验”的主要特性，并从中得到启迪，探讨了河北法院传承发展“枫桥经验”的具体实践和价值理念，通过从具体到抽象的思考过程，在中华司法文明的延续中开拓前进，不断推动纠纷化解工作向前发展。

关键词： 河北　法治发展　法治化治理　“枫桥经验”　法治评估

Abstract

The Rule-of-Law Development Report of Hebei (*2019*) is Hebei's blue book of recording practices of rule-of-law development. Compilation of this book is led by Hebei Academy of Social Sciences, undertaken by Institute of Law, and supported vigorously by Politics and Law Committee of the CPC Hebei Provincial Committee, which is a panoramic literature of the rule-of-law Hebei building formulated by capable academic teams made up by experts and scholars of legal practice departments, colleges/universities and research institutions inside the province published by Social Sciences Academic Press (China). *The Rule-of-Law Development Report of Hebei* (*2019*) consists of the four parts of General Reports, Explorations and Practices of the Rule-of-Law Hebei Building, the Rule-of-Law Governance, and Rule-of-Law Assessment. Of them, General Reports have an comprehensive statement of the overall rule-of-law development situation of Hebei in 2018, and forecast prospects of overall and in-depth advancement of Hebei's rule-of-law development in 2019.

Explorations and Practices of the Rule-of-Law Hebei Building contains 11 study reports. In 2018, Hebei Province followed the work pattern of integrated poverty alleviation, and advanced solving hard problems in the poverty elimination to achieve the new results that 650, 000 impoverished population shook off poverty under current standards, 11 counties on the state's poverty relief list passed the national assessment and check & acceptance, and the incidence of poverty fell to 0. 78%. "A Study Report of Results and Rule-of-Law Guarantee in the Targeted Poverty Alleviation of Hebei Province" in this part points out that more emphasis should be laid on rule-of-law guarantee in the targeted poverty alleviation to realize the rule-of-law targeted poverty alleviation. Hebei's deepening the reform is in the special phase of "three periods superimposition", in which hidden troubles of social risks are increasing, and significant risks are easy and frequent to occur, thus there is a need to exactly understand characteristics and development trends of significant social risks. The survey report of "Features of Significant Risks and Their Prevention & Dissolution Solutions in the Society of Hebei Province" points out that there is a need to widen ranges and channels of public participation, heighten the level of information application for risk prevention & dissolution, effectively prevent & dissolve various risks, and maintain social harmony and stability. "A Study Report of Public Interest Litigation Situation of Procuratorial Authorities of Hebei Province" points out that procuratorial authorities of Hebei Province will stand on the new starting point of procuratorial reform, focus on new work situations and problems, and further summarize and analyze development trends of public interest litigation of procuratorial authorities, to ensure having quick and steady pace, and firmly seizing the initiative in advancing public interest litigation of procuratorial authorities of Hebei Province. "A Study Report of Mechanisms of Protection of Intellectual Property of Winter Olympic Games (in Hebei Province)" expounds that Hebei Province has effectively protected intellectual property of Winter Olympic Games by formulating "Regulations of Hebei Province on Olympic Symbol Protection", establishing joint-action mechanisms of trans-regional law enforcement of Winter Olympic Games, launching special campaigns of rectification, strengthening special training of law enforcement personnel on protection of Olympic intellectual property, launching campaigns of popularization and publicity of laws and regulations on intellectual property of Winter Olympic Games, etc.. "Difficult Points in the Operation of Administrative Approval Bureau of Hebei Province and Its Improving Paths" puts forward such moves as establishing province-level communication platforms for the administrative approval bureau, improving regularization and standardization of the administrative approval bureau, improving professional competency and benefits of "window" working personnel, accelerating improvement of information exchange system of trial supervision interaction, breaking "information isolated islands" to realize interconnection, and timely amending relevantlaws and regulations. "A Study Report of Methods of Model Establishment and Publicityation in Hebei's Rule-of-Law Development" points out that main leaders and in-charge leaders of the CPC Hebei Provincial Committee and Hebei Provincial Government pay great attention to the work of grass-roots model selection/establishment, gives a detailed statement of experience and methods of Hebei's establishment, selection, publicity and extensive application of models in rule-of-law development, and further brightens characteristic brands of pushing forward the process of rule-of-law development and recording results in rule-of-law development, such as "Rule-of-Law Three Ten's" . "A Study Report of the Crime Crackdown Campaign in Hebei Province" points out that the CPC Hebei Provincial Committee and Hebei Provincial Government attach great importance to the crime crackdown campaign, and regard the crime crackdown as a significant political task, with solid work done and initial results achieved. The report puts forward establishing & improving mechanisms/systems, deeply digging out "protective umbrellas" behind criminal gangs, and rooting out soil of formation and existence of criminal gangs, in an effort to establish normal long-acting mechanisms to prevent criminal gangs from formation and spread.

The Rule-of-Law Governance contains six study reports. An Assessment Report of the Procuratorial Credibility of Hebei Province in 2018. Since 2014, the procuratorate of Hebei Province is the first in the country to launch the procuratorial credibility assessment for consecutive five years, and as a result of constant exploratory practices, good results have been achieved in research of indicator systems of procuratorial credibility assessment, establishment of assessment work mechanisms and application of assessment achievements, etc. The year-2018 assessment report conducts an overall and objective analysis of the provincial assessment data, summarizes credibility building regularities, identifies problems, and puts forward proposals on further heightening the procuratorial credibility.

Rule-of-Law Assessment contains one study report. "A Study Report of the Innovative Development Situation of 'Fengqiao's Experiences' in the New Era in Hebei" starts with analyzing core implications of "Fengqiao's Experiences" in the New Era, interprets major characteristics of "Fengqiao's Experiences" and gains enlightenments from it, explores specific practices and value philosophy of Hebei's courts carrying forward & developing "Fengqiao's Experiences", and forges ahead in the continuation of the Chinese judicial civilization through the thinking process from the specific to the abstract, to keep advancing dispute dissolution to move forward.

Keywords: Hebei; Rule-of-law Development; Rule-of-law Governance; "Fengqiao's Experiences"; Rule-of-law Assessment

目录

Ⅰ 总报告

B.1 2018年河北法治发展状况与2019年展望
…………………………………… 河北法治发展总报告课题组 / 001

Ⅱ 专题报告

B.2 河北省重大社会风险特征及有效应对…………………… 麻新平 / 051

B.3 河北省精准脱贫成效及法治保障研究报告……………… 王艳宁 / 064

B.4 河北省行政审批局运行存在的难点及优化路径………… 寇大伟 / 080

B.5 河北省环境保护地方立法面临的问题及对策建议……… 骆艳青 / 092

B.6 河北省检察机关公益诉讼运行情况研究
——立足2018年河北检察改革与公益诉讼检察实践
………………………………………………… 任昊丽　袁清海 / 099

B.7 河北省冬奥会知识产权保护机制研究报告……………… 李西娟 / 110

B.8 《河北省长城保护办法》实施中的主要问题及对策建议
………………………………………………………… 刘　勇 / 126

B.9 河北省法治建设先进典型培树评选与宣传推介做法研究报告
………………………………………………… 周保刚　冯　波 / 139

B.10 河北省扫黑除恶专项斗争研究报告 …………………… 刘淑娟 / 156

B.11 河北省检察机关扫黑除恶专项斗争情况研究报告
…………………………………………………… 贾志宏 袁 菲 / 168

Ⅲ 调研报告

B.12 河北省设区市公共资源配置领域政府信息公开情况调研报告
——以政府门户网站为观察对象
…………………………………………………………… 靳志玲 / 180
B.13 河北省中医药立法与实施情况调研报告
…………………………………………………… 田宝会 田雪娇 / 196
B.14 河北省加强县乡人大工作推进基层民主法治建设的调研报告
…………………………………………………………… 郑晨曦 / 210
B.15 新时期"枫桥经验"的河北实践：河北省开展"一乡一庭"
工作调研报告 ………………………………………… 董 颖 / 218
B.16 河北省乡规民约调研报告 ………………………… 蔡欣欣 曹 哲 / 228
B.17 2018年度河北省检察公信力测评报告 ………………… 尹孟良 / 241
B.18 2018年河北营商环境评价报告 ……………………… 李 靖 / 256

Ⅳ 案例分析

B.19 行政审批改革中"容缺预受理+并行并联审批"机制研究
——以河北省邯郸市为样本 ……………… 马一超 白长俊 / 266
B.20 新时代"枫桥经验"在河北创新发展情况研究报告
——以河北省法院系统创新工作为视角 …………… 高 娟 / 276
B.21 河北省人民法庭建设与改革创新研究报告
——以石家庄市赞皇县为主要视角 ……… 王 伟 祁晶晶 / 290

CONTENTS

I General Report

B.1 The Rule-of-Law Development Situation of Hebei in 2018 and a Forecast for 2019
The Program Team of the Rule-of-Law Development General Reports of Hebei / 001

II Special Reports

B.2 Features of Significant Risks and Their Prevention & Dissolution Solutions in the Society of Hebei Province *Ma Xinping* / 051

B.3 A Study Report of Results and Rule-of-Law Guarantee in the Targeted Poverty Alleviation of Hebei Province *Wang Yanning* / 064

B.4 Difficult Points in the Operation of Administrative Approval Bureau of Hebei Province and Its Improving Paths *Kou Dawei* / 080

B.5 Problems Existing and Solution Proposals in Local Legislation of Hebei Province on Environmental Conservation *Luo Yanqing* / 092

B.6 A Study Report of Public Interest Litigation Situation of Procuratorial Authorities of Hebei Province *Ren Haoli, Yuan Qinghai* / 099

B.7 A Study Report of Mechanisms of Protection of Intellectual Property of Winter Olympic Games (in Hebei Province)
Li Xijuan / 110

B.8 Main Problems and Solution Proposals in Implementation of "Methods of Hebei Province on the Great Wall Conservation"
Liu Yong / 126

B.9 A Study Report of Methods of Model Establishment and Publicity/Presentation in Hebei's Rule-of-Law Development
Zhou Baogang, Feng Bo / 139

B.10 Crime Crackdown Campaign 14-1 A Study Report of the Crime Crackdown Campaign in Hebei Province *Liu Shujuan* / 156

B.11 A Study Report of the Crime Crackdown Campaign Situation of Procuratorial Authorities of Hebei Province *Jia Zhihong, Yuan Fei* / 168

Ⅲ Reports of Research and Studies

B.12 A Survey Report of Governmental Information Disclosure in the Field of Allocation of Public Resources of Cities with Districts in Hebei Province *Jin Zhiling* / 180

B.13 A Study Report of Legislation of Hebei Province on the Administration of Chinese Medicine and Its Implementation
Tian Baohui, Tian Xuejiao / 196

B.14 A Survey Report of Hebei's Strengthening People's Congress Work at County/township Level to Advance Grassroots Democracy & Rule-of-Law Development *Zheng Chenxi* / 210

B.15 Hebei's Practices of "Fengqiao's Experiences" in the New Era: A Survey Report of Establishing "One Township, One Court" in Hebei Province *Dong Ying* / 218

B.16 A Survey Report of Village Rules in Hebei Province

Cai Xinxin, Cao Zhe / 228

B.17 An Assessment Report of the Procuratorial Credibility of Hebei Province in 2018 *Yin Mengliang* / 241

B.18 An Evaluation & Analysis Report of the Business Environment of Hebei Province in 2018 *Li Jing* / 256

Ⅳ Reports of Case Studies

B.19 Study of the Mechanism of "Pre-acceptance in 'Absence' + Parallel Approval" in Administrative Approval Reform

—A Case Study of Handan City, Hebei Province

Ma Yichao, Bai Changjun / 266

B.20 A Study Report of the Innovative Development Situation of "Fengqiao's Experiences" in the New Era in Hebei

—From the Perspective of the Innovative Work of the Court System of Hebei Province

Gao Juan / 276

B.21 A Study Report of People's Court Building and Reform & Innovation in Hebei Province

—From the Main Perspective of Shijiazhuang City and Zanhuang County

Wang Wei, Qi Jingjing / 290

总 报 告

General Report

B.1 2018年河北法治发展状况与2019年展望

河北法治发展总报告课题组*

摘　要： 2018 年，河北省坚持以习近平新时代中国特色社会主义思想为指导，深入学习贯彻党的十九大、中央全面依法治国委员会第一次会议精神，推进全面依法治省、建设法治河北各项工作再度取得卓越成绩。各级党委政府有关部门党政主要负责人认真落实推进法治建设第一责任人职责，进一步加强了法治建设工作的组织领导、研究谋划和协调推进。全省上下集中开展学习宣传活动，建立健全常态长效机制，宪法学习宣传和贯彻实施取得重大成效。省市两级立法机关围绕党委政府中心工作和深

* 课题组组长：薛兰锁，中共河北省委政法委副巡视员；副组长：周保刚，中共河北省委政法委法治处（省司改办）处长；课题组成员：郭红、韩利、杨少华、郝利锋、吴文合、朱敏、王利军、张振军、胡波、田雨、王琳钧、韩文功、桑欣宇等。主笔：周保刚。

化改革重点工作打造精品良法，为建设经济强省、美丽河北提供了有力法律保障。各级政府和政府组成部门持续深化“放管服”改革，依法行政和法治政府建设多项工作走在全国前列。全省政法机关深入推进司法体制改革和政法机关体制机制改革，执法规范化质效稳步提升。各地各部门深入开展“扫黑除恶”专项斗争，扎实推进“七五”普法规划实施，有力维护社会和谐稳定，为推进全面依法治省和改善营商环境营造了良好氛围。2019年，河北省将深入学习贯彻习近平新时代全面依法治国新理念新思想新战略，进一步加强法治建设重大理论和实践问题研究，深入推进科学立法、严格执法、公正司法、全民守法，持续推动法治河北建设迈向良法善治新境界，为全省改革发展稳定提供坚强法治保障。

关键词： 河北　全面依法治省　建设法治河北

党的十八大以来，以习近平同志为核心的党中央团结带领全国各族人民，统筹推进“五位一体”总体布局，协调推进“四个全面”战略布局，推动党和国家事业取得历史性成就、发生根本性变革。中共河北省委坚持以习近平新时代中国特色社会主义思想为指导，充分发挥统揽全局、协调各方作用，全面贯彻落实习近平总书记对河北工作的重要指示批示精神，自觉增强“四个意识”、坚定“四个自信”、做到“两个维护”，领导全省打赢了一场又一场硬仗，为服务改革稳定发展做出了重要贡献。2018年，河北省委、省委法治河北建设领导小组进一步提升政治站位，进一步加强了法治河北建设的研究谋划、组织协调、督导检查。河北省委政法委继续承担省委法治河北建设领导小组办公室职责，科学谋划、统筹推进法治河北、平安河北和政法队伍“三大建设”，充分发挥了省委法治办当好参谋助手、做好执行落实、着力协调督导等“中枢机构”作用。各级各部门深入学习贯彻中国共产党第十九次全国代表大会、中央全面依法治国委员会第一次会议精神，坚决贯彻党中央和省委决策部署，有力推动了法治建设各个领域的重点工作。2019 年，河北省将深入学习贯彻习近平全面依法治国新理念新思想新战略，深入学习贯彻党的十九大和中央全面依法治国委员会第一次、第二次会议精神，持续推进经济社会发展各项工作纳入法治化轨道。河北省委、省人大常委会、省政府、省委政法委、省委依法治省办已对 2019 年度加强党内法规制度建设、积极推进科学立法、加快建设法治政府、深化司法体制改革、深入开展全民普法等方面工作进行全面部署，各级各部门正在以更大力度深入推进法治领域重大举措，必将进一步提高法治河北建设的质量和水平。

一　2018年河北法治发展总体状况

2018 年是深入贯彻党的十九大精神的开局之年，学习宣传和贯彻落实党的十九大关于全面依法治国基本方略的意义十分重大。在以习近平同志为核心的党中央坚强领导下，河北省推进全面依法治省、建设法治河北各项工作再度取得卓越成绩，多项工作已与国内一流省份齐头并进，为开创新时代全面建设经济强省、美丽河北新局面提供了有力法治保障。

（一）提高各级党委依法执政能力和水平

2018 年，河北省各级党委政府和各有关部门党政主要负责人认真落实推进法治建设第一责任人职责，进一步加强法治建设工作的组织领导、研究谋划和协调推进。各级党委坚持党委统揽全局、协调各方，做到了党领导立法、保证执法、支持司法、带头守法的统筹兼顾和整体推进，确保党的集中统一领导贯穿于法治建设全过程和各方面。

1. 党对法治建设的领导进一步加强

省委省政府主要领导亲力亲为。河北省委书记王东峰同志、省长许勤同志亲自部署和督促法治建设重点工作，协调解决法治建设难题，推动法治建设举措落实，有力推动了党政主要负责人履行推进法治建设第一责任人职责的贯彻落实。省委常委会、省政府常务会多次召开专题会议传达贯彻中央依法治国委员会全体会议精神，研究部署法治建设工作，全面依法治省和法治政府建设进程进一步加快。

各地各部门党政主要领导履职尽责。河北各市县委书记认真履行第一责任人的职责，将法治建设纳入本地经济社会发展总体规划，按照要求定期听取法治建设工作汇报，专题研究法治建设重大问题，结合实际推进法治建设重点工作，确保省委部署的各项任务顺利完成。

2. 依法治省与依规治党、从严治党有机结合

科学决策、民主决策和依法决策水平进一步提升。2018 年 3 月 21 日，河北省委召开常委会扩大会议，审议并通过《中国共产党河北省委员会工作规则》《中共河北省委常委会议事决策规则》，进一步提高省委把方向、管大局、作决策、保落实的能力，党委（党组）工作科学化、民主化和制度化进程明显加快。

重大事项依法决策程度有力提升。河北省委省政府及有关部门制定出台了雄安新区规划建设、全面深化改革等党委决策议事协调机构的工作规则，制定出台环境空气质量通报排名和奖惩问责办法①、省级机关会议管理办法等多项党内法规和规范性文件，有力提升了制度治党、依规治党水平。

党内法规工作进一步完善。2018 年 5 月 4 日，河北省委印发《省委党内法规制定工作第二个五年规划（2018～2022 年）》（冀发〔2018〕22 号），从完善党的组织法规、党的领导法规、党的自身建设法规、党的监督保障法规四个方面，对今后 5 年省委党内法规制度建设进行了安排设计，提出了指导思想、目标要求、重点项目和落实要求，对于全方位立体式推进党内法规制度建设，确保坚定维护以习近平同志为核心的党中央权威和集中统一领导，确保党的领导更加坚强、党的执政地位更加坚固，具有重要意义。

---

① 2018 年 3 月，河北省印发《河北省城市及县（市、区）环境空气质量通报排名和奖惩问责办法（试行）》。规定排名靠后的不仅实施经济惩罚措施，还要对党政主要负责人进行严肃追责问责。

精神文明建设与法治建设融合程度有力提高。河北省委、省政府多次专题研究法治建设工作，立法机关、政府部门和全社会认真贯彻中共中央印发《社会主义核心价值观融入法治建设立法修法规划》（中发〔2018〕8号）和河北省委《关于深入贯彻落实〈社会主义核心价值观融入法治建设立法修法规划〉的通知》（冀发〔2018〕20号），推动社会主义核心价值观进一步融入法治建设。

3. 党政机关法律顾问制度逐步建立

河北省“四大班子”建立了法律顾问制度。2018年1月14日，省委常委会扩大会议明确，要建立完善省委法律顾问制度，推进省委民主、科学决策，依法决策，运用法治思维和法治方式抓大事、作决策。省人大常委会、省政府、省政协分别聘任法律顾问98名、21名、11名。

市县两级政府法律顾问充分发挥作用。2018年度，政府法律顾问为重大行政决策、重大行政行为提供法律意见14787条，参与起草、论证规章、规范性文件3424件，参与合作项目洽谈及审核协议、合同8015件，参与处置涉法涉诉、信访案件和为重大突发事件提供法律服务7806件，参与处置复议、诉讼、仲裁等法律事务7635件。

（二）加强法治建设组织领导和协调督促

2018年，河北省委政法委继续承担省委法治河北建设领导小组办公室运转职能，聚焦推进全面依法治省、建设法治河北总目标，加强研究谋划、组织协调、督导检查和考核评估相关工作，加速推进了全面依法治省各项重点工作。

1. 迅速传达贯彻中央全面依法治国新部署新要求

中央全面依法治国委员会第一次会议召开后，河北省委、省委政法委迅速传达习近平总书记重要讲话精神，充分认识成立中央全面依法治国委员会的重大意义，深入学习全面依法治国新理念新思想新战略，全面部署新机制新体制下的全面依法治省工作，以实际行动坚决当好首都政治“护城河”。

2. 统筹推进法治河北建设

充分发挥参谋助手作用。认真履行省委法治办职能，统筹协调各专项小组及其办公室全面做好法治河北建设的顶层设计、整体规划和衔接配套。以省委法治河北建设领导小组、省委法治办和省委政法委名义，分别制定印发了年度工作总体要求和重点工作安排，贯彻落实省委领导重要批示精神，做好产权保护重点工作和开展专项督察等安排部署类、组织协调类、督察推进类、考核评估类文件10份，与省法学会联合印发建立法治智库、举办法治论坛相关文件4份，参与起草以省委、省委办公厅等名义制发的文件，协调督促各地各部门认真抓好省委和领导小组决策议定事项的贯彻落实。

着力完善考评机制。按照中央和省委法治建设党内法规重要精神，对设区市法治建设考评机制进行了科学优化。按照定量与定性相结合的方式，完成了针对省直部门、各市、各县（市、区）、贫困县四类考核对象的年度考核。

3. 精心建立法治智库

建立了省级法治智库。省委政法委、省委法治办高度重视法治智库和专家队伍建设，会同省法学会建立河北法治智库。①

充分发挥第三方作用。支持河北经贸大学建立了全国首个地方法治建设研究中心，并委托其负责年度考核中的第三方评估项目。支持河北经贸大学、石家庄铁道大学等在正定县塔元庄建立法治实践基地，协调河北法制报社将塔元庄村作为第一批重点典型整理宣传，有力推动借鉴“枫桥经验”和提炼“塔元庄之治”，推动争取形成“南枫桥北塔元”经验体系。

建立全国第一家跨省域的法治研究中心。支持浙江工业大学与河北行政学院协作建立浙江工业大学法治河北研究中心，把外地经验引进来，把河北经验推出去。在研究制定河北省设区市法治建设指标体系（试行）过程中，研究中心专家给予了大力帮助。研究中心专家研究总结了塔元庄“抓党建、强法治、促新风、保民生”的依法治村典型经验，引导广大农村以村规民约推动乡村全面发展。

---

① 参见第42~43页有关内容。

4. 圆满完成两个年度“法治建设”专项考核

“法治建设”系全省年度综合考核中的一级指标。河北省委建立法治河北建设领导小组这一议事协调机构[①]之前，省委政法委就牵头负责“法治建设”专项考核。在省管领导班子和领导干部年度综合考核指标体系的一级指标“法治建设”之下，全面考核法治建设各个领域、系统的工作，其中省法制办负责的依法行政考核，省综治办、省维稳办和省信访局等部门负责的综治、维稳、信访等具体考核，均为法治建设专项考核的重要内容，并分别占据一定权重。

探索实践了科学的考评机制。依据河北省委法治办印发的实施细则、调查问卷、第三方评估要点等系列文件，完成了2017年度各市法治状况和法治建设工作成效专项考核。一是在全国率先出台设区市法治建设指标体系；二是创新实践内部考核、社会公众满意度调查、第三方专业评估相结合的“三位一体”考评机制；三是探索应用“设区市法治建设指数”理论得出各地当年度的“法治建设指数”；四是按年度综合考核指标体系分配的权重，折算后上报省委考核办。

“法治建设”涵盖多方面工作。在2018年三季度开始的各市2018年度法治建设工作的专项考核中，河北省委政法委组织和牵头省直各有关部门参加，具体考核内容调整为“法治河北建设”“平安河北建设”“信访”“维稳”“扫黑除恶专项斗争”5个方面，“依法行政”专项考核与地方立法、公正司法、法治宣传等均纳入“法治河北建设”指标体系统一掌握。

河北省委政法委还结合年度考核，对2018年全省涉法涉诉信访总体情况、部门分布、地域分布、受理情况、补瑕纠错情况、司法救助情况、信访秩序、打击违法犯罪等方面进行了精准通报。

5. 认真做好职责移交和工作衔接

2018年10月29日，根据省委党政机构改革中议事协调机构及其办事机构调整要求和安排，中共河北省委法治河北建设领导小组及其办公室停止

① 该领导小组于2015年建立。

运转。中共河北省委全面依法治省委员会成立，办公室设在省司法厅，省委政法委向省司法厅移交了全面依法治省有关文件和重要工作，介绍了省委政法委对法治、平安、队伍“三大建设”进行一体谋划、一体部署、一体推动，以及承担省委法治办职能期间建立运行的一系列机制制度和特色做法情况，并就提升政治站位、落实党内法规、加强统筹谋划、抓住“关键少数”、落实“五年规划”、完善机制制度、推进“协同法治”、履行“一岗双责”等重要工作切入点提出了建议。

（三）推动宪法学习宣传和贯彻实施

党中央做出深入学习宣传和贯彻实施宪法的重要决定后，河北省委书记、省人大常委会主任王东峰同志，省委副书记、省长许勤同志亲自研究部署，层层压实宪法学习宣传和贯彻实施的政治责任。全省各级各部门把学习宣传和贯彻实施宪法作为重要政治任务，在全社会营造学习宣传宪法的浓厚氛围和贯彻实施宪法的强大声势，确保了宪法确立的一系列重大制度落地见效。

1. 坚决拥护宪法修正案

2018 年 3 月 11 日，第十三届全国人民代表大会第一次会议通过并公布施行《中华人民共和国宪法修正案》，河北完全赞成、坚决拥护。省委要求，全省要把思想统一到全国“两会”精神上来，把学习宣传实施宪法作为一项重要政治任务抓紧抓好。省政府提出，政府系统要树牢“四个意识”，坚定“四个自信”，做到“四个服从”，切实抓好宪法的学习宣传和贯彻实施，坚定不移维护宪法作为根本法的权威地位。省政协要求政协各委员会和政协委员增强政治认同、思想认同、理论认同和情感认同，切实做到知行合一、以知促行。

2. 切实肩负政治责任

2018 年 3 月 21 日，河北省委常委会研究通过《关于深入学习宣传贯彻〈中华人民共和国宪法〉的实施意见》，对全省开展“尊崇宪法、学习宪法、遵守宪法、维护宪法、运用宪法”主题学习宣传活动作出了专门安排。省委印发了《2018 年中共河北省委理论学习中心组专题学习重点内容安排》，省委办公厅印发了《关于加强和改进党委（党组）理论学习中心组学习的意见》，对各级党委理论学习中心组宪法学习任务进行了明确。4 月 15 日，王东峰同志主持省委理论学习中心组学习报告会，邀请中国法学会副会长、中国社会科学院法学研究所原所长李林同志，围绕“我国宪法和推进全面依法治国”作了专题辅导，并与专家进行了深入的研讨交流。3 月 22 日，许勤同志主持召开省政府常务会议，专题学习了《中华人民共和国宪法》，并对政府系统贯彻实施宪法提出要求。

3. 党政领导带头履责

各市主要负责同志主动担责履责尽责。石家庄市委主要领导两次主持召开市委常委会，安排宪法学习宣传工作。唐山市委主要领导紧紧抓住领导干部这个“关键少数”，强力落实各级党委（党组）理论学习中心组学法制度，推动领导干部宪法学习常态化。承德市委主要领导主持召开 7 次市委理论学习中心组（扩大）会议和市委常委（扩大）会议专题学习宪法。保定市委主要领导召开了 6 次市委理论学习中心组学习会，把宪法学习纳入“四个一”① 大学习活动。邢台市委主要领导发出《致各县（市、区）党委书记、市直部门党组（党委）书记的一封信》，对学习宣传实施宪法、开展自查工作提出专门要求。张家口市委主要领导就宪法学习宣传 8 次作出批示、3 次进行调研。沧州市委宣传部编印了《宪法修改内容对比表》，并将市委领导学习宪法心得体会文章辑印成册，组织班子成员交流学习。

4. 强化宣传教育培训

着力营造强大的宣传声势。宪法修正案公布后，《河北日报》及时刊发了修订后的《中华人民共和国宪法》全文，《河北日报》、河北广播电视台等主要媒体刊播报道 280 多篇（条）。法治宣传部门在公园、广场等公共场所中融入宪法元素，140 多个宪法主题公园、230 多个法治教育阵地及时增

① “四个一”，2017 年 11 月 4 日，中共保定市委十一届三次全会对学习贯彻党的十九大精神做了总体部署，概括为“四个一”，即：兴起一个热潮，全面兴起深入学习宣传贯彻党的十九大精神的热潮；维护一个核心，坚决维护以习近平同志为核心的党中央权威和集中统一领导；把握一个目标，建设新时代的新保定，奋力开创新时代推动京津保地区率先联动发展新局面；强化一个保证，强化党的全面领导，全面从严治党。

加、更新了宪法宣传内容，使人民群众在日常生活中受到了教育，感受到了宪法就在身边。河北新闻网、长城网、河北青年网等重点新闻网站发挥优势，利用“两微一端”①，通过微电影、微视频、图解新闻等形式生动讲解宪法知识、传递宪法精神。

有关部门单位做出专题部署推动。6 月 20 日，河北省委宣传部、省司法厅等 6 部门联合印发《关于组织开展宪法学习宣传教育活动的通知》（冀宣文〔2018〕12 号），部署在全省组织开展学习宣传宪法活动。其间，长城网推出宪法专题原创报道 70 多篇，24 小时新闻客户端刊载宪法宣传报道 100 多篇。全省共拍摄宪法专题微视频 200 余部，制作宪法公益广告 1.13 万幅（条），投放到商场、车站等 5.13 万处，营造了浓厚的宣传氛围。

省直机关带头学习宣传。省委组织部在河北干部网络学院中专门设置了“依法治国”板块，将宪法作为干部的必修课，全省近 33 万名干部在线学习，实现了宪法学习线上全覆盖。省委党校、省行政学院专门举办市厅级领导干部宪法学习专题研讨班，专题学习宪法修正案和有关重大制度。省委政法委、省司法厅、省体育局等省直部门，专门举办宪法学习辅导报告会，邀请专家学者解读宣讲宪法，增强了宪法宣传教育的影响力和渗透力。

全省迅速掀起学习热潮。邯郸市委专门召开全市学习宣传宪法调度会，加大教育培训力度，开展宪法主题培训 160 余场。秦皇岛市委通过网络视频会议，对全市 2.3 万名科级以上干部进行专题辅导。廊坊市委举办宪法专题选学班，组织全市 277 名县处级干部参加了学习培训。邢台市委组织 1600 余支“小马扎”小分队，深入基层开展面对面、互动式宣讲 3.4 万余场次，打通了宪法精神进基层的“最后一公里”。

充分发挥法学专家等人才优势。各级法学会、各普法讲师团和各院校学者等，通过“百名法学家百场报告会”“青年普法志愿者法治文化基层行”等活动宣讲宪法 30 余场，直接受众达 2.1 万人次，使宪法精神走进了日常生活，走近了人民群众，使文本上的宪法“活了起来”“落了下去”。

① “两微一端”，即微博、微信及新闻客户端。

5. 推进宪法贯彻实施

严格落实宪法宣誓制度。2018 年 5 月，河北省人大常委会修订了《河北省实施宪法宣誓制度办法》，对宪法宣誓人员范围、誓词、程序等作出详细规定。2018 年 1 月 29 日，省十三届人大一次会议选举和任命的国家机关工作人员向宪法宣誓，当选省人大常委会主任的王东峰、当选省长的许勤同志带头进行了宪法宣誓。截至 2018 年底，省人大常委会决定任命或任命的 170 名国家机关工作人员向宪法宣誓。

严格落实立法和备案审查制度。河北省省市两级立法机关坚持把宪法基本精神贯彻到立法的全过程，严格依照法定权限和程序开展立法活动，确保每一项立法都符合宪法精神、反映人民意志，适应全面依法治国、推进法治河北建设需要。

6. 着力增强青少年宪法观念

各主责部门责任明确。近年来，河北省教育行政部门承担领导责任，教学单位承担主体责任，各学校做到了法治宣传计划、师资、教材、课时“四落实”。政法各部门和团委、妇联等部门充分发挥职能优势，采取多种形式开展送法进校园、法治创建活动，在法治体验中增强青少年的宪法意识和法治观念。

切实增强青少年宪法教育工作实效。各级学校将宪法教育纳入国民教育体系，按照《青少年法治教育大纲》开展宪法和法律学习。全省近 1.6 万个学校全部将宪法作为法治教育的重要内容，将宪法教育融入开学典礼、“开学第一课”、主题班会、队会、毕业典礼，开展了宪法晨读、“大家一起读宪法”、“宪法知识竞赛”、“国旗下讲宪法” 等丰富多彩的教育活动，将宪法意识深深根植于广大青少年心中。

7. 组织开展全面自查和省内督察

按照中央依法治国办通知要求，河北省委和各市委深入细致地开展了宪法学习宣传和贯彻实施全面自查和省内督察。2018 年 10 月 9 日，省委召开常委会会议，听取了全省重点工作大督查情况汇报，各级各部门坚持目标需求导向和问题导向，针对自查发现的问题，制定整改方案，建立工作台账，边查边改、全面整改，确保件件有着落、事事见成效。切实加强组织领导，严格落实责任，建立健全常态长效机制，推动宪法学习宣传实施工作取得新的更大成效。

（四）推动国家监察体制改革

对宪法修正案规定的国家监察体制，河北省进行认真学习，按照党政机构改革总体方案、国家监察体制建立要求和有关系统职能移交要求，推动了监察体制改革试点，配合了职能责任移交，按时建成了新的工作格局。

1. 省委给予坚强有力领导

河北省委高度重视国家监察体制改革，多次召开省委常委会会议、专题会议进行安排部署，研究审定方案，解决突出问题，建立领导机构，落实具体责任，确保党中央重大决策部署按时间高质量完成。

2. 政法系统做到积极配合

各级党委政法委统筹指导政法机关支持配合国家监察体制改革，建立了协调督办和联席会议制度。政法各系统出台重点工作落实办法，构建了政法机关与监察委员会衔接、协调、配合的工作机制。

3. 改革任务成效突出

2018 年 2 月 2 日，河北省监察委员会正式挂牌成立。2018 年 2 月 16 日，全省 11 个设区市及所有县（市、区）全部完成了监察委员会挂牌工作。按照中央和省委部署，全省检察机关顺利完成反贪反渎和职务犯罪预防转隶工作。

经过近一年的努力，全省监察工作实现了上下联动、整体运行。

（五）加强和改进地方立法与人大监督实施

2018 年度，河北省各级人大及其常委会、各级人大立法工作机构，坚持科学立法、民主立法、依法立法，积极应对新时代地方立法工作面临的新形势、新任务、新要求，围绕党委政府中心工作和深化改革重点工作着力打造精品良法，为建设经济强省、美丽河北提供了有力法律保障。

1. 科学编制“五年立法规划”和年度立法计划

“五年立法规划”涵盖经济社会发展各个领域。坚持地方立法决策同中央和省委改革发展重大决策部署相统一、相衔接，科学制定了《河北省第十三届人大常委会五年立法规划（2018～2022年）》（冀发〔2018〕53号）。在参考全国人大、国务院立法规划和立法计划的基础上，“五年规划”全面落实了省委九届六次全会确定的“三六八九”总体要求和开展“双创双服”活动实际需要，重点围绕深化改革、京津冀协同发展、生态环境保护、保障和改善民生、加强民主政治建设、发挥先进文化育人化人作用6个方面内容，列入89件立法项目。

研究提出2018年立法计划。结合“五年立法规划”、2018年度中心工作和深化改革重点事项，通过及时召开立法协调会议，明确了各责任单位的主体责任和目标任务，确保了全年立法工作有序推进。

2018年，河北省人大及其常委会共制定地方性法规15部、修改8部，废止1部省级地方性法规，这些立法成果既服务了地方经济社会发展，又满足了中央重大决策在河北落地落实的法律需求。

2. 拓宽人大制度的理论实践创新

修订《河北省地方立法条例》。以原条例为基础，贯彻落实了《立法法》对地方立法工作的权限调整、程序优化和制度完善要求，对地方立法的基本原则，法规起草、审议、表决、解释等程序进行了全面修改，为健全立法制度、规范立法活动、夯实法治建设基础提供了重要的法治保障。

规范省人大常委会议事规程。为提高会议的议事质量和效率，做好新一届人大常委会履职工作，河北省人大常委会修订了《河北省人民代表大会常务委员会议事规则》《河北省人民代表大会常务委员会组成人员守则》，修订了河北省人大法制委员会工作规则。

出台一系列立法工作规范。2018年10月24日，河北省委全面深化改革领导小组召开第39次会议。审议通过了《河北省地方立法中涉及的重大利益调整论证咨询的工作规范》《河北省争议较大的重要立法事项引入第三方评估的工作规范》，强调要切实加强党对地方立法工作的领导，牢固树立以民为本、立法为民理念，推动地方立法工作为全省经济社会发展做出新贡献。强调要严格规范地方立法程序，广泛征求专家学者和人民群众的意见，积极引入第三方评估，强化地方法规紧密衔接，把河北省地方立法工作提高到新水平。

坚持用制度保障立法活动。河北省人大及其常委会对既往制定执行的规章制度进行了全面“回头看”，做到了缺位的补充、过时的更新、不足的完善，为地方立法依规有序推进提供了遵循。按照省委“双创双服”活动要求和省人大常委会党组“八大行动”部署，围绕立法质量大提高行动，制定了关于进一步提高立法质量的意见。

3. 重点领域立法突出了地方特色

突出生态环保领域立法。立足河北实际，着力解决制约地下水管控不严、计量监测不到位、处罚力度弱等瓶颈问题，从严加强地下水保护和利用，制定出台了《河北省地下水管理条例》，对加快节水型社会建设、全面提高用水效率、推动全省高质量发展具有重要意义。围绕打好碧水保卫战、保护水生态、保障饮用水安全、维护公众健康，制定《河北省水污染防治条例》。为贯彻绿色发展理念，促进建筑业转型升级，改善人居环境，制定《河北省促进绿色建筑发展条例》，填补了河北省绿色建筑缺乏地方性法规的空白。为加强扬尘污染防治工作，打赢蓝天保卫战，改善生态环境，制定了《河北省人民代表大会常务委员会关于加强扬尘污染防治的决定》。

加强经济转型领域立法。为促进乡村振兴战略，维护国家粮食安全，制定《河北省种子管理条例》，在制度层面为种业高质量发展奠定了基础。扣准企业技术创新的重点和难点，制定《河北省企业技术创新条例》，从产业政策的高度以及理顺政府和市场关系的角度进行制度设计，强化政府应当发挥的引导、激励、服务、保障作用。为持续深化“放管服”改革，优化营商环境，制定了《河北省人民代表大会常务委员会关于进一步提升行政审批效能的决定》，着力解决全省行政审批效能方面存在的突出问题，进一步提升行政审批效能。

做好民生领域立法。制定《河北省老年人权益保障条例》，对政府、社会、家庭三方责任作出明确规定，构建了较为完善的保障体系，为河北省维护老年人权益、推进老龄事业科学发展、积极应对人口老龄化提供了重要法律依据。为保障和规范工会劳动法律监督，从源头预防劳动争议、化解劳动关系矛盾，构建河北省和谐劳动关系，制定《河北省工会劳动法律监督条例》，使全省各级工会实施劳动法律监督有法可依。为促进河北省红十字会工作，推动红十字事业持续健康发展，修订《河北省实施〈中华人民共和国红十字会法〉办法》，重点对完善内部治理结构、细化部分法定职责、强化公信力建设、树立激励回馈机制等多个方面进行规范。

4. 顺利完成设区市报批法规的审查工作

注重加强对设区市立法工作的指导。针对设区市立法主体增加、数量增多、力量不足、经验缺乏等问题，组织召开全省地方立法工作经验交流会、全省地方立法工作培训班，组织设区市参加全国人大第二期立法培训等，提高了立法工作人员综合素质。加大对设区市立法项目指导力度，指导各设区市在立法项目上因地制宜，选择切口小、操作性强、特色鲜明的项目。

设区市立法稳步推进。各设区市立法机关分别制定落实了“五年立法规划”“年度立法计划”，推动了设区市地方立法。石家庄市人大制定出台《石家庄市公共文明行为条例》，通过立法建立文明城市建设的长效机制，使文明城市建设工作走上了法治化轨道。为更好地保护和管理域内长城，规范长城利用，打击盗卖长城文物等违法行为，秦皇岛市人大制定出台《秦皇岛市长城保护条例》，力图通过地方立法，提升秦皇岛市长城保护成果。为了规范城乡生活垃圾处理，控制污染，保护环境，邢台市人大制定出台《邢台市城乡生活垃圾处理一体化管理条例》。衡水市人大制定出台的《衡水湖水质保护条例》，从保护机制、水生态保护、水污染防治、法律责任等方面首次单独对衡水湖水质保护进行立法。张家口市人大常委会切实将社会主义核心价值观融入法治建设，出台《张家口市人大常委会关于促进冬奥会和冬残奥会志愿服务的决定》《张家口市养犬管理规定》《张家口市滑雪场所安全管理办法》等彰显社会主义核心价值观的地方性法规。唐山市人大常委会积极推动把社会主义核心价值观融入立法修法等法治建设实践，制定出台《唐山市房地产交易管理条例》，报批《唐山市全域旅游促进条例》，初审了《唐山市文明行为促进条例（草案）》。

2018 年全年河北省人大常委会法工委对 11 个设区市的 24 部法规进行了统一审查，及时提请省人大常委会批准，实现全省各设区市立法全覆盖。

5. 备案审查工作不断加强

推进备案审查工作向深度拓展。2018 年，河北省人大常委会法工委坚持有件必备、有备必审、有错必纠，共审查报备规范性文件 28 件，其中，省政府规章 7 件、其他规范性文件 1 件、设区市政府规章 17 件、设区市人大常委会规范性文件 3 件。

大力推进备案审查信息平台建设。河北人大常委会加快信息平台建设，组织召开规范性文件电子报备技术培训会，就电子报备操作流程、技术规范进行现场讲解及技术指导，目前，信息平台正在试运行。

6. 坚持立改废并举，加强法规清理

不断完善法规清理常态化机制。河北省人大常委会坚持立改废有机统一和齐头并举，切实维护国家法制统一，确保地方立法与经济社会发展进程相适应，与中央、省委重大决策部署相吻合。

认真落实全国人大法规清理要求。紧密结合河北省实际，重点围绕涉及生态文明建设和环境保护的地方性法规与取消和下放行政审批事项相衔接等，开展专项清理，采取打包修改方式修改了陆生野生动物保护条例等 8 部地方性法规，废止 1 部地方性法规。

7. 坚持问题导向，切实增强监督实效

组织开展“三联监督”活动。2018 年，河北省人大常委会在全省范围内组织开展了扶贫脱贫攻坚、大气污染防治、优化营商环境三项重点工作联动监督活动，首次采取“三项监督”联袂开展、四级人大联动实施、五级代表联组参与，综合运用听取专项工作报告、开展执法检查、组织代表评议、满意度测评等多种监督方式，实现“法律巡视”全覆盖。联动监督坚持问题导向，围绕推动党中央和省委重大决策部署的贯彻落实，聚焦群众关切的热点问题，依据三大领域相关法律法规，通过执法检查、明察暗访、随机抽查、媒体曝光、跟踪督办、依法问责等形式，重点监督法律制度落实情况、法律责任落实情况、依法推动突出问题解决情况，依法推动相关法律法规在河北省得到全面正确实施，促进了依法行政、公正执法。

组织开展“三项法规”执法检查。河北省人大常委会对《河北省专利条例》、《河北省促进科技成果转化条例》和《河北省科学技术进步条例》三部法规实施情况进行组合式执法检查，并设计了一套集定量分析、定性评价和特色工作评估于一体，由 25 项指标构成的量化评估体系，实现了由单项检查向组合检查转变、定性检查与定量检查结合。以量化评估反映法律法规的实施情况和短板问题，并提出意见建议，具有明确的指向性、较强的针对性，省人大常委会审议给予一致好评。

为强化刑事诉讼监督，张家口市人大常委会设立运行了全省首个人大系统“两法衔接”监督平台，受到全国人大常委会肯定。

（六）加强和改进依法行政与法治政府建设情况

2018 年，河北省各级政府和政府组成部门狠抓《法治政府建设实施纲要（2015 ~ 2020 年）》贯彻落实，持续深化“放管服”改革，不断推进依法行政和法治政府建设，多项工作走在全国前列。

1. 加强党对法治政府建设的领导

2018 年初，河北省人民政府印发《2018 年法治政府建设工作要点》，就法治政府建设提出了 8 个方面、42 项措施。

5 月 2 日，省委常委扩大会专门听取了法治政府建设情况汇报，对扎实推进全面依法治省做出全面部署。

省政府和政府组成部门建立了法治政府建设责任清单，形成了目标明确、任务清晰，一级抓一级、层层抓落实的良好局面。

省政府高度重视、专门研究、认真办理人大机关和人大代表审议意见，按要求及时报告整改情况，取得良好成效。

2. 高质量完成政府立法工作

河北省政府法制部门认真履行政府法制职能，聚焦省委重大决策部署，着力抓好推动京津冀协同发展、促进生态文明建设、优化营商环境、推进法治政府建设等中央和省委重点工作方面立法。2018 年，有关部门共完成地下水管理、绿色建筑、防治污染等领域一类立法项目 10 件，新出台《河北省社会保险基金监督管理办法》政府规章 1 部，修改《河北省取水许可管理规定》等政府规章 15 部，起草《河北省行政执法监督条例》。

3. 加大合法性审查和备案审查力度

2018 年，省政府法制部门共完成合法性审查 12 件、征求意见 28 件、其他批办件 80 余件，办理需省政府批示的协议合同、规范性文件合法性审查 49 件；准予备案市政府、省直部门规范性文件 358 件，暂缓备案 53 件，确保了重大决策在法治轨道上运行。

4. 全面推行行政执法“三项制度”改革

2017 年 1 月，河北省被列为全国唯一在省市县三级全面推行行政执法公示、执法全过程记录、重大执法决定法制审核“三项制度”改革试点单位。两年来，全省各行政执法单位不断深化改革进程，全省 6000 多个行政执法主体完成体制改革任务。

2018 年度，各行政执法部门相继推出“全程留痕”执法方式、网上办案系统自动显示处罚结果等重大举措，执法形象不断改善，执法争议有效减少，有效防止滥用自由裁量权和办理人情案等问题的发生。“放管服”改革不断深入，行政执法三项制度改革工作在全国树立了标杆，全省营商环境和法治环境得到进一步优化。

2018 年，省政府有关部门在高质量完成试点任务的基础上，持续深化试点成果，不断拓展改革示范带动效应，组织开展了“三项制度”改革实施督查和回头看，进一步巩固扩大了试点成果，该项成果以第二名的成绩获得由中国政法大学法治政府研究院、中国法学会行政法学研究会主办的第五届“中国法治政府奖”①。

5. 深入推进“放管服”改革

全面开展证明事项清理。河北省政府法制部门扎实做好政府规章和规范性文件清理，共废止省政府规章 12 件、修改 15 件，废止省政府规范性文件 21 件、宣布失效 31 件、修改 8 件。全年共清理证明事项 43 项。公证部门开展“最多跑一次”公证改革，对 41 类、143 项公证事项明确了证明材料清单。律师管理服务和仲裁管理指导部门在全国率先出台司法赔偿案件法律援助、律师参与重大案（事）件法治工作等制度规定，理顺全省 11 家仲裁委员会管理体制。

公安交管部门推出 20 项“放管服”改革措施。2018 年 9 月 1 日，河北省公安厅推出 20 项交通管理“放管服”改革新措施，进一步提升公安交管服务便民化水平。截至年底，全省有 1363 家社会服务网点代办公安交管业务，城市交管服务网点覆盖半径显著缩小；车辆跨省异地检验、省内异地受理驾驶证全面推行，20 余万名车主、驾驶人享受到改革红利；推行一次办、自助办、网上办、就近办，大幅减少群众办理业务时间，特别是补换证等车驾管业务减少到 3 ~5 分钟即可办结，新车注册登记时间减少到 1 小时内即可办结；全省交管互联网服务平台、“交管 12123”手机 App 网上用户超过 1100 万，累计提供各类服务近 7000 万人次，网上办事更加便捷。交通事故快处快赔、“网上数据一体化处理”等工作机制已健全完善，进一步便利群众。

邯郸市在全国首创“容缺预受理”制度。2018 年 1 月，全国相对集中行政许可权试点现场会在邯郸召开；国务院第五次大督查对邯郸市“放管服”改革工作免检；8 月，邯郸市在第十四届全国省级政务服务工作交流会上，就行政审批制度改革相关情况做经验介绍。李克强总理对邯郸“容缺

① “中国法治政府奖”由中国政法大学法治政府研究院发起设立，旨在总结各级政府及其职能部门推进依法行政、建设法治政府的有益经验，客观公正地评价、推广各级政府及其职能部门在推进依法行政、建设法治政府方面取得的重要成果，实现“以评促建”。

预受理”[①] 制度作出重要批示。中编办、省委省政府发文推广邯郸市群众办事“一趟清”“不见面”特色经验。国务院办公厅通报表彰邯郸市“深化商事制度改革成效显著、落实事中事后监管等相关政策措施社会反映良好”。国家市场监督管理总局等国家部委通报表彰邯郸市开展跨部门“双随机、一公开”联合监管试点。

6. 组织开展的“碧水2018”环境执法“一统筹五统一”专项行动

2018 年 5～8 月，河北省生态环境厅创新工作方式，统筹省、市、县三级执法力量，在全省范围内组织开展了“碧水 2018”环境执法专项行动。

紧盯重点区域。历史上首次实现了对白洋淀及上游流域的环境执法，涉及雄安新区及保定、沧州、廊坊、衡水、石家庄、张家口等 7 个市、新区共 38 个县（市、区）。

紧盯重点行业企业。全省共检查涉水企业（点位）3383 家、城镇和工业聚集区污水处理厂 89 家、入淀河道点位 276 个，查处并督促整改各类环境问题 1392 个，成功查处一大批涉水环境违法行为。

创新性地提出体检式、预防式、服务式“三式”执法理念。开展依法查处行动的同时，坚持严格执法与普法宣传相结合，帮助企业将潜在的环境问题消灭在萌芽状态，降低企业因不了解相关环保政策而违法的概率。

7. 大力推进政务诚信建设

按照河北省人民政府出台的《关于加强政务诚信建设的实施意见》（冀政发〔2017〕10 号），各级人民政府和政府组成部门对建立政府信用记录、加强政务信息公开、完善奖惩机制等要求进行了深入贯彻落实。

2018 年，省信用办先后印发《关于加强诚信建设专项行动实施方案》《关于开展加强政府诚信建设治理新官不理旧账问题自查的通知》《关于加

① 为解决投资建设项目在施工许可和竣工验收阶段审批审查事项多、申请材料多、程序复杂等问题，2017 年 7 月，邯郸市审批局创新推出投资建设项目“容缺预受理”制度，对关键要件具备且符合要求的，一次性告知建设单位所缺的申请要件，将行政审批局审查过程所需时限融入项目建设单位补充申报材料的过程中。截至 2018 年 11 月，此机制运行一年多来，累计办理“容缺预受理”项目 177 个。

快推进政府机构失信问题治理工作的通知》等重要文件，明确了加强政务诚信建设、推进信用信息归集共享应用和建立完善信用联合奖惩机制等重点任务，经梳理未发现存在“新官不理旧账”的情况。

经过各地各部门共同努力，2018 年度顺利完成第一批 89 家失信政府机构治理工作。

（七）促进各级司法机关公正司法和司法体制改革情况

2018 年，河北省各级党委政法委和政法各部门牢固树立总体国家安全观，着力推动扫黑除恶专项斗争，全力筑牢首都政治“护城河”，护航全省经济社会发展取得重大成效，平安河北建设实现了创新升级，为服务改革发展稳定大局做出了重要贡献。

1. 党委政法委组织领导和宏观执法监督机制不断完善

持续开展落实“三个规定”① 常态化监督。全省政法机关从严落实了领导干部干预案件、司法机关内部人员过问案件的报告、通报、督察三项制度，省市县三级党委政法委和政法部门每月汇总报告党政领导干部、司法机关内部人员干预过问案件情况，对杜绝外部干预、内部干扰起到了震慑作用。

多措并举加大执法监督力度。各级党委政法委聚焦维护公平正义，协调指导政法各单位有针对性地提升执法司法公信力。盯紧执法办案重点领域，针对群众反映集中、多发高发问题，精心组织案件抽查，采取随机抽查和重点评查相结合方式。2018 年度，抽查刑事、民事、行政、执法等 6 类重点案件 2241 件，整改了一批执法突出问题，完善了一批执法制度机制。抽查结果显示，11 个设区市抽查瑕疵量全面下降，总体瑕疵率较 2017 年下降 28%。

2. 深入开展扫黑除恶专项斗争

“五级书记”亲自上手。河北省委省政府对开展扫黑除恶斗争的重视程

① “三个规定”，即《领导干部干预司法活动、插手具体案件处理的记录、通报和责任追究规定》《司法机关内部人员过问案件的记录和责任追究规定》《关于进一步规范司法人员与当事人、律师、特殊关系人、中介组织接触交往行为的若干规定》。

度前所未有、工作力度前所未有，省市县乡村五级书记参加了全省政法工作暨扫黑除恶斗争电视电话会议，相关部署一直传达到最基层。

扫黑除恶专项斗争做到“四结合”。各地各部门坚持强势开局与持续攻坚相结合、自下而上全面摸排与自上而下落实责任相结合、扫黑除恶与推进反腐败斗争相结合、发挥专门机关作用与组织发动群众相结合，以前所未有的力度组织推动、发动群众、惩治犯罪、铲网拔伞，扫黑除恶人民战争成效显著。

探索创新“一案三查”有效做法。政法系统和纪检监察部门密切协作，聚焦重点地区、行业和领域，精准打击，深挖彻查，既查办黑恶势力犯罪，又追查黑恶势力背后的腐败问题和“保护伞”，倒查党委、政府的主体责任和有关部门的监督管理责任，有力震慑了涉黑涉恶犯罪。“一案三查”做法得到中央纪委国家监委和中央扫黑除恶督导组肯定，并向全国推广。

3. 持续推进司法规范化建设

省委政法委制定出台《关于深化执法司法规范化建设的意见》（冀政法〔2018〕5号），省法院制定了执法办案规范化指导意见，省检察院制定加强案件办理规范化建设的意见，全省政法机关执法司法规范化能力和水平不断提升。省法院还出台常见刑事案件基本证据标准指引，修订审判质效考核指标，建立三级法院联查、质询和通报机制。

2018年11月中旬，全省政法系统部署开展为期6个月的执法司法规范化大检查活动，其中涉及公安机关6类21项、检察机关4类16项、法院系统5类20项、司法行政系统3类12项执法司法活动，全省政法系统执法司法规范化水平明显提升。

4. 司法体制改革取得卓越成效

省司法体制改革领导小组加强领导，稳妥推进了司法责任制改革、省以下人财物统一管理、以审判为中心的刑事诉讼制度改革。

法官检察官入额遴选实现常态化。河北省法官检察官遴选委员会组织开展2018年度法官检察官入额遴选，审议通过入额人选348人。经过连续三年的遴选，全省法院共遴选确定员额法官6461名，483名法官退出员额，

85%以上的人力资源配置到办案一线。各级法院组建了2474个新型审判团队，院庭长带头办结案件51.79万件，占比49.48%。

推动法官检察官队伍“三化”建设。中央办公厅《关于加强法官检察官正规化专业化职业化建设全面落实司法责任制的意见》（厅字〔2017〕44号）下发后，省委办公厅印发《关于加强法官检察官正规化专业化职业化建设全面落实司法责任制的实施意见》（冀办字〔2018〕46号），绝大多数市、县（市、区）主要领导对落实文件要求作出专门批示，各法院检察院第一时间组织召开院党组会议学习研究，细化任务分工，扎实做好各项改革工作。省法院、省检察官优化完善办案绩效考核机制，通过全程紧盯落实、定期督导调度、全省通报排名，推进深化司法体制改革。深入开展纠正“四风”和作风纪律专项整治工作，结合贯彻落实中央八项规定精神和“一问责八清理”回头看活动，全面自查自纠，解决问题，补足短板，政法队伍正规化、专业化、职业化建设进一步加强。

省检察院、全省基层法院内设机构改革如期完成。全省178个基层法院数量与改革前同比减少45.98%，职能配置更加优化。稳妥推进了公安机关职务序列改革、招录体制改革。

加强以审判为中心的刑事诉讼制度改革。全省政法部门全面执行罪刑法定、疑罪从无、非法证据排除等规则制度，全方位落实了“三项规程”[①] 改革举措。审判机关坚持以审判为中心，依法排除非法证据17件，纠正冤错案件4件5人，宣告137名被告人无罪。

稳妥推进省以下法院检察院人财物统一管理。按照“分类施策、积极稳妥”和“先解决问题，再推进改革”的思路，针对制约人财物统一管理的有关问题建立专门台账，加强协调督办。

对全省法院、检察院系统司法体制改革情况进行专项督察。

---

① “三项规程”，即《人民法院办理刑事案件庭前会议规程（试行）》、《人民法院办理刑事案件排除非法证据规程（试行）》和《人民法院办理刑事案件第一审普通程序法庭调查规程（试行）》。

5. 探索形成了一批司法体制改革经验

各法院检察院在综合考虑本单位办案实际和人员情况的基础上，以法官检察官为核心，以审判和检察业务需求为导向，组建了灵活多样的审判团队和办案组织，创造出一批先进典型经验。

沧州市中级人民法院“四类案件”① 阳光监督机制成为全国全面深化司法体制改革推进工作典型经验。积极探索保证审判权独立运行与审判监督管理权规范行使的有效途径，针对司法责任制改革后院庭长监督管理弱化的问题，建立新型监督管理体系。将最高法院规定需要监督的“四类案件”进一步细分为更具辨识度的26种情形，严格规范被监督案件的发现、甄别、报告、启动和具体监督过程。这一做法，在2018年全国深化司法体制改革推进会上推广，入选最高法院《人民法院司法改革案例选编》，在全国法院推广。

邢台市中级人民法院审判管理创新成果助力邢台市中级人民法院成为全省法院系统首家全国法院审判管理优秀业务单位。审管办始终坚持服务法官、服务审判、服务群众的理念，以提高服务水平促进管理效率提升，以强化信息化应用促进审判管理现代化，引导全市法院广大干警自觉融入管理，抓质量提效率，为推进全省法院审判管理上台阶提供了可复制的模式。2018年12月18日，最高法院公布首届全国法院审判管理优秀业务单位评选结果，邢台中院荣获首届“全国法院审判管理优秀业务单位”称号。此项荣誉是审判管理工作最高荣誉，邢台中院是河北省法院系统首家获此荣誉的法院。

邯郸复兴区检察院制定了《办案组织设置运行办法》和《检察官、检察官助理、书记员岗位说明书》，做到了权责明晰，提高了办案质效。唐山市中院强化廉政风险防控，建立“我的纪律清单”，让权力在监督下进行。

6. 政法系统智慧建设卓有成效

着力推进政法系统智能化建设。政法大数据办案平台建设、涉案财物跨

① “四类案件”，即涉及群体性纠纷的案件、疑难复杂且在社会上有重大影响的案件、可能发生冲突的案件、可能发生违法审判的案件。

部门集中管理平台建设持续保持全国领先势头。

着力推进智慧法院建设。全省法院不断巩固信息化建设全国优势地位，不断提升智审系统应用水平，智能文书编排 114.77 万份，全面辅助法官办案。强化司法运行监督，将 125 个审判节点规范嵌入办案系统，自动进行流程超期督办，庭审实时巡查 42.11 万件，切实保障群众诉权，改进网上诉讼服务，受理网上立案 18.82 万件、网上缴费 4.24 万件、网络送达 4728 次。全国法院第五次网络安全和信息化工作会议在石家庄召开，以现场会形式全方位推介河北智慧法院应用成果。

着力深化智慧检务建设。省检察院制定《河北省智慧检务总体规划（2018 ~2020）》，推进了跨部门协同办案和信息共享等电子检务工程，强化了办案智能辅助应用，促进了信息化与检察业务工作深度融合。

河北省行政执法信息服务平台研发完毕进入试运行，省厅指挥中心和 240 个指挥平台初步建成并投入使用，信息化服务群众、服务实战能力进一步提升。

7. 全面加强政法队伍建设

2018 年，全省政法系统牢牢把握政法队伍建设“五个过硬”“四句话、十六个字”总要求，旗帜鲜明地把政治建设摆在首位，把纪律规矩挺在前面，认真贯彻全面从严治党从严治警要求，深挖彻查黑恶势力背后“保护伞”和失职渎职问题，严肃查处政法干警违纪违法案件，进一步纯洁了政法队伍。

（八）法院审判工作情况

2018 年，全省法院忠实履行宪法法律赋予的职责，扫黑除恶、“基本解决执行难”等重点工作不断取得进步。全省法院全年新收各类案件 109.08 万件，结案 105.91 万件，同比分别上升 9.71% 和 3.66%。[①]

① 有关数字主要引自省法院院长卫彦明在河北省第十三届人民代表大会第二次会议上所作的《河北省高级人民法院工作报告》。

1. 全力维护国家安全和社会稳定

认真贯彻总体国家安全观，依法严惩危害国家安全、公共安全和社会治安刑事犯罪。全年共审结故意杀人、抢劫等严重暴力犯罪以及涉枪、涉爆、涉毒犯罪案件2242件，审结电信网络诈骗、侵犯公民个人信息等新型网络犯罪案件262件，审结危害食品药品安全、拐卖传销、暴力伤医、校园欺凌等群众反映强烈的犯罪案件942件，有力地增强了人民群众安全感。

2. 深入开展扫黑除恶专项斗争

全省法院共审结一、二审涉黑涉恶犯罪案件765件3148人，对119件涉黑涉恶案件进行了集中公开宣判，充分展示了依法严惩黑恶势力犯罪的决心和成效。

3. 积极服务中心和大局工作

持续推进反腐败斗争。积极支持和配合国家监察体制改革，促进监察程序与刑事诉讼程序有效衔接，审结职务犯罪案件1176件2002人；审结贪污挪用、截留私分、虚报冒领扶贫款等脱贫攻坚领域腐败犯罪案件98件165人，推动反腐败工作法治化、规范化。

积极服务供给侧结构性改革。审结破产重整、强制清算案件577件。加大金融债权资产司法保护力度，稳妥审结涉及民间借贷、金融借款、证券期货等案件10.55万件，惩治非法集资、“校园贷”、“套路贷”等危害金融安全犯罪1297件。

着力服务生态文明建设。审结破坏环境资源犯罪案件921件、环境刑事附带民事公益诉讼18件、环境民事公益诉讼4件、环境行政公益诉讼3件，共决定赔偿829.77万元用于生态环境修复。

积极服务军队停偿重大战略部署。1099件涉军停偿案件全部如期办结，对169件涉军停偿案件进行强制执行，腾退工作全部顺利完成，依法审理涉军人军属权益纠纷297件，秦皇岛、沧州中院被评为中部战区和七省（市）维护国防利益和军人军属合法权益工作先进单位。

积极服务保障“一带一路”建设。审结涉外、涉港澳台民商事案件120件。

4. 积极践行司法为民宗旨

积极回应民生诉求，妥善审理涉民生案件，全省审结劳动争议、房地产、征地拆迁、医疗纠纷等案件3.70万件。

依法强化人身权、财产权、人格权司法保护，妥善审结权属、侵权纠纷案件1.74万件。

各级法院诉调对接中心相继成立，诉前化解纠纷6.61万件，张家口、邢台、唐山、邯郸、沧州五市法院新收民事案件同比下降。

5. 妥善化解行政争议

坚持依法裁判和协调化解并重，审结一审行政案件9621件，一审撤诉1407件，有力推动了行政争议的实质性化解。省法院连续11年发布行政审判白皮书，2018年有838名行政机关负责人出庭应诉，有力地促进了行政机关依法行政。

加强国家赔偿工作，确认国家赔偿82件，赔偿金额1652.25万元。

（九）着力解决“执行难”问题

2018年，全省法院在上级法院有力指导、同级党委坚强领导和有关部门大力支持下，着力完善执行联动机制，构建综合治理执行难大格局，联合信用惩戒网络建设进程进一步加快。

1. 省委给予有力支持

2018年9月13日，河北省委常委会扩大会议听取了省法院关于基本解决执行难工作情况及完善执行联动机制构建综合治理执行难大格局工作意见的汇报，审议通过了《关于进一步完善执行联动机制构建综合治理执行难大格局的意见》。

2. 实现网络执行查控全覆盖

形成协调联动格局。河北省法院系统与银行、国土、公安、证监等部门完成“总对总”对接，共冻结银行款项61.76亿元，查询不动产1.09万处、车辆124.82万辆、股票3.04亿股；与48家单位加强失信联合惩戒，发布失信被执行人名单13.55万例，2.02万名失信被执行人迫于信用惩戒压力自动履行了义务。

开展了解决执行难“燕赵利剑”集中执行行动。攻克了一批重大疑难执行案件，建立了“一处失信、处处受限”的执行联动工作新机制。截至2018年12月31日，开展集中执行1403次，拘留1515人，拘传3936人；公布失信被执行人7.2万余人；司法救助823人，司法救助金额2151.71万元。

“基本解决执行难”取得决定性突破。全省法院共执结案件28.18万件，同比上升4.18%；执行到位金额448.55亿元，同比增长31.02%。全省法院执行工作已达到最高法院“四个90%、一个80%”的目标要求。

（十）检察机关履行法律监督职能情况

2018年，全省检察机关按照“讲政治、顾大局、谋发展、重自强”的检察工作总要求，聚焦主责主业、强化法律监督，各项检察工作取得新成绩。①

1. 着力服务打赢防范化解重大风险、精准扶贫、污染防治“三大攻坚战”

坚决防范化解系统性金融风险、重大社会风险。依法办理非法吸收公众存款、集资诈骗、信用卡诈骗、“套路贷”、“校园贷”等破坏金融管理秩序犯罪案件1286件2162人。审慎处理调整经济结构、化解过剩产能过程中出现的案件和劳资纠纷、医患矛盾引发的案件。积极参与“双创双服”，加强产权保护。促进民营经济和实体经济发展。依法办理侵犯专利权、商标权、著作权和商业秘密犯罪案件96件168人。

加强对扶贫项目审批、扶贫资金发放等重点环节的监督，依法起诉侵害扶贫资金犯罪148人。

打击大气污染犯罪专项活动，开展破坏环境资源犯罪专项立案监督和白洋淀流域生态环境专项检察活动，监督立案168件210人，办理涉及大气污

---

① 有关数字主要摘引自丁顺生检察长在河北省第十三届人民代表大会第二次会议上作河北省人民检察院工作报告。

染案件15件44人，办案数量位居全国前列。

2. 进一步强化法律监督工作

加强刑事立案监督。监督公安机关应当立案而不立案1163件、不应当立案而立案835件。

加强侦查活动监督。认真审查核实证据，准确把握逮捕条件，纠正漏捕1678人，排除非法证据不捕280人，发出书面纠正违法通知书8389件次。

加强刑事执行监督。纠正减刑、假释、暂予监外执行不当2898人，建议办案单位依法释放或变更强制措施2976人。

加强民事行政诉讼监督。办结各类民事行政监督案件10582件，对审判活动违法行为提出检察建议888件，对执行活动提出检察建议1519件。

张家口市检察院严格按照市委和省院的要求，充分发挥各项检察职能，提升法律监督质量水平。

3. 严厉打击影响社会稳定的刑事犯罪

积极配合有关部门开展禁毒、打击走私等专项行动，严厉打击涉恐涉枪涉爆、拐卖妇女儿童、"两抢一盗"、电信网络新型违法犯罪、危害食品药品安全犯罪等各类刑事犯罪，共批捕各类犯罪嫌疑人39416人，起诉64583人。

4. 扎实开展公益诉讼检察工作

突出重点领域保护国家和社会公共利益。紧紧围绕生态环境和资源保护、食品药品安全、国有财产保护、国有土地使用权出让等领域的突出问题，集中精力办好典型案件，立案公益诉讼案件8280件，通过诉前程序督促行政机关依法履行职责7642件，起诉102件；部署开展"护航蓝天碧水净土"检察公益诉讼专项活动，立案生态环境和资源保护领域案件4274件；部署开展食品药品安全领域检察公益诉讼专项活动，立案食品药品安全领域案件2968件；办理国有土地使用权出让和国有财产保护领域案件，分别立案172件和866件，督促行政机关收回国有土地出让金、非法占地罚款、人防易地建设费和相关税费等共计2.23亿元。

公益诉讼工作实现新突破。晋州市检察院办理的全省首例环境污染刑事附带民事公益诉讼案、围场满族蒙古族自治县检察院办理的全省首例进入诉讼程序的对当地国土资源局提起行政公益诉讼案、邢台市检察院办理的京津冀首例大气污染责任纠纷公益诉讼案、衡水市检察机关开展的英雄烈士纪念设施保护工作等，有效保护了国家利益和社会公共利益，取得了良好的政治效果、法律效果和社会效果。

5. 法治副校长制度进一步完善

河北省三级检察院全部建立检察长、副检察长担任辖区中小学校兼职法治副校长制度。各级检察院检察长、副检察长每人都要在本辖区确定至少一所中小学校兼任法治副校长，每人每年至少应到兼职学校授课一次，每次辅导一小时左右，要与当地教育主管部门、学校建立动态沟通联系机制，定期深入学校了解校园治安状况和师生法律需求，有针对性地进行法治宣传与辅导，普及法律常识，加强警示教育。通过兼职工作，教育引导青少年学法懂法用法。全省三级检察院 731 名正副检察长全部兼任辖区学校法治副校长。2018 年 12 月 4 日“国家宪法日”当天，全省三级检察院检察长、副检察长统一行动，赴兼职学校讲授法治课。

（十一）公安机关执法办案情况

2018 年，河北省公安机关认真贯彻党的十九大精神，统筹环京、环秦、环石防线治安防控机制，扎实做好维护国家安全、维护社会稳定、打击刑事犯罪、深化公安改革和促进严格执法，各项工作再次取得卓越成效。

1. 创新服务保障经济社会发展

河北省公安厅全面强化情报预警、警卫安全、人员管控、安检查控、社会面清查等措施，创新完善车辆分级查控、智能感知体系等机制做法，全省公安机关圆满完成了“两节”、“两会”、北戴河暑期安保等一系列重大安保任务。

围绕京津冀协同发展、雄安新区规划建设等国家重大战略，从打击经济犯罪、保障企业权益、维护市场秩序等方面入手，研究出台重点项目建设治安防控意见、雄安新区户籍和人口管理制度等政策措施。

深入推进“放管服”改革和“双创双服”活动，制定公安机关审批服务便民化16项措施，整改窗口服务13项问题，落实交管业务“四个减免”等举措，实施司法行政服务“双创双服”10项措施，印发“最多跑一次”公证事项清单，持续优化营商环境。

推进交通秩序整治工程和“利剑”“蓝天”“碧水”等行动，加大侦办环境、食药等犯罪案件力度，有效提升了群众获得感。

2. 不断深化公安工作改革创新

围绕推进智能化，加强反恐、刑侦、技侦、网安等系统建设，深化人脸识别、高点监控、无人机管控等科技应用，着力打造数字化基础、网络化共享、智能化警务的智慧公安。

围绕推进法治化，制定《民警执法执勤实务指要》《经济纠纷引发警情的指导意见》等11部制度规范，举办“执法办案大讲堂”，开展轻伤害信访案件专项治理、进京访问题突出县区挂牌整治等行动，不断提升执法公信力。

围绕推进实战化，扎实开展“春训秋考”，建立情报、指挥、宣传、网安“四中心”一体化等新模式，有效提升公安机关战斗力。

3. 建设了全省公安机关一体化报警调度系统

开发了河北“公安110”手机App及相关安全服务功能，为群众提供适合多种环境条件下的视频直播、语音、文字和图片等报警方式，以及亲友互助、一键报警的安全出行守护功能，同时为语言障碍群众提供了更好的报警防范渠道。经2017年试点后，社会效果初显，中央电视台、河北卫视等新闻媒体均对此进行了报道。2019年1月8日，“公安110”正式在全省范围上线，河北省因此成为全国首家开通视频报警的省份。

4. 破获一批全国有重大影响的案件

首次赴境外打击跨国电信网络诈骗。2018年1月13日，在公安部统一组织指挥下，省公安厅专案组与菲律宾警方联合开展抓捕行动，成功捣毁位于菲律宾的6个境外电信诈骗窝点，一举抓获中国籍犯罪嫌疑人151名，河北省专案组直接抓获27名犯罪嫌疑人，当场缴获大量电脑、录音笔、诈骗剧本、受害人信息资料等犯罪物品。经过与菲律宾有关部门充分协商，分两批将27名犯罪嫌疑人从菲律宾押解回石家庄。此次行动是河北省公安机关首次赴境外开展打击跨国电信网络诈骗犯罪警务执法合作，开创了河北省打击此类犯罪的先河。

破获“6·23”特大网络制售有毒有害食品案。承德市公安局全警投入、连续奋战，历时两年的艰苦侦查，于2018年初成功破获“6·23”特大网络制售有毒有害食品案，抓获犯罪嫌疑人86名，打掉黑窝点19个、黑工厂3个、大型化工厂1个，查获有毒有害保健食品15万余盒、西药原料1.3万余公斤、制假流水线4条、化工生产设备27台，案值达12亿元。该案成功告破，是全国首次从最末端成品胶囊销售一直追溯至源头化工生产厂家，真正全链条打击的有毒有害食品案件，并揭开了正规化工企业以医药中间体、化工品为掩护，非法生产、销售原料药的行业潜规则，受到国务院食安办、公安部、国家食品药品监督管理总局的高度肯定。2018年12月，该案入选了全国公安执法领域十大社会共治影响力案件。

2018年8月16日，张家口市公安局桥东分局在省公安厅禁毒总队和市公安局禁毒支队的支持和指导下，成功破获一起重大毒品犯罪案件。抓获毒品犯罪嫌疑人11人，上网追逃2人，捣毁制毒窝点1个，缴获冰毒9.7公斤，缴获五四式手枪、子弹、涉案车辆、制度设备等犯罪物品，是张家口公安机关历史上首次捣毁制毒工场，缴获原材料数量也为历史上罕见，单案缴毒量更是创下历史最高纪录。

（十二）司法行政工作情况

2018年，河北省司法行政机关聚焦“三大攻坚战”和“三件大事”，完善司法服务保障措施，积极营造良好法治环境。

1. 监狱工作不断加强

全省监狱系统盯紧全国“两会”“两节”等重大节点开展专项检查，排查整改安全隐患844项，改造升级监舍卫生间1.46万平方米。落地落实监舍夜间上锁、禁烟、监区撤床等铁规禁令，全省监狱戒毒场所持续安全稳定。

2. 戒毒工作亮点纷呈

着力落实“河北方案”。全面落实司法部“5·29”合肥会议精神，紧密结合河北实际，提出了建立全国统一的戒毒工作基本模式的“9+5”“点+面”“河北方案”，抓好试点、分批分类、有序推进，科学规划布局、合理划分区域、完善功能设施，优化机构设置、规范期区流转、健全工作标准，推进“四区五中心”一体化、整体化、实体化运行。省高阳所等单位已建成并实体运行，得到司法部戒毒局充分肯定。

着力优化医卫资源。坚持把戒毒医疗能力建设作为工作重点，不断优化医卫资源，与31家社会医院建立医疗合作机制，70%以上的场所戒毒医疗设备配备基本达到标准，3个场所远程医疗服务已上线运行，17名民警医师参加在职医师规范化培训，15个戒毒场所全部取得戒毒医疗或精神科（印鉴卡）资质，走在全国前列。省女所、省高阳所、廊坊所戒毒医院建设稳步推进，戒毒医疗能力进一步提升。

着力推动科学化专业化建设。坚持把科学化专业化建设作为司法行政戒毒工作创新发展的目标方向，全面推广应用VR虚拟现实矫正、经颅磁刺激、韩式治疗仪等戒治新技术、新方法，积极推进经皮穴刺激、成瘾程度量表、正性情感等科研项目的成果转化与应用，进一步释放全省成瘾医学研究基地“外脑”作用，河北司法行政戒毒工作步入科学化专业化建设的快车道。

组织开展“四个一”行动。坚持围绕中心、服务大局，积极参与“扫黑除恶”专项斗争，全面落实依法依规、应收尽收，在全系统集中开展了一次大约谈大动员、一次大走访大调研、一次大检查大督查、一次大检举大揭发“四个一”专项活动，进一步完善了与公安禁毒等部门的沟通协商、线索移交工作机制，强化了协调协同协作，促进了规范文明执法，有力推动戒毒工作高质量发展。

全省实现“六无”目标。深入开展专项督导、“驻在式”督导、“大排查、大整治、大评估”、安全隐患清零、规范文明执法教育等专项活动，圆满完成全国和省“两会”、中非合作论坛等重大节点安保任务，场所保持持续安全稳定，全系统连续实现了“无毒品流入、无戒毒人员脱逃、无非正常死亡、无所内案件、无生产安全事故、无重大疫情”的“六无”维稳目标。

聚焦社会宣传。坚持服务禁毒斗争大局，发挥戒毒场所专业优势，深入开展禁戒毒社会宣传。全系统15个禁戒毒教育基地接待社会各界群团23批次3000余人次；抓住“6·26”国际禁毒日等重大节点，举办场所开放日活动；省女所、省保定所、省戒毒所、承德所、唐山所、邯郸所等单位成立禁戒毒普法宣讲团，深入机关、企业、学校、社区开展禁戒毒普法公益宣讲，组织宣传150余场次。省女所“闪耀的桔灯”公益宣讲团被评选为2018年“中国网事·感动河北”网络人物，成为河北司法行政戒毒工作的闪亮品牌。

3. 开展“法治体检”为民营企业高质量发展保驾护航

强力组织推进。河北省司法厅全面贯彻落实司法部关于开展民营企业“法治体检”的决策部署，把开展“法治体检”作为一项重要举措写入省委、省政府《关于大力促进民营经济高质量发展的若干意见》，以省委省政府名义进行安排部署，由“两办”督查室督导各市县具体落实。制定出台了《实施方案》，提出了围绕一个主题（促进民营企业高质量发展）、抓住两个重点（中小企业和困难企业）、聚焦三个关键（法治环境保障、公司治理结构改善、风险防范化解）、用好四个载体（法律宣讲、上门走访、集中会诊、健康管理）的具体目标和思路。

狠抓措施落实。全省司法行政部门组建了50余个以党员律师和业务骨干为主体，780名律师参与，覆盖诉讼、仲裁、商标、专利、投资融资、环境保护、劳动争议、破产重组等各专业领域的律师服务团队。制定业务操作指引，从服务内容、方式、流程、标准等方面对法治体检活动予以引导和规范。加强与工信部门、工商联和企业协会、商会沟通协作，对接法律服务需求，建立健全工作衔接机制，形成了上下联动、整体推进的工作态势和良好氛围。

以法释疑解惑。全省各地市针对民营企业在劳动保险、合同纠纷、债权追索、股权争议、建筑用地等方面遇到的普遍性、多发性法律问题，采取政策宣讲、法律培训、专题讲座、案例讨论等形式，帮助企业家们释疑解惑，排除困难，进一步坚定信心，稳定预期，提振发展动力，使更多企业在活动中受益。沧州市组织各大律所轮流举办民营企业“法治体检”系列讲座，第一讲《企业涉税问题分析》就在民营企业家中引起强烈反响；唐山市用浅显易懂的幻灯片解答企业和职工的法律问题；秦皇岛市组织律师团队到民营企业集聚的北部工业园区进行面对面法治宣传，并在市中小企业服务中心设立免费律师咨询窗口。目前，全省现已组织政策法治宣讲140余场次，召开企业座谈讨论会70多场次，强化了民营企业的法律意识、契约意识、风险意识和依法治企的能力。

精心把脉问诊，对症化解民营企业法律风险。各律师服务团队深入民营企业进行法治“望闻问切”，采取一企一策、一事一方、一对一精准帮扶等方式，着重从内部治理、生产运营、劳资关系、费用成本、资产处置、商标专利等方面诊断问题隐患，排查法律风险，促进依法经营。全省律师已为600余家民营企业开展了“法治体检”，共帮助企业排查风险隐患8大类168项，化解矛盾纠纷535件，出具法律意见1130条，完善规章制度208项。

4. 深入推进社区矫正工作

开展第三批规范化司法所推荐申报，经严格审查，共评选命名707个司法所为“全省规范化司法所”。

联合省财政厅、省人社厅等印发政府购买社区矫正社会服务方案，全省专职社区矫正工作人员达到8000多人，监督管理力度不断加大，4.1万名社区服刑人员总体稳定。

5. 回应群众需求，完善法律服务体系

做出了统筹安排部署。2018年5月23日，河北省“两办”印发了《关于加快推进公共法律服务体系建设的意见》，从全面依法治国、推进国家治理体系和治理能力现代化的战略高度，对加快推进河北省公共法律服务体系建设做出了部署。

推出了系列推动举措。河北省司法厅联合省发改委、省商务厅、省外办等15家单位出台发展涉外法律服务业实施意见，联合省人社厅启动“百名涉外法律领军人才培养计划”，举办涉外法律服务人才培训班，提升了涉外法律服务水平。

取得了良好社会效果。全省县、乡、村公共法律服务实体平台和村居法律顾问微信群普及覆盖，组建“12348”热线省级指挥中心，上线“12348”河北法网，累计办理各类法律服务事项55万余件，提供咨询170万余人次。

6. 深化人民调解员队伍建设

依托村（社区）“两委”换届，推动5万余个基层人民调解组织接茬换届，建立人民调解名册制度，全省共调解民间纠纷15万余件。

牵头组织京津司法局签署《坚持和发展“枫桥经验”筑牢环首都“护城河”工程行动方案》，联合开展了监狱、戒毒、司法鉴定等执法检查。

（十三）法治社会建设进展情况

2018年，河北省各级司法行政机关和法治社会建设有关单位，不断创新法治宣传教育形式，着力加快法律服务体系建设，法治社会效果进一步凸显。

1. “谁执法谁普法”责任制和“谁服务谁普法”要求落实取得新进展

河北省“两办”印发《省直部门普法责任清单》，对92个省直部门普法责任和任务进行了明确，并将“谁执法谁普法”责任制落实情况作为各部门年度普法工作报告的核心内容，着力推动将普法工作由主管部门“独唱”变为全社会“大合唱”。

2. 创新开展“法治行动在河北”系列宣传活动

全省司法行政机关和有关部门开展“主题普法宣传行动”，开展了宪法学习宣传、环保法律法规宣传和扫黑除恶法律法规宣传。开展“进一步推进‘谁执法谁普法’普法责任制落实行动”，实行了执法前、执法中、执法后“执法三明示”制度；在“法律服务‘三延伸’行动”中，实现法律服务向“村头”“炕头”“心头”延伸。在“社会主义法治文化推进行动”过程中，实现法治文化覆盖街头楼头、覆盖机关企事业、覆盖公共场所“法治文化三个覆盖”，法治宣传教育不断深化。

河北省司法厅、河北省法宣办承办省委2018年国家安全教育日主题活动，组织了国家安全教育主题展览、国家安全进社区等，较好地宣传了国家安全相关法律法规。

石家庄市购买宪法单行本8万套，免费发放给全市21个婚姻登记处，结合婚姻登记，开展“结婚证+宪法书”活动，推进宪法文本进家庭。

3. 法治文化建设持续推进

注重将社会主义核心价值观纳入法治宣传教育工作，各地将法治文化元素纳入公园、场馆等建设当中，提升了公共场所的法治宣传功能。

通过法治文艺展演、法治文化惠民活动、法律进乡村、法治文化基层行等活动，在全社会弘扬社会主义法治文化。

保定市把全市1740余个乡间集市作为宣传阵地，文化搭台、法治唱戏，举办“法律大集”970多场，让群众以喜闻乐见的形式接受法治宣传教育。

4. 法治宣传工作督察考查机制进一步完善

河北省司法厅、省法治宣传教育领导小组办公室制定印发《河北省“七五”普法规划考核评估指标体系（试行）》和《河北省省直部门“七五”普法规划督导检查参考标准》，对全省“七五”普法工作督导检查进行指标量化。2018年9月，结合宪法学习宣传和贯彻实施省内督察，对各市“七五”普法规划实施情况进行中期督导，全面掌握各地“七五”普法的推进实施情况。

5. 法治创建取得新成效

2018年，河北省西柏坡纪念馆被确定为“首批全国法治宣传教育示范基地”，是全国8个示范基地之一。河北省法宣办联合省国家税务局确定2个“河北省税收普法教育示范基地”，加强税收普法教育。

目前，河北省有18个县（市、区）、53个村（社区）被评为全国法治县（市、区）创建先进单位，全国、河北省民主法治示范村（社区）1030

个，第七批全国民主法治示范村（社区）数量均居全国前列。

6. 新媒体普法持续领跑全国

近年来，河北省充分运用省市县三级新媒体普法矩阵集中发力，通过“今日头条”等途径扎实开展法治宣传工作，取得显著成果。

在法制网舆情中心发布的头条号全国前20名影响力排行榜中，河北省普法团队长期霸榜。

2018年7月、8月中政委舆情监测的全国司法类公众号前10名中，河北省两次占据7席，在全国范围内强化了河北普法品牌效应。

“2018政务V影响力峰会”上，沧州黄骅市司法局官方微博“黄骅司法”荣获“全国十大司法行政系统微博”，沧州普法办公室荣获“2017年度中国创新型互联网+政法服务”优秀平台。

在中央政法委主办的长安剑—优质司法排名中，衡水市冀州区普法微信号排全国第二名。2018年12月16日，“衡水发布”微博在河北省“五个十”网络评选活动中被评为“最具影响力的微博”。

7. 京津冀法治宣传教育协同发展工作取得新突破

2018年1月，在天津市联合举办京津冀法治文化会演，加强三地的法治文化交流，取得积极的社会效果。8月，京津冀三地联合在北京市举办了法治文化交流活动暨普法骨干业务培训班，首次实现三地普法骨干同堂授课、同步培训，为加强三地普法工作人才交流进行了积极探索。

8. 三地检察机关服务保障京津冀协同发展推出新举措

召开了服务保障京津冀协同发展工作交流会。总结了三地检察机关服务保障京津冀协同发展重大国家战略、落实2016年签署的《京津冀检察机关服务和保障京津冀协同发展的合作框架意见》的基本情况，围绕各地区域发展定位、搭建检务交流平台、深化司法协作以及跨区域环境保护等问题进行了交流研讨。会上签署了《京津冀检察机关服务和保障京津冀协同发展的合作框架补充意见》，就加强检察办案协作、服务保障疏解北京非首都功能、健全完善便民服务机制、深化办案资源共享、规范检察业务合作、建立常态化调研协作六个方面作出了具体规定。按照该补充意见，京津冀三地当事人可以就近到检察机关提出申诉申请，检察机关也将会同司法行政机关打通三地检察机关律师接待平台和执业律师数据库，实现执业律师数据库的共享共用，为三地律师通过互联网完成核实身份、告知接受委托、预约申请、查询结果等诉讼活动提供便利。

（十四）推动完善产权制度和依法保护产权情况

2018 年，河北省委、省政府和省委政法委、省委法治办、省发展和改革委等部门敢于担当、积极作为，通过出台实施意见、制定配套政策、狠抓贯彻落实等，确保中央关于完善产权制度依法保护产权的决策部署落地见效。

1. 做好产权保护工作顶层设计

2018 年 5 月，河北省委、省政府制定出台了《关于完善产权保护制度依法保护产权的实施意见》，对贯彻落实中央关于产权保护工作做出了明确部署。

同月，中共河北省委法治河北建设领导小组办公室（设在省委政法委）依托法治河北建设工作体系，将全省产权保护协调工作机制纳入法治河北建设工作体系，建立了党委领导、部门参与、有机衔接、协调推进的产权保护专项协调工作机制，并将产权保护工作纳入省管领导班子和领导干部年度综合考核评价体系。

2. 出台系列产权保护配套文件

河北省先后制定出台《河北省人民政府关于加强政务诚信建设的实施意见》（冀政办字〔2017〕91 号）、《河北省人民政府办公厅关于激发民间有效投资活力全面推进全省经济高质量发展的实施意见》（冀政办字〔2018〕7 号）、《河北省人民政府办公厅关于新形势下加强打击侵犯知识产权和制售假冒伪劣商品工作的实施意见》（冀政办字〔2017〕73 号），省法院出台《河北省高级人民法院关于完善产权保护制度依法保护产权工作的实施意见》《河北省高级人民法院关于进一步完善产权保护制度依法保护产权工作的实施意见》《关于加强知识产权审判领域改革创新若干问题的实施意见》《河北省高级人民法院关于服务和保障“双创双服”活动的指导意见》等，对完善产权保护制度政策举措进一步细化落实。

3. 开展产权保护涉及的规章、规范性文件清理

2018 年 6 月，河北省发展改革委、省政府法制办联合印发《关于开展涉及产权保护的规章、规范性文件清理工作的通知》，在省政府办公厅 4 月份印发的《关于开展规范性文件清理工作的通知》的基础上，再次组织省政府各部门，各市、县（市、区）政府及雄安新区管委会对涉产权保护的规章、规范性文件进行了全面清理。本次清理，提出废止或修改规范性文件 3 件，其中，省直部门 2 件、设区市 1 件。

4. 妥善处理历史形成的产权案件、甄别纠正涉产权纠纷（申诉）案件

河北省高院制定印发《河北省高级人民法院关于完善产权保护制度依法保护产权工作的实施意见》，对历史形成的产权案件、甄别纠正涉产权纠纷（申诉）案件进行了部署。省法院、省检察院、省公安厅等部门通过发布典型案例、指导性案例等形式“以案释法”，在全社会积极营造依法保护产权的法治环境。

5. 执法司法行为中加强各种所有制产权平等保护

河北省法院制定下发《关于依法审理涉企业家刑事犯罪案件，积极构建亲清新型政商关系的通知》及《关于依法审理涉企业家行贿案件的指导意见（试行）》，积极指导全省法院妥善处理企业家涉罪案件，在商事审判中依法平等保护各类市场主体合法权益。全省法院准确把握法律政策界限，依法审理好企业家涉罪案件，坚持宽严相济政策，保护企业家合法权益和正常经济活动，增强企业家信心和财富安全感。

政法机关深入开展产权司法服务进企业活动，对产权保护特别是商业秘密的保护现状、面临难题进行调研指导，帮助企业提升知识产权保护意识和维权能力。

为全力保障破产案件顺利进行，河北省法院系统在各中院设立破产费用专项基金，以期有效缓解缺少破产启动资金和破产费用的问题，促进管理人及时、高效履职。

6. 着力解决群众反映强烈的产权纠纷问题

省检察院在办理有关产权刑事案件时，严格区分经济纠纷与经济犯罪的界限、企业正当融资与非法集资的界限、国有企业兼并重组中涉及的产权纠纷与恶意侵占国有资产的界限等情况，坚持主客观相一致原则，避免客观归罪。

河北省司法厅召开专题会议对产权保护工作进行研究和部署，结合司法行政工作实际，细化举措，立足司法行政工作职能，切实为人民群众合法产权受到侵害时提供及时有效的法律服务。2018 年，全省律师办理知识产权类案件共计 700 余件。

充分发挥公证在产权保护中的职能作用，印发公证业务指导性案例、公司股权激励合同公证案例、农村土地承包合同公证案例、知识产权侵权市场调查活动保全证据公证案例，为办理公证业务提供精准指导。全省办理产权保护类公证 600 余件。

7. 切实加强知识产权保护

河北省积极推进河北省冬奥会知识产权保护的地方立法，明确位阶不同的涉及冬奥会知识产权保护的相关法律法规在执法维权保护中的适用顺序，保证各立法之间的协调性和一致性。有关部门开发河北知识产权维权援助与举报投诉系统，实现“12330”知识产权维权援助与举报投诉公益服务电话全省统一接听，向社会提供方便快捷的知识产权维权援助与举报投诉渠道。完善知识产权政务服务，实现侵权行为成立认定和处理专利侵权纠纷的网上办理。

石家庄仲裁委员会专门设立了调解中心，并在石家庄市中级人民法院诉讼服务中心开设仲裁调解接待窗口，为知识产权纠纷提供多元化解决途径，使知识产权综合服务成为强化知识产权保护的有力保障。

在全省范围及电子商务领域内开展知识产权执法维权“雷霆”专项行动，围绕食品药品、环境保护、安全生产、高新技术等重点民生领域和电商、专业市场等关键环节开展专项整治活动，严厉打击知识产权侵权假冒行为。

组织开展网络市场监管专项行动（网剑行动），重点打击网络侵权假冒、刷单炒信、虚假宣传、虚假违法广告等网络违法违规行为。及时审核和移交专利纠纷案件，加快专利纠纷案件的处理速度，2018 年 1 ~9 月，向国家局上报、向各市局移交案件合计 697 件，其中，专利侵权纠纷案件 265 件、假冒专利案件 422 件；处理结案的案件 437 件。

（十五）地方法学会建设情况

2018 年，河北省法学会以改革创新的精神和奋发有为的状态干事创业，市县法学会、学科研究会、会员队伍建设和法学研究、法律服务等各项工作迈上了新台阶、实现了新突破、开创了新局面。

1. 大力推进市县法学会

河北省法学会坚持“抓培训、抓规范、抓典型培树”的工作思路，在邯郸市和唐山市分片召开了全省市县法学会工作推进会，对新形势下如何做好法学会工作提出具体要求。

2. 大力推动学科研究会建设

分南北两片召开学科研究会工作座谈会，研究加强研究会思想政治建设和制度建设。新组建了中医药法学研究会、电子商务法学研究会、犯罪学研究会等 4 个研究会。

3. 着力推进法律专家服务站建设

全省法学会系统建立专家服务站共计 436 个，其中设区市 18 个、县级 138 个、乡镇 280 个。秦皇岛市法学会被评为全国先进集体，石家庄、秦皇岛、邯郸 3 个市级和 19 个县级法学会获通报表彰。

4. 大力加强法治智库建设

高度重视新时代法治智库建设。河北省委政法委、省委法治办配合省法学会，按照政治过硬、学术造诣深厚、实践经验丰富等标准，遴选法学法律界的专家学者建立了河北法治智库。2018 年 9 月，为首批遴选的 136 名专家颁发了证书。2018 年底，完成了第二批专家遴选工作。

着力发挥智库专家作用。河北省法学会组织引领智库专家，围绕经济社会发展、法治河北建设大局和重大改革事项中的法律问题开展研究，积极参与和服务法治实践，扩展了法治实践的平台。先后为省委、省人大、省政府、省政协等单位推荐专家顾问70余名，还推荐了10名省法官检察官遴选委员会委员、5名省法院特邀监督员，为省委法律顾问团队推荐了一批候选人。

积极参与地方立法工作。河北省法学会组织法学法律专家学者积极参与立法咨询，先后对《陪审员法》《河北地方立法条例》《民法典各分编》《法律援助法》等10余部法律法规进行咨询论证，整理了10多万字的情况报告，提出300余条立法建议。

（十六）法治建设重大理论和实践问题研究情况

1. 突出抓好年度课题立结项

顺利完成2017年课题结项。其中“河北省美丽乡村建设法律保障机制研究”等3项课题获省级领导批示或中央机关转发，“打造京津冀生态环境支撑区环保协同立法问题研究”等8项课题在核心期刊上发表。

研究确定2018年课题42项。围绕中央重大决策部署和河北省委“3689”战略①部署提出课题方向和重点课题指南，其中“雄安新区立法体制问题研究”等9项被列为重点课题。

2. 围绕重点问题组织研讨

深入贯彻习近平总书记在民营企业座谈会上的重要讲话和关于民营经济发展的重要指示批示精神，与省工商联联合召开民营企业发展与法治保障研

① “3689”战略：2017年12月24日，中共河北省委九届六次全会在石家庄召开，会议确定经济社会发展基本思路是抓好三件大事、打好六场硬仗、实施八项战略、深化九项改革。“三件大事”，即推进京津冀协同发展、规划建设雄安新区、筹办北京冬奥会。“六场硬仗”，即防范化解重大风险的硬仗、精准脱贫的硬仗、污染防治的硬仗、转型升级的硬仗、补齐民生短板的硬仗、优化营商环境的硬仗。“八项战略”，即创新驱动发展战略、科教兴冀战略、人才强冀战略、乡村振兴战略、区域协调发展战略、可持续发展战略、军民融合发展战略、开放带动战略。“九项改革”，即供给侧结构性改革、国有企业改革、“放管服”改革、投融资体制改革、科技体制改革、金融财税体制改革、教育文化体育体制改革、“三医联动”改革、国家监察体制改革。

讨会，对强化知识产权保护、法律风险防范、优化营商法治环境等方面进行了深入研讨和交流，会后形成情况报告送有关部门参考。认真贯彻落实中央和省委省政府关于开展扫黑除恶专项斗争的决策部署，组织召开了深化扫黑除恶与法治保障研讨会。秦皇岛市法学会以“为打造国际化城市提供法治保障”为主题举办了首届法治秦皇岛论坛。

3. 有力提升法治河北论坛影响

在2017年将法治河北论坛推向全国基础上，2018年7月10日，河北省委法治办、省政府法制办和省法学会共同举办了第九届法治河北论坛，以“依法行政和法治政府建设”为主题在全国范围内广泛征文，吸引了全国各地法学法律工作者积极参与，河北法学研究在全国的影响日益强盛。第九届论坛共收到论文493篇，其中实务部门作者投稿占75%。省委常委、政法委书记董仚生对论坛成果给予充分肯定，强调要充分运用好取得的成果，汇集更多真知灼见，为法治河北建设做贡献。

4. 精心承办跨区域学术交流研讨

围绕京津冀协同发展战略和雄安新区建设法治保障两大问题，邀请全国专家学者和法治实践部门专家进行研讨交流，推出了一批关于雄安新区规划建设、京津冀协同发展等重大工作法治保障的研究成果，为中央重大决策部署落地落实提供了法治服务。组织省内专家学者参加第十三届环渤海区域法治论坛，取得一等奖1篇、二等奖3篇、三等奖2篇的好成绩。同时，组织专家学者积极参加国家级法学论坛等学术交流活动20余次，2篇论文分获中国法学家论坛一、二等奖。

5. 精心组织全国性法治评估研讨

2018年5月19日、20日，由中国法学会法理学研究会、立法学研究会、中国法治评估研究方阵、中共河北省委法治河北建设领导小组办公室、中国法治现代化研究院等单位主办，河北经贸大学承办，在河北正定、河北经贸大学连续举办了第二届“中国法治评估高端论坛”、第六届“社会建设与法治中国论坛”和“2018·中国法治实践学派论坛”。来自全国各地的近百名法学名家集聚一堂，围绕学习贯彻习近平新时代中国特色社会主义思想、贯彻落实党中央全面推进依法治国决策部署、深入研究深化法治建设实践中的难题，先后研讨了“实践法学与法治评估”“社会建设与法治中国”“法治实践学派与法治中国建设”等主题专题。

“中国法治评估高端论坛”重点对中国法治政府建设指标体系研究，以及法治政府、司法透明、司法文明、司法公信力等各项法治指标研究进行了全面深入的探讨，对河北省在全国率先推出设区市法治建设指标体系、创新实践的“三位一体”考评机制和探索应用的“法治建设指数”理论经验做法予以肯定，认为河北找准了法治建设的实践逻辑、工作方向和着力点，并认为河北省在法治建设方面已经与浙江、江苏等先进省份齐头并进。

上述论坛规格高、规模大，层次高、名家多，水平高、问题实，特别是“中国法治评估高端论坛”2017 年 9 月在浙江杭州举行第一届研讨，8 个月后即在河北正定举办第二届研讨，体现了法治实践研究关注重点的“南浙北冀”思维，抓住了法治建设考核评估这一实践“短板”、理论弱项和工作薄弱环节，对贯彻党的十八届三中全会提出的建设科学的法治建设指标体系和考核标准重大要求具有重大意义。

二　2019年河北法治发展展望与做好衔接提升工作的建议

2019 年是中华人民共和国成立 70 周年，是全面建成小康社会、实现第一个百年奋斗目标的关键之年，深入推进落实全面依法治国基本方略、不断深化全面依法治省实践意义十分重大。2019 年 1 月 19 日，河北省政法工作会议在石家庄举行，其中对 2019 年度法治河北建设工作提出，要深入抓好政法领域改革，加快构建优化协调高效的政法机构职能体系，全面落实司法责任制，抓紧完善权力运行监督和制约机制，努力促进社会公平正义。2019 年 1 月 27 日，河北省委全面依法治省委员会第一次会议在石家庄召开，对深化全面依法治省各项工作做了深入谋划和全面部署。这些有力举措，必将大力提升全面依法治省的质量和水平，为加快建设经济强省美丽河北提供法治保证。从体现法治思维、保持良好势头、做到深化提升视角看，对习近平全面依法治国新理念新思想新战略的学习贯彻应当进一步加强，对推进全面依法治省机制的载体应当体现出衔接性并有更有力的提升完善，对推进全面依法治省各项工作走在全国前列的思路方法应当有更进一步的研究把握。

（一）加强法治建设机构机制建设

党中央做出全面推进依法治国建设法治中国重大决定后，河北省委政法委敢于担当、勇于负责、善于创新，在省委正确领导下，在各地各部门大力支持下，圆满完成了省委交给的省委法治河北建设领导小组办公室运转任务，推动了多项工作走在全国前列。

根据中央党政机构改革总体安排，河北省委法治河北建设领导小组改为全面依法治省委员会，下设机构改为立法、执法、司法、守法普法四个协调小组，办公室调整设在省司法厅。新的工作机制下，服务领导、协调各方、优化提升的工作力量有了充分保证，法治政府建设、法治社会建设的协调推进将有更大空间。

在新的一年里，各级党委和有关部门将坚持政治站位，坚持用习近平新时代中国特色社会主义思想指导全面依法治省工作。建议有关部门进一步健全机制制度、丰富工作思路、用好特色载体，巩固全面依法治省多项工作与“一流省份”齐头并进、并驾齐驱的良好态势，努力使河北省法治建设各项工作更多更好地走在全国前列。

建议有关部门抓住“关键少数”，深入推进“第一责任人职责”的落实，特别是要注意河北省委制定的党内法规中具有河北特色相关内容的贯彻落实。

建议有关部门体现法治思维，持续推进现有法治建设“五年规划”（2015～2020年）的贯彻落实，在“一张蓝图干到底”“逐步加速不断档”和适时进行实施情况第三方评估基础上，研究谋划《法治河北建设实施规划（2020～2025年）》。

（二）加强法治建设重大理论和实践课题研究

2019年，河北省将在学会悟透弄懂习近平新时代中国特色社会主义思想特别是关于全面依法治国重要论述基础上，围绕学习宣传和丰富发展习近平全面依法治国新理念新思想新战略重大课题，围绕“政法机关服务中心工作有关问题研究”“司法体制改革法律问题研究”“社会治理法治化问题研究”3个重大方向，深入开展法治建设理论和实践重大问题研究，在服务地方法治建设上取得新成效。

2019年，河北省法学会和全省法学法律界将坚持“基层的需要就是研究的课题”，围绕“依法治省与防范化解重大风险”主题和法治政府建设等13个分论题，举办第十届法治河北论坛，努力形成高质量的立法建议、工作建议、司法建议，为党委政府和有关部门提供决策依据和工作参考，在服务河北经济高质量发展上发挥新作用。

建议各级党委认真学习领会习近平总书记和党中央关于加强法学会建设的重要精神，认真学习贯彻中国法学会第八次全国代表大会精神，进一步加强党对法学会的领导，进一步支持法学会建设，更加充分地发挥法学会职能作用。

建议省市县三级法学会提高政治站位，抓好政治建设，切实抓好学科研究会、会员队伍和智库建设，全面深化法学会改革，切实做好法学会换届工作。

建议全省法学法律工作者始终坚持正确的政治方向，不断深化法学研究和法治实践，以有力有效服务全省工作大局为努力方向，自觉做中国特色社会主义法治道路的践行者、社会主义法治国家的建设者、中国特色社会主义法治理论的发展者、德才兼备的社会主义法治人才的培养者。

（三）精准聚焦突出问题，全面提升立法质量

2019年，河北省地方立法工作将紧紧围绕习近平总书记重要指示要求和党中央决策部署，突出地方立法的针对性和实效性，持续推动法治河北建

设迈向良法善治新境界。将突出重点、焦点、难点，推动解决实际问题，特别是着力解决国家大法颁布以后在河北的操作和实施问题，通过地方立法确保国家法律法规在河北落地落实，为全省改革发展稳定提供坚强法治保障。

省级地方立法的重点：一是聚焦习近平总书记反复强调的地下水超采综合治理，解决华北大漏斗问题。二是聚焦河北省农业结构、种植结构调整问题，把法律的手段和经济的手段结合起来，通过立法倒逼结构调整落实。三是聚焦推进科技创新制度建设，为河北的经济结构转型升级和高质量发展提供法治保障。四是聚焦民生领域存在的突出问题，通过地方立法的方式推动解决。

建议省市立法机关和承担立法起草任务的机构，更加有力地尊重法治规律、重视专家作用、用好法治智库，更加有力地提升科学立法、民主立法、依法立法的能力和水平，更加有力地运用法治方式服务河北高质量发展、建设首都政治“护城河”、推动“双创双服”活动。

（四）严格规范执法行为，全面建设法治政府

2019 年，河北省将对标新发展理念和高质量发展要求，着力抓好推动京津冀协同发展、雄安新区规划建设、冬奥会筹办、防范风险、污染防治和促进河北创新发展、绿色发展、高质量发展以及推进创新社会治理、保障改善民生、法治政府建设等方面急需的立法。

在推进严格规范执法和深化法治政府建设方面，将进一步明确省市县乡各级政府在依法行政上的任务、责任和工作重点，压实法治政府建设的责任。持续推进“放管服”改革，结合省市县机构改革，进一步理清行政执法单位的权力清单，做到动态调整、及时更新。做到法无授权不可为、法定职责必须为。将强化权力制约监督机制，建立健全行政执法单位权力监督制约制衡机制，实行“办审定三分离”，强化自我约束，让业务部门来办案、法制法规部门来审核，最后由大家集体决策，做到办案部门不审案、审案部门不定案，办审定相分离、相制衡。将推进权力运行公开透明，进一步巩固拓展行政执法三项制度改革成果，提升行政执法的透明化、规范化、法治化

水平，实现严格规范公正文明执法。严格落实执法裁量基准制度，各级各部门将对有关裁量基准制度作进一步细化和完善，确保严格执行到位。开展执法检查，严格落实“双随机一公开”制度，坚持行政权力在阳光下运行，坚决避免执法人员自己发现案源、自己销案的恣意执法现象。建立完善“两法衔接”机制，办理案件必须特别注重防止出现规避法律的现象，重点防止以罚代处、以罚代刑的行为。行政机关和司法机关将进一步完善协调协作机制，不仅要在行政执法层面解决以罚代处的问题，而且要通过“两法衔接”解决好以罚代刑的问题。

建议有关方面深刻认识防控重大风险的重要性，聚焦省委“抓好三件大事、打好六场硬仗、实施八项战略、深化九项改革”的决策部署，找准推进经济社会发展与推进法治政府建设的结合点、切入点和着力点，依法解决经济社会中的热点、难点、疑点、重点问题。

（五）严格规范司法行为，全面促进司法公正

2019 年，河北省政法系统将坚持党对政法工作的绝对领导，以确保建国 70 周年安全稳定为主线，加快推进基层社会治理现代化，加快推进政法领域全面深化改革，加快推进政法队伍革命化、正规化、专业化、职业化建设，忠诚履行好维护国家政治安全、确保社会大局稳定、促进社会公平正义、保障人民安居乐业的职责任务。将向纵深推进扫黑除恶专项斗争。围绕服务中心工作，加大对金融、扶贫、环保、医疗、食药等领域犯罪的打击力度，加大产权保护力度。将坚持用法治思维和法治方式保障权益、化解矛盾、维护稳定。将立足更高站位、更深层次、更宽领域，积极稳妥地推进政法机构改革、司法体制综合配套改革，有效破除影响执法司法质效的体制机制障碍。将认真抓好“两个《意见》”的贯彻落实，完善司法权力运行与监督机制，科学制定绩效考核办法，加强绩效考核结果运用，最大限度激励入额人员多办案、办好案，推进落实职业保障改革相关政策。将大力推进规范执法、阳光执法，整改突出问题、规范权力运行、堵塞制度漏洞，提高严格规范公正文明执法的能力和水平，努力让人民群众在每一起案件中感受到公

平正义，为经济发展创造更加和谐稳定的社会环境和公平正义的法治环境。将强化政治建设、强化主体责任、强化正风肃纪、强化制度建设，认真学习贯彻《中国共产党政法工作条例》，切实把党对政法工作的绝对领导落到实处，充分运用党委政法委执法监督、法院司法巡查、检察院内部巡视等方式，通过案件质量评估、司法业绩考核、错案责任倒查等制度机制，与驻政法单位纪检监察组形成监督合力，共同推动执法司法权力规范运行。

建议政法各单位围绕超前应对风险挑战，不断增强坚守法治的定力和厉行法治的意志，不断深化司法体制改革和政法系统改革，开启全面依法治省新征程，积聚执法规范化建设新动能，实现政法领域全面深化改革新突破，倾力打造更高水平的平安河北、法治河北。

（六）深入开展全民普法，全面增强法律意识

2019 年，河北省将进一步严格落实“谁执法谁普法”责任制，按照普法责任制清单，上下对标、统筹推动，多种形式、多种方式开展普法活动，引导广大群众都遵纪守法、依法办事，推动全社会形成尊法学法守法用法的浓厚氛围。将建立健全社会主义核心价值观融入法治建设立法修法协调机制，把社会主义核心价值观融入法律规范、贯穿法治实践，实现良法善治。执法部门和司法机关将坚持执法严明、司法公正和有效释法说理相统一，实现法律和道德相辅相成、法治和德治相得益彰。

专题报告

Special Reports

B.2

河北省重大社会风险特征及有效应对

麻新平 *

摘　要： 河北省地处京畿要地，深化改革处于“三期叠加”的特定阶段，社会风险隐患增多，重大风险易发高发，需要正确把握社会重大风险特点及发展态势，坚持底线思维，注重提高领导干部政治意识和风险意识，完善各项体制机制建设，做好打击非法集资、扫黑除恶等重点领域工作，拓宽公众参与的范围主体和渠道，提升风险防范化解信息化水平，有效防范化解各类风险，维护社会和谐稳定。

关键词： 重大风险　风险预警　风险化解

---

* 麻新平，河北省社会科学院法学研究所研究员，主要研究方向为经济法、社会治理法治化。

当前，河北省正处于深化改革的攻坚期和转型升级的阵痛期，京津冀协同发展、雄安新区规划建设、冬奥会筹办等重要任务也进入全面实施阶段，各种矛盾风险日益凸显，社会稳定面临着前所未有的挑战。作为首都“护城河”，河北的平安稳定不仅关乎自身的发展，还直接关乎首都的稳定和安全，任务艰巨、责任重大，需要站在政治的高度，全面把握社会重大风险的特点及发展态势，寻求多元高效的应对措施，提高风险防范化解成效。

一 河北省社会领域面临的严重挑战

（一）社会主要矛盾转化带来的挑战

随着我国进入全面建成小康社会决胜阶段，河北人民群众的需求开始从生存转向全面发展，对美好生活需要日益广泛，不仅有提高物质生活的需要，在民主法治、公平正义、生态环境、文化教育、健康安全等方面也有了更高的要求；诉求主体多元化、诉求事项多样化、诉求表达多渠道的趋势更为明显；近年来，虽然河北经济发展基本面持续向好，但宏观经济下行的压力仍未摆脱，由此引发的各种社会矛盾呈逐年增多趋势，矛盾种类也由传统的民事纠纷向征地拆迁、环境污染等利益纠纷拓展，预防和化解难度增大。

（二）产业结构调整带来的挑战

河北省是工业大省，产业结构重，去产能、去库存及环境污染治理任务重，很多企业关停并转，不仅造成基层政府财政危机，就业、转岗、停产、破产等产生的矛盾和劳资、债务等引发的纠纷也持续增多，平衡去产能、保就业、防风险关系的压力很大。

（三）复杂的国际国内环境带来的挑战

河北省是首都“护城河”，维护国家安全、政治安全任务繁重，历来是敌对势力渗透破坏的重点区、各种风险因素的集聚区，各种渗透颠覆破坏、暴力恐怖、民族分裂等犯罪活动从未停止，近年来日益复杂的国际环境，使得河北省风险隐患增加，风险预警预防的强度和难度都将增大。

（四）互联网高速发展带来的挑战

互联网的快速发展在给人们生活带来极大方便的同时，也给社会治理带来很多新问题新挑战。互联网时代人们的真实身份容易被隐匿，一些不负责任的言论借助互联网聚焦放大，很容易误导舆论、激化社会矛盾，小事件升级为群体性事件，网络事件演变成社会事件，对社会稳定造成严重威胁，舆论管控的难度加大；随着网络信息技术不断演进，网络对经济社会发展渗透融合、驱动作用日益显现，网络犯罪的隐蔽性、智能性和产业化、链条化特征，使得网络犯罪的防范打击难度明显增大。

二　河北省社会重大风险的特征

当前，河北省社会形势总体稳定、风险可控，但社会治理形势依然严峻复杂，社会重大风险隐患依然存在，风险呈现点多面广局面，既有传统社会风险，也有经济社会转型带来的风险；既有难以预见和偶发性的“黑天鹅”风险，也有事先有苗头的“灰犀牛”风险。

（一）社会治安案件数量连续多年维持高位，治安风险居高不下

1. 刑事案件新收案件数量增长快速

刑事犯罪高发的态势没有改变，总量上仍处于高位运行，且呈现组织化、动态化及智能化特征。2018 年，法院新收各类刑事案件 109.08 万件，比 2014 年增加了 103.46 万件；2018 年检察院批捕犯罪嫌疑人比 2014 年增加了 6759 人，起诉犯罪嫌疑人增加了 11698 人（见表 1）。

表1　2014~2018年全省法院、检察院办理各类刑事案件及批捕、起诉犯罪嫌疑人数量

单位：万件，人

年份	法院新收各类刑事案件数量	检察院批捕犯罪嫌疑人数量	检察院起诉犯罪嫌疑人数量
2014	5.62	32657	52885
2015	70.25	39416	64583
2016	91.4	30150	51137
2017	99.78	24395	37587
2018	109.08	39416	64583

资料来源：根据2014~2018年全省法院、检察院工作报告整理。

2. 危害国家安全犯罪呈增多趋势

2019年以来，随着全国反恐形势向好，河北省暴恐风险下降，但反恐形势严峻的基本面没有变，涉恐专案和涉恐线索倍增，暴恐活动威胁明显加大，反恐斗争依然艰巨。

3. 涉黑涉恶等严重危害社会治安犯罪较为突出

扫黑除恶专项斗争取得阶段性成效，但黑恶势力、严重暴力、涉枪涉爆、拐卖妇女儿童、“两抢一盗”等严重危害社会治安犯罪依然严重。特别是在民间借贷、交通运输、非法采砂、土地项目工程、涉赌场所、市场交易等行业领域涉黑涉恶违法犯罪较为突出。2018年，公安机关共破获违法犯罪案件6703起，抓获犯罪嫌疑人7820名，打掉涉黑犯罪组织50个，打掉涉恶犯罪团伙822个[①]；涉黑涉恶案件影响大，95%以上黑恶势力犯罪案件被提起公诉，对容城县丁氏家族、定兴县田氏家族等重大典型涉黑组织、恶势力团伙的公诉，引起社会高度关注。判处五年有期徒刑以上的重刑犯罪达54.78%；涉黑涉恶腐败和“保护伞”等黑恶势力滋生土壤依然存在，一些黑恶势力操纵破坏基层换届选举，把持基层政权，严重影响基层组织建设。黑恶势力不扫，社会难稳，百姓难安，

① http：//gat. hebei. gov. cn/default. php? mod = article&do = detail&tid = 27154，河北新闻网，2019年4月29日。

发展难继。

4. 涉众型经济案件点多面广

河北省涉众型经济案件自2014年出现苗头，近年来发展迅猛，涉案范围广、数量多、金额大，各项数值均达历史最高，形势十分严峻。呈现以下特点：从案件形式看，包括非法传销、非法吸收公众存款、集资诈骗、非法集资、信用卡诈骗、“套路贷”、“校园贷”等多种形式，借助网络实施的涉众型经济案件逐年增多，由于网络犯罪突破了地域限制，花样繁多、手法隐蔽，大大增加了监管难度；从涉案规模看，发案数、涉案金额、涉案区域、涉案人数等方面都达到了前所未有的程度。2018年，法院系统惩治非法集资、“校园贷”、“套路贷”等危害金融安全犯罪1297件，与2015年相比，增长了近两倍；检察机关依法办理破坏金融管理秩序犯罪案件2162人，比2015年提起公诉1685人增加了477人。卓达集团非法吸收公众存款案，40万人受骗，影响非常大，严重影响社会稳定；从案件分布来看，多集中在经济发达地区，但逐渐向农村及偏远地区转移蔓延。房地产、农民专业合作社、融资理财领域是非法集资重灾区，虚拟货币和传销相结合的非法集资出现并向农村地区蔓延。

5. 新型网络犯罪手法多样、数量激增

网络已成为违法犯罪的新平台，传统违法犯罪加速向网上蔓延且手法不断翻新，贩枪、诈骗、赌博、制贩毒、网络色情和侵害公民个人信息等犯罪均借助网络策划实施；新型网络犯罪数量激增，网络传播淫秽色情、网络赌博、侵犯公民个人信息、网络诈骗、网络水军、助考等新型网络违法犯罪发展迅速，网络黄赌毒、非法制售危爆物品等犯罪上升较快，黑客通过网络攻击和窃取公民个人信息等犯罪增加明显，特别是电信网络违法犯罪处于高发上升态势，2018年公安机关破获电信网络诈骗案件数量比2015年增加了8488件，金额增加了12.64亿元，且类型不断增多，犯罪方式不断变化，已成为影响社会稳定发展的一个突出问题（见表2）。

表2　2015～2018年全省公安机关破获电信网络诈骗案件统计

单位：件、亿元

年份	电信诈骗案件数量	收缴、冻结、追缴赃款金额
2015	1782	0.36
2016	6528	1.5
2017	7004	2.02
2018	10270	13

（二）公共安全总体稳定，但自然灾害、安全生产、食品药品安全、生态环境安全隐患不容忽视

1. 极端天气造成的灾害不容忽视

低温冷冻、风雹、森林草原火灾、干旱等极端危害性天气时有发生，涉及面广，损失严重。2016年邢台“7·19”特大洪灾，受灾人口达百万，房屋倒塌2.9万多间。

2. 安全生产隐患增多

全省安全生产形势总体稳定，安全生产方面事故数量及死亡人数均保持双下降，但各地不同程度发生生产安全和道路交通事故，特别是建筑施工、危险化学品、道路交通及人员密集场所不确定性风险增多，安全监管压力极大。一是煤矿、化学品等方面安全隐患依然存在，既存在“灰犀牛”风险，也存在“黑天鹅”事件，不容忽视。河北现有尾矿库2000多座，危险货物运输企业约800家，运输车辆4万余辆，[1] 安全生产领域任务较重；二是事故总量仍然偏大，工矿商贸方面较大事故数量及死亡人数分别上升了66.7%、31.0%[2]；三是重大事故仍有发生，伤亡人数和经济损失重大，张家口盛华化工公司“11·28”重大爆燃事故造成23人死亡、22人受伤。

① 王东峰：《全面提高防范化解重大风险的能力》，《求是》2019年第4期。

② 《河北省2018年安全生产形势：事故起数和死亡人数双下降》，河北新闻网，2018年12月28日。

3. 食品药品安全不容忽视

一是食品药品犯罪总量仍居高不下，食品药品安全事件仍处于高发多发状态，非法生产、非法经营、非法添加、非法宣传保健食品四类为主要类型。2018 年共立案查处违法案件 4612 件，涉案金额近 29 亿元。[①] 二是互联网、物流成为食品犯罪的主流渠道。三是农村地区因食品监管及打击整治方面力度不够，食品类犯罪比较多。

4. 生态环境治理任重道远

河北省由于产业结构重、资源消耗大，再加上历史欠账较多，生态环境问题较为突出，近几年经过持续攻坚，取得很大成效，但大气污染治理和生态修复任务依然很重。企业污染行为屡禁不止。一些企业和个人受利益驱动不配备环保设施或违法排放；环境污染违法犯罪高发多发，始终在高位徘徊，2018 年 1 ~ 11 月全省共受理环境污染举报 37383 件，比 2017 年增长了 69. 38%；2018 年立案处罚环境违法案件 20963 件，在全国排名第二。破坏环境资源犯罪立案 168 件。发生突发环境事件 6 起，虽然均为一般事件，但事故风险隐患不容忽视；环境污染呈现行业多样化、作案手法隐蔽化、犯罪团伙化等新特点（见表 3）。

表 3　2014 ~ 2018 年河北省法院审结生态环境保护案件统计

单位：件

年份	审结生态环境保护案件数
2014	465
2015	839
2016	1384
2017	3961
2018	946

① 《河北省保健食品欺诈和虚假宣传整治成果显著，涉案金额 29 亿元》，凤凰网 - 河北综合，2018 年 12 月 26 日。

（三）民生领域新老矛盾叠加，重大风险点增多

民生问题群众聚合性强、社会敏感度高，解决民生问题是一项长期而艰巨的任务，很难在短期内通过采取一两项措施进行根本性改善，处理不好容易引发群体性事件，从而引发社会重大风险，危害社会公共安全。当前，河北省在脱贫、医疗、养老、就业、教育等民生领域仍有短板，新老矛盾叠加。一方面因企事业单位改革改制、征地拆迁、特殊群体人员等历史遗留问题导致的下岗职工、失地农民、城乡贫困人口安置风险依然存在；另一方面，因供给侧结构性改革带来的职工安置、企业关停和环境污染等新问题导致的风险逐渐增加，涉军、涉教、涉医等政策敏感群体热度不减，涉众型经济利益受损群体以及涉环保、涉房地产、涉互联网等方面维权问题不断增多，特别是在土地征收补偿方面矛盾风险点较多，2018 年法院系统审结土地方面各类案件 5319 件。

（四）信访稳定隐患增多，群体型信访不容忽视

近年来信访总量有所下降，但京津冀协同发展、化解过剩产能、大气污染治理及供给侧结构性改革引发的隐患矛盾增多，上访多发频发，信访稳定压力持续加大；涉军群体、房地产群体、非法集资利益群体及民办教师等群体维权意愿强烈，信访任务十分艰巨。

三　社会重大风险防范化解存在的主要问题

（一）风险治理的能力和意识有待提高

部分领导干部和从业人员风险意识较差，对风险隐患存在侥幸心理，对风险的危害重视不够，发现和化解风险的能力不够，特别是发生重大风险后对舆情不能进行有效引导。

（二）风险治理模式有待改进

政府对于社会力量参与治理的引导沟通渠道不畅，群防群治的载体和手段还不够多，保障制度还不够有力，影响了风险治理的效率及精准性；社会力量参与风险治理的程度不够，总体水平较低，社会力量参与的主动性不够高，能力不足，组织化程度偏低，难以承担重大风险治理重任。

（三）风险治理机制不完善

风险体系建设还存在薄弱环节，风险研判所需效率及准确性不够高，决策风险评估的科学性、评估报告的实际性有待提高；风险防控整体性尚未完全建立，各职能部门条块分割、职能交叉、各自为战的问题比较突出，风险隐患不能及时发现并有效处置；风险应急处置机制还不够健全，应急措施不到位。

（四）风险治理的智能化水平不高

各职能部门都有独立的信息系统和数据库，信息平台建设各自为政、标准不一，存在重复建设和资源浪费问题；部门间信息资源存在数据割据和信息孤岛现象，不能实现信息资源共享共用，难以进行有效的互动与协调；运用大数据对风险进行分析研判的意识不够；多元数据收集与关联分析应用能力不强，难以实现决策科学化。

四　有效防范和化解社会重大风险的思路对策

有效防范和化解社会重大风险，需要加强顶层设计，切实提高风险防范化解意识和能力，完善风险防范化解机制，强化社会化服务支撑，加强信息化建设。

（一）防范化解社会重大风险的总体思路

作为首都“护城河”，河北的平安稳定不仅关乎自身的发展，还直接关乎首都的稳定和安全，必须站在政治的高度，把社会风险防控与经济建设放在同样的高度予以重视，并扎实做好各项工作。社会重大风险防范化解的总体思路：应以平安建设为基础、基层社会治理为重点，以提高预测、预警、预防能力为核心，全面提高风险防范化解的社会化、法治化、智能化和专业化水平。

（二）健全完善党委总揽全局、各方协调配合的工作机制

各级党委政府应做好顶层设计，统筹力量资源，健全完善机制，创新方法手段，强化工作保障，着力构建风险治理共建共治共享新格局；各级干部要坚持底线思维，增强风险防范化解的政治自觉和防范意识，对重大风险防什么、怎么防有清醒认识，努力把风险化解在萌芽，防止小风险转变为大风险；防范化解重大风险涉及面广、处置复杂，各级领导干部对出现的新问题应主动学习、深入了解，提高对重大风险的认知能力、分析能力和解决问题的能力；应坚持以法治方式进行风险防范化解，不仅治理措施要正当合法，还要注重程序的正当化。

（三）做好重点领域风险防范化解工作，提高风险防范化解水平

加大防范和处置非法集资工作力度。充分运用电视、网络等各类媒介，以政策解读、案件剖析及风险教育等多种方式加大宣传教育力度，有效增强人民群众的风险意识及辨别能力；加强对非法集资案件的监测研判预警，发现苗头及早引导规范处置，有效遏制高发蔓延势头；坚持分类处置，制定合法合理的涉案资产处置方案，防止矛盾激化；完善风险排查、协调办案、事件处置及责任追究等方面的工作机制，齐抓共管形成合力。

持续推进扫黑除恶专项斗争向纵深发展。运用新媒体加大宣传工作力度，广泛动员群众参与扫黑除恶，形成全社会扫黑除恶的浓厚氛围；坚持打

早打小，加强对黑恶势力的情报收集摸底；拓宽涉黑涉恶举报渠道，进一步畅通“信、访、网、电”等各种举报渠道；持续开展对涉黑涉恶重点领域、重点地区的专项打击整治活动，对黑恶势力始终保持高压态势；加强部门间协作配合，建立移送和查办结果反馈机制；大力推进“一案三查”，深挖彻查涉黑腐败问题及黑恶势力“保护伞”，对黑恶势力犯罪的组织者、领导者、骨干成员及其“保护伞”依法从重从严惩处，有效铲除黑恶势力滋生土壤；严把农“两委”换届选举关，把扫黑除恶专项斗争与农村（社区）“两委”换届选举结合起来；加强扫黑除恶制度建设，坚持边扫边治边建，探索建立扫黑除恶长效机制。

（四）构建多元共治机制，凝聚风险防范合力

重大风险的防范化解不仅需要发挥政府的主导作用，还要注重吸引更多社会力量共同参与，实现由传统的控制型社会治理方式向联动共治转变，实现风险防范化解的“小投入”“高产出”。

拓宽社会力量参与风险治理的渠道。要创新工作方法，充分调动人民群众参与风险治理的积极性和主动性，打造基层社会治理新的增长点；不断扩大群众在公共政策制定和公共事务决策中的参与度；大力提倡志愿者服务，推进志愿服务制度常态化制度化；鼓励通过购买服务、项目外包等方式化解矛盾，防范风险，提高风险防范的效率水平；制定奖励措施。对举报违法犯罪线索、发现重大安全隐患的平安志愿者和社会各界群众给予奖励，鼓励全社会共同参与风险防范工作。

积极推动重大事项社会稳定风险第三方评估。社会稳定风险评估能够推动风险防范工作关口前移，实现由“末端治理”向“源头防范”转变。应注重发挥重大事项社会稳定风险第三方评估的作用，第三方评估具有地位独立、专业性强、利益中立优势，能确保评估结果的科学性和可行性，而不是人云亦云流于形式；应强化社会稳定风险第三方评估的广泛应用，对于涉及群众切身利益、涉及面较广的重大事项设置刚性程序；健全完善重大决策社会稳定风险评估制度化建设，在评估主体、评估范围、评估流程及责任承担

等方面进行明确规定，使社会稳定风险评估精细化规范化。

注重专业技能人才参与矛盾化解。注重吸收人大代表、律师、高校法学专家学者、志愿者等法学专业人士参与矛盾化解，增加当事人的认同感和信任感，把风险化解在基层和萌芽状态；积极拓展行业性专业性调解机构进入矛盾化解领域，加强交通事故纠纷、医疗纠纷、劳动人事争议、土地林地权属争议等专业性行业性调解组织建设，提升矛盾纠纷联动化解水平的实效。

（五）进一步加强信息化建设，实现风险防范化解的精准性高效性

进一步推进信息化平台建设，拓展风险防控渠道。推进“雪亮护城河工程”建设，在完成省级综治共享平台的基础上，向县乡延伸推进，逐步实现数据信息的共享应用；推进“民调通”应用及功能拓展，在实现三级覆盖的基础上，进一步推进功能拓展，避免民间纠纷激化为治安案件、刑事案件或者形成长期上访案件；加大基层智慧公安、智慧法院、智慧检务、智慧信访建设力度，努力推进基层执法司法工作现代化。

推进部门间平台对接，提升风险应对的综合效能。由于涉密或网格管理等原因，各职能部门间信息平台建设各自为政、标准不一，存在“信息孤岛”问题，难以有效整合共享，造成浪费资源。应打通部门间信息壁垒，实现技术、业务及数据的深度融合，实现风险信息共用共享。

探索建立网上网下联动，实现“综治中心＋网格化＋信息化”的工作格局。推进综治共享平台、雪亮工程与网格化管理结合，及时排查发现矛盾纠纷及安全隐患。

充分利用大数据，提高风险防范化解的精准性高效性。应充分运用大数据在风险预警、智慧城管、舆情监测等方面不断探索，推动依靠经验决策向依靠大数据决策转变；加强对重点人员、重点领域实时监测研判预警，实现对重大风险点的全时空预测预警预防，有效提升应对能力，同时，通过大数据对风险信息进行定量分析，准确把握风险运行态势，提高风险防范化解的

精准性与高效性。

建立健全网上舆情监测机制，准确预警网上动态。不断完善重大突发事件网上舆情工作预案，着力提高网上处置能力；建立健全危机处理机制，切实加强与新闻媒体的沟通联系，密切跟踪重大案事件舆情动态，最大限度减少负面效应。

B.3

河北省精准脱贫成效及法治保障研究报告

王艳宁*

摘　要： 2018年河北省坚持大扶贫工作格局，推动全省脱贫攻坚工作迈出新的步伐，圆满完成全省年度减贫任务，贫困地区农民收入持续较快增长，农村基础设施和基本公共服务得到有效改善，扶贫资金使用管理水平明显提升，扶贫领域腐败和作风问题专项治理取得显著成效，实现现行标准下65万贫困人口脱贫，11个国定贫困县通过国家评估验收，贫困发生率降至0.78%。与此同时，在精准扶贫工作中也明显存在扶贫主体单一、政府主导为主、政策发挥主要作用、法治保障不足等问题，这会影响精准扶贫的可持续性。应当在精准扶贫工作中更加注重法治的保障作用，实现精准扶贫法治化。

关键词： 精准脱贫　法治保障　脱贫成效

精准脱贫是河北省2018年的三大攻坚战之一。2018年是河北省打赢脱贫攻坚战三年行动起步之年，也是河北脱贫攻坚进程中极为特殊的一年，被扶贫系统称为“知耻后勇、负重奋进的一年”。2018年河北省坚持大扶贫工

* 王艳宁，河北省社会科学院法学研究所研究员，主要研究方向为行政法学、地方法治建设。

作格局，强化统筹协调，推动全省脱贫攻坚工作迈出新的步伐，实现现行标准下，65 万贫困人口脱贫，11 个国定贫困县顺利通过国家评估验收，贫困发生率降至 0.78%，全省精准扶贫工作取得显著成效。

一 2018年河北省精准脱贫成效显著

河北省围绕中央巡视、国家考核和国家巡查中反馈的问题，建立责任清单、进度清单、效果清单，采用“一账（整改台账）、一书（整改督办通知书）、一表（整改工作进度表）、一挂钩（整改与扶贫考核挂钩）”方式进行工作，精准扶贫取得了显著成效。

（一）五级书记更加自觉抓精准脱贫

河北是习近平总书记党的十八大后考察扶贫工作的第一站，打好精准脱贫攻坚战是一项有特殊意义的政治任务。省委书记 28 次主持召开省委常委会会议和领导小组会议，专题研究精准扶贫工作，主持制定河北省打赢脱贫攻坚战三年行动的实施意见。省长 18 次召开省政府常务会议、省长办公会议，研究解决具体问题。34 位省级干部深入包联贫困县指导推动工作落实。省委省政府先后 3 次召开 16 万人参加的省市县乡村五级干部大会，部署推进精准脱贫工作。党委政府的主体责任进一步抓实，基层干部普遍动员起来，构建起举全省之力抓脱贫攻坚的工作格局。

（二）完成全省年度减贫任务

全省精准扶贫从基础工作入手，推广承德市首创的备、训、访、帮、档、验、录、示“八字工作法”，从调研准备、业务培训、走访座谈、精准帮扶、档案规范、逐级验收、系统录入、公告公示 8 个关键环节规范，提高贫困人口识别、退出和帮扶的精准度。在 11 个摘帽县的第三方评估中，没有发现错退、漏评问题，群众认可度达到 94% 以上。2018 年全省实现 65 万建档立卡贫困人口脱贫，贫困发生率降至 0.78%，圆满完成年度脱贫任务。

（三）贫困地区农民收入持续较快增长

全省推广涞水县“双带四起来”旅游扶贫、魏县“扶贫车间”等十大产业扶贫模式，建设产业扶贫项目2.98万个，帮助20.7万农村贫困劳动力实现就业，带动50.8万贫困户增收，全省产业扶贫项目贫困户覆盖率达到100%。2018年全省62个贫困县农村居民人均可支配收入达到10922元，较上年增长11.7%，高于全省农村平均水平2.8个百分点；62个县农村居民人均生活消费支出9009元，增长14.2%。

（四）农村基础设施和基本公共服务得到有效改善

开展贫困村基础设施提升行动，道路、饮水安全持续改善，2018年贫困地区新建改建农村道路5639公里，比2017年增加2354公里，建制村通硬化路比例达到100%，解决饮水安全贫困人口26.7万，比2017年增加6.47万人。实现生活用电和动力电全覆盖，光纤宽带通达率达到99%以上。因地制宜实施农村生活垃圾治理、卫生厕所改造、生活污水治理等专项行动，净化美化农村人居环境，到2018年12月底贫困地区贫困村村域生活垃圾收集处理率达到90%以上。

落实医疗保障救助政策，实现“三重保障”体系和县域内住院先诊疗后付费制度全覆盖，贫困人口就医自付比例由2017年的33.32%下降到8.32%，符合条件的贫困人口全部纳入低保，农村最低保障标准同比增长10%以上。落实教育扶贫政策，义务教育巩固率达到97.17%，“三免一助”政策惠及贫困家庭学生9.7万人。落实危房改造政策，9.3万户危房改造全部竣工。

（五）扶贫资金使用管理水平明显提升

全面提升精准脱贫资金管理使用效益。一是优先安排、足额保障财政专项扶贫资金投入。2018年省级财政专项扶贫资金达到40.4亿元，较上年增长306%。市县两级财政专项扶贫资金投入33亿元，较上年增长94.1%。

二是建立项目库，出台《脱贫攻坚项目库建设实施细则》，规范项目管理，坚持村申报、乡审核、县审定，严格脱贫攻坚项目库操作规程，确保财政扶贫资金精准安全使用、发挥最大效益。全省完成县级脱贫攻坚三年滚动项目入库，共入库扶贫项目 87167 个，2018 年入库项目 45725 个，投资 327.9 亿元。三是出台扶贫资金监督管理追责、财政扶贫资金支付监控、扶贫项目资金公告公示等制度，开展财政扶贫资金拨付、监管、绩效评价“回头看”，实施闲置资金“清零行动”，国家考核指出的 1.58 亿元闲置资金全部拨付到位。

（六）扶贫领域腐败和作风问题专项治理取得显著成效

将 2018 年作为脱贫攻坚作风建设年，成立专项治理领导小组，出台《关于深入开展扶贫领域腐败和作风问题专项治理的意见》等文件及资金监管、危房改造等 16 个规范性文件，在全省组织开展扶贫领域腐败和作风问题专项治理“回头看”，对扶贫领域腐败问题“零容忍”，查处违纪违法和渎职失职行为，2018 年全省扶贫领域因违纪违法问题处分 17252 人。同时改进督查方式，把培树典型与面上督导、点上暗访结合起来，改进培训方法，把新当选村干部全部列入培训计划，实行培训全覆盖，全面提高基层干部能力素质。

二　河北省精准脱贫的制度和机制保障

河北省 2018 年精准脱贫取得显著成效，有赖于完善的制度支撑和健全的工作机制做保障。

（一）健全责任落实的工作机制

1. 党委政府定期研究脱贫攻坚制度

河北省委常委会、省政府常务会每月研究一次脱贫攻坚工作，有扶贫任务的市县党委、政府每月至少召开一次会议研究脱贫攻坚工作。2018 年河北省扶贫开发和脱贫工作领导小组召开 13 次会议，专题研究部署脱贫攻坚工作。《中共中央国务院关于打赢脱贫攻坚战三年行动的指导意见》出台后，省委常委会 2 次学习研究，省委书记主持研究起草河北省实施意见，确定河北省脱贫攻坚的时间表、路线图。

2. 县乡党委政府脱贫攻坚“擂台赛”制度

每两个月以视频会议形式举办一次县（市、区）委书记“擂台赛”，县级每月举办一次乡镇党委书记“擂台赛”，讲经验和做检讨相结合。2018 年举办县委书记“擂台赛”3 次、乡镇党委书记“擂台赛”752 次。

3. 领导干部包联制度

省委书记、省长、省委副书记分别包联脱贫攻坚任务重的保定、张家口、承德三个市，并分包一个深度贫困县。其他省委常委分别包联一个市或雄安新区，分包一个深度贫困县。其他省级干部、省直部门和市县领导干部均承担分包任务，构建了全面覆盖的精准扶贫包联体系。

4. 行业部门责任清单制度

出台《河北省扶贫开发和脱贫工作领导小组工作规则》，围绕“两不愁、三保障”重点工作，逐部门明确领导小组成员单位的工作职责、任务目标，建立任务清单，定期督导检查，推动工作落实。采取第三方评估的方法，组织对领导小组成员单位脱贫攻坚任务清单落实情况进行考核，考核结果纳入省级机关目标绩效管理考核体系。

5. 贫困县党政领导正职脱贫期稳定制度

脱贫攻坚期内，贫困县县委书记、县长保持稳定，不脱贫不调离；脱贫成效显著、如期全面完成扶贫脱贫任务的提拔重用；落实脱贫攻坚决策部署不力、履行主体责任不到位的，进行调整。

6. 五级书记访问贫困对象制度

省委省政府领导带头深入基层，扎实开展蹲点调研、随机调研，与扶贫对象面对面交流沟通，掌握第一手材料。市县乡村各级书记深入走访贫困对象，帮助解决困难和问题。

（二）建立精准脱贫支撑保障组合政策

聚焦精准脱贫最急需解决的问题，打出组合拳，制定了财政、金融、土地、人才等倾斜政策，完善投入保障体系，实现最优政策组合和最大整体效果。

1. 财政支持政策

在专项扶贫资金优先安排、足额保障的基础上，加大涉农资金统筹整合力度，共整合资金 115.4 亿元。

2. 土地支持政策

全力支持扶贫用地，贫困县建设项目用地指标应保尽保。2018 年省内交易增减挂钩节余指标 2667 亩，成交金额 12.4 亿元。

3. 金融支持政策

研究制定资本市场服务脱贫攻坚的政策措施，在石家庄股权交易所设立全国首个“金融扶贫板”，推动贫困地区企业在多层次资本市场挂牌上市。落实扶贫小额信贷支持政策，推广“政银企户保”金融扶贫模式，为建档立卡贫困户和扶贫龙头企业提供贷款支持。河北省“政银企户保”扶贫模式入选 2018 年全国产业扶贫十大机制创新典型，“政银企户保”和阜平县“政融保”都被中国保险行业协会评为 2018 年全国十大扶贫创新典型，并在全国推广。

4. 人才支持政策

开展扶贫干部分级分类大轮训，实施农村青年人才开发工程，为脱贫攻坚提供有力的人才引领和智力支撑。2018 年开展县级以上干部培训 207 期、3.25 万人，县级及以下 1129 期、17.9 万人，参加培训人数分别比上年增长 93.6% 和 64.1%。

（三）建立深度贫困地区重点帮扶制度

聚焦深度贫困，强化倾斜支持。河北省确定张承坝上地区和燕山、太行山深山区的 10 个深度贫困县、206 个深度贫困村为全省脱贫攻坚重点区域，整合资源力量，聚焦贫困人口脱贫和住房、教育、医疗、社保等薄弱环节，实施攻坚突破。

1.“五包一”帮扶

对10个深度贫困县每县明确一名省领导联系指导，安排一个省直厅局、一个经济强县（市、区）、一家省属大型企业、一家金融机构共同帮扶。

2.“三包一”帮扶

对206个深度贫困村每村一名省直部门厅级干部联系，一支省直驻村工作组、一家市域内实力较强的民营企业进行帮扶，增强贫困村自我发展能力。

3.“一包一”帮扶

对贫困户每户安排一名省或市机关干部结对帮扶，找准脱贫路径，实施精准帮扶，及时解决脱贫过程中的实际困难和问题。

在财政、金融、土地等方面对10个深度贫困县实行政策倾斜。2018年下发10个深度贫困县省以上财政资金113.7亿元，比2017年增长15%。

（四）构建精准防贫机制

河北省扶贫开发和脱贫工作领导小组制定《关于建立精准防贫机制的指导意见》，划定预防贫困监测线、预警线，将全省6.8万非持续稳定脱贫户、24.2万非贫困低收入户等存在返贫致贫风险的重点群体纳入防贫保障范围。分类制定精准防贫办法，有针对性地进行扶持和救助，防止“两非户”滑到贫困线以下，形成新的贫困人口。

（五）建档立卡识别退出动态管理制度

制定了《河北省贫困人口建档立卡和动态管理服务办法》，定期开展贫困户月收入调查，一月一登记掌握实情。强化扶贫信息精准和共享，全面整改国家考核发现的问题数据，整改后系统内贫困人口减少1466人，其中补录漏评430人，补录户内贫困人口7884人，清退11269人，错退人口回退1489人。健全贫困退出机制，制定《河北省贫困退出工作实施办法》，剔除了与“两不愁三保障”无关的指标要求。

（六）构建扶贫协作和社会扶贫大格局

1. 中央单位定点扶贫

制定出台《对接服务中央单位定点扶贫工作机制》，完善对接服务、协调协作等制度。2018 年中央单位领导班子成员到定点扶贫县开展调研 46 人次，选派挂职扶贫干部 86 人、驻村第一书记 31 人，直接投入帮扶资金 2.05 亿元，引进帮扶资金 8.93 亿元。

2. 京津对口帮扶

北京市、天津市、河北省党政主要领导率领党政代表团互访，分别签署了加强战略合作框架协议。2018 年，京津两市省部级以上领导干部到河北省协作地区调研对接 3 次，投入财政援助资金 12.89 亿元，选派党政挂职干部 87 名、专业技术人才 508 名，引导企业到贫困地区投资 219.8 亿元，帮助贫困人口省内就近就业 68537 人、省外就业 15811 人。

3. 省内对口帮扶

出台《河北省对口帮扶工作方案》，组织廊坊、唐山两市 12 个经济强县（市、区）结对帮扶张家口市、承德市 12 个贫困县，重点支持贫困地区扶贫产业发展和基础设施建设。

4. 实行“千企帮千村”

组织实力强的民营企业对贫困村开展结对帮扶，实施“村企共建”。截至 2018 年 12 月底，3837 家民营企业与 5945 个村结成帮扶对子（其中贫困村 2722 个），实施帮扶项目 7823 个，投入帮扶资金 29.92 亿元，受益贫困人口 59.3 万人次。

5. 社会力量参与精准脱贫

华夏幸福基业、华大基因、京东电商、亿利集团、首农集团等一批知名企业投身脱贫攻坚。2018 年，社会组织累计捐赠帮扶资金 4.46 亿元，较上年增加 2.44 亿元。

6. 开展扶贫志愿服务

2018 年全省参与扶贫的志愿服务组织 1.3 万个、志愿者 128.1 万人、服务时长 1812.4 万时。

（七）建立最严格的精准脱贫监督考核问责制度

1. 严格督查巡查

把精准脱贫纳入省人大常委会三项联动监督执法检查。成立 6 个脱贫攻坚督查巡查组，驻市开展常态化巡回督导。组织新闻媒体开展暗访监督，曝光突出问题，确保精准脱贫责任落实。

2. 严格扶贫考核

制定出台《脱贫攻坚包联工作成效“双线”考核办法（试行）》，将帮扶主体与被帮扶县村责任捆绑，实行“双线”考核。取消省以下第三方评估，将市县党委政府扶贫成效考核、贫困县退出省级验收和行业扶贫考核任务统筹整合，抽调省市县级干部组成 23 个实地考核组，委托 11 支第三方评估队伍，对各市县和省直各部门开展扶贫成效考核评估，考核发现问题反馈后，23 个考核组就地转为工作推进组，实地指导市县整改。

3. 严格追责问责

将 2017 年度市县脱贫攻坚考核结果在全省通报，省委省政府分管领导对考核排名靠后的市县党政主要负责同志进行约谈。对履行脱贫攻坚主体责任不严不实的 6 个县的县委书记予以免职处理，在全省引起强烈反响。出台《河北省扶贫资金监督管理追责办法》，划定 5 类责任主体、60 项追责情形，全程落实扶贫资金管理和监督责任。2018 年召回驻村干部 67 人，问责驻村干部 1100 人。

三　精准扶贫法治保障不足问题

虽然 2018 年河北省精准扶贫工作成效显著，但在扶贫工作中明显存在着政策主导过强、法治保障不足问题，这影响了精准扶贫的可持续性。

（一）精准扶贫的立法保障不足

河北省2016年8月通过了《河北省农村扶贫开发条例》，开启了河北省扶贫开发工作法治化进程，但是精准脱贫立法保障仍存在一些问题。

一是立法的行政色彩浓厚，政策性较强。《河北省农村扶贫开发条例》是2016年8月在中央扶贫政策出台的推动下通过的，因而法规呈现了与中央政策性文件在章节内容和机构设置上基本相同的特点，内容基本都包括总则、扶贫对象、扶贫措施、扶贫项目、扶贫资金、监督检查、法律责任、附则8个方面的主要内容，在条文表达上多使用“应当”性规定，在监督检查、法律责任、对扶贫对象权利保护等内容上仍然比较原则，加上条例的政策性较强，也一定程度上抑制了法规发挥作用。

二是扶贫主体单一，采用“政府主导”模式。河北省在制定地方扶贫开发条例时和大多省份的做法一致，明确了各级政府以及扶贫开发主管部门为扶贫开发主要主体，对其他扶贫主体的规定却较为原则，立法仅提及了政府之外的其他主体，但在实际运行中配套的相关规定还没有，不能最大限度调动社会各方面力量参加精准扶贫。

三是配套法规不完善，法规衔接不到位。精准脱贫工作是一项系统性工程，牵涉多个部门，需要财政、税收、金融、产业政策等多方面的工作协调。从河北省扶贫开发条例看，对扶贫资金的管理和使用设置专章进行了规定，细化了资金来源、用途、比例等内容以及相应的法律责任，但是对于税收、金融、产业政策等能够在精准扶贫中发挥积极作用的问题规定较少，这也影响力法治保障作用的发挥。

四是政策和规范性文件发挥主要作用。目前在精准扶贫领域起主要指导作用的文件，多是以党中央及各部委厅局红头文件形式下发，普遍特点是政策性和原则性强，规范性和操作性较差，权利与义务的规定不大相称。这些规范性文件虽然目的是实现精准扶贫既定目标，消除贫困，但却表现出了明显的维护行政权力权威的特点，体现平等自愿、等价有偿和诚实信用等市场经济原则的规定仍然不多。这极易导致精准扶贫工作中出现急于求成的短期行为、面子工程、争贫现象以及严重的扶贫资金流失等问题。

（二）精准扶贫管理机制法治保障不足

目前，我国精准扶贫法律法规尚不完善，因此在精准扶贫实际运行中存在管理工作不规范和管理机制不健全的问题。

1. 精准识别机制法治保障不足

自实施精准扶贫以来，一直不断探索如何准确确定扶贫目标，但在实践中，由于没有法律规范的调整和约束，精准识别工作一直存在问题。首先，个别地区贫困人口规模的确定仍有指标的考虑；其次，在具体识别过程中，村两委一般采用贫困综合判断标准、民主评议方式确定贫困户，这虽然可以解决争当贫困户的矛盾，但会导致识别不精准。

2. 精准帮扶机制法治保障不足

由于缺少法律规定，不能将经济法原理引入精准扶贫过程中，精准帮扶的行政手段强大，经济手段“失灵”，配套要求不合理，造成贫困户无法平等参与扶贫项目，部分具有较强经营能力的非贫困户利用了政府提供的公共性扶贫项目，而贫困户却因为自身能力不足，无法很好地利用扶贫项目，产业扶贫脱离市场实际，忽视精准帮扶贫困户的要求，扶贫资金缺乏灵活性，结对帮扶供需不匹配。

3. 精准扶贫资金管理法治保障不足

由于没有明确的法律规定，一些地方和部门对扶贫资金的管理和使用管理不规范，缺乏计划性，扶贫资金在实效的发挥上还没有达到应有效果。国家每年投入到地方的扶贫资金的数量大、批次多，但由于存在管理不善等问题，大多数的扶贫资金被闲置、侵吞、挪用。一边是贫困户迟迟得不到扶贫救助，另一边是扶贫资金“睡大觉”。2018 年 8 月底，河北省纪委监委通报 9 起扶贫领域腐败和作风问题典型案例。这些问题暴露了精准扶贫领域监管不力和法治的缺失。

4. 精准扶贫退出机制法治保障不足

由于退出机制缺乏法律规范，对受助人口的家庭收入状况缺乏有效的动态监测，难以全面掌控受助家庭真实收入情况，同时很多帮扶对象存在依赖心理，甚至有少数人认为低保和贫困是终身制的。已经脱贫摘帽的县出现松劲懈怠，防止贫困户脱贫退出再返贫的机制也未建立起来。

（三）精准脱贫中执法行为缺乏法律规范

执法秉持的重要原则就是合法性原则、合理性原则和效率原则。精准脱贫中的执法，就是负有精准脱贫各项职责的政府及其相关部门应当严格按照法律规定履行自己的职责，合理运用职权，最大限度地保障贫困地区和贫困户的权益。但是在实际的精准脱贫工作中，政策的实施涉及多个部门，多头执法造成执法力量分散，无法形成执法合力，执法效果不甚理想。由于缺乏法律规范，扶贫信息在逐层上传过程中被加工，政策信息在下达过程中披露不足，造成很多农户对政策和规定不了解，影响精准脱贫工作质量。

（四）精准脱贫的司法保障仍不到位

在精准脱贫领域，司法公信力不强的现象仍然存在，一些涉及扶贫的案件办案质量不高，不能严格按照诉讼程序办案，不能严格按照法定时限办案，司法活动不规范、生效裁判执行力不强等问题依然存在，这在一定程度上影响了群众对法律的信任。在法律适用上，由于国家层面没有统一的法律规定，地方政府在扶贫开发工作中有一定的主导权，造成法律适用不统一，容易发生同案不同判的现象。

（五）依法治贫的法治意识淡薄

我国在农业管理和扶贫开发领域多年来主要依靠的是国家政策和行政手段，法治化水平较低，这与法治意识淡薄有直接关系，在精准脱贫的现实中还存在很多轻视法治的现象。在经济发达地区，人们的法治意识普遍较强，经济落后制约着教育的发展，教育落后阻遏了法治的进步，对大多数贫困地区的农民来说，法治意识在他们的心中尚未萌芽，他们不知道自己享有什么权利，也不知道自己应该履行什么义务，不知道维权的正确途径，有的甚至不知道权利已经受到损害。大多数情况下，他们选择忍气吞声或者用非法的方式进行维权，这导致在扶贫过程中被侵犯权益的现象时有发生。

四　加强精准扶贫法治保障的途径

应当在精准扶贫工作中建立一个系统全面的权力制约机制，这一机制的建立需要从法律制度建立、合法行使权力、严格遵守法律、有效制约权力等方面进行构建，这是精准扶贫法治化的基本要求。

（一）完善精准脱贫地方立法

应完善精准脱贫的地方立法，对扶贫的原则、宗旨和目标、扶贫项目的审批、扶贫对象的识别、扶贫资金管理监督、扶贫成效考核办法、扶贫过程中的违法情形及违法惩治措施，以法律条文的形式确定下来。扶贫的管理体制（谁来扶问题）、扶贫对象的识别（扶持谁问题）、扶贫方式（怎么扶问题）[①]、扶贫退出机制（如何退问题）、扶贫监督考核机制（如何监督问题）等。针对已有的农村扶贫开发条例普遍存在的行政色彩过浓问题，对法规的结构和章节设置等内容进一步完善，着重“去行政化”。将国家和当地一些扶贫政策吸收进扶贫开发地方性法规中，实现精准扶贫政策法治化。

（二）健全精准扶贫配套制度

精准扶贫工作涉及很多方面，在实践中应当健全精准扶贫的相关配套制

① 国家立法应该明确和规范“五个一批”的不同模式，并且鼓励地方政府积极探索新的帮扶模式。

度。一是完善社会保障制度，发挥社会保障的功能作用。根据《中国农村扶贫开发纲要（2011～2020年）》提出的社会保障目标任务，着重完善最低生活保障制度和城乡居民社会养老保险制度，根据致贫原因分类实施最低生活保障、特困人员供养、受灾人员救助、医疗救助、住房救助、特困救助等各项救助制度，将社会保障和社会救助两种体制结合起来，为更多的贫困群体提供必要的保障。二是强化监督，完善法律责任。应当建立完备的多方的动态监督机制，将精准脱贫全过程纳入监督机制，督促相关部门行使好监督权力。同时强化法律责任，明确承担精准脱贫任务的各级政府、扶贫组织及具体工作人员违反法律法规规定时所应承担的相关法律责任。三是健全财政专项扶贫资金管理机制。对扶贫资金管理要做到齐抓共管、资金精准下放、信息披露充分、资金精准生效。

（三）整合政府扶贫力量，形成精准脱贫合力

精准脱贫需要政府具备较强的协调能力和资源整合能力，才能确保精准脱贫的有效性和可持续性。我国精准脱贫工作是在国务院扶贫领导小组领导下开展的多部门协作，然而目前精准脱贫工作虽然在社会资源的调动上较有成效，但是在资金和项目的管理、各部门之间的协作上明显不足。因此要优化现有的扶贫开发管理体制，整合扶贫开发力量，形成精准脱贫的合力。一是在组织机构方面，应当将各部门所承担的扶贫开发职能整合到扶贫开发部门，减少各部门的职能交叉。强化各级扶贫领导小组的沟通协调能力，使各部门之间的资源配置和管理制度更加规范化和整体化。二是在职能定位方面，国务院扶贫办和地方扶贫办应当强化精准脱贫政策的制定、贫困状况的跟踪和对各类扶贫投资效果的监督检查等方面的职能。三是在运行机制方面，承担精准脱贫主要责任的各级政府要勇于创新扶贫工作方法，善于运用最新的技术和成果推动精准脱贫工作取得实效。

（四）依法规范精准脱贫执法和司法行为

精准脱贫工作中要严格依法行政。虽然目前我国的精准脱贫执法工作更

多的是依靠政策在推进，但在全面推进依法治国的背景下，要充分发挥精准扶贫法治保障作用，就必须实现从依政策行政向依法律行政的转变，以法治方式逐步取代政策方式指导行政机关的行政行为。精准脱贫的执法活动要遵守合法性、合理性和效率原则。坚持合法性，就是要求负有精准脱贫职责的部门和个人必须在法律法规授权的范围内行使职权，执法行为要有法律授权，要严格遵守法定程序开展各项工作。坚持合理性，就是各级政府和部门在精准脱贫工作中，制定具体政策时要合法合理，合理使用自由裁量权，要从群众的实际需要出发。要建立健全政府信息公开制度，充分披露从国家到地方各级的扶贫政策、扶贫措施。坚持效率原则，就是在执法中坚持合法、合理的同时，尽可能讲求效率，政府各职能部门要从精准脱贫整体出发，整合优势资源，尽可能多地给贫困地区和贫困群众带来益处，实现精准脱贫的目标。

加强精准脱贫的司法保障。司法在精准扶贫法治保障中的作用是辅助性的，司法通过恢复正义、人权保障和司法监督的方式为精准脱贫的顺利推进减少难度和阻力，提供积极的保障，因此应重视在精准脱贫工作中发挥司法的积极示范作用。要发挥民商事司法职能，助力贫困农民脱贫致富，发挥环境司法职能，促进绿色发展生态脱贫，发挥行政司法职能，化解阻碍脱贫致富的行政争议，发挥刑事司法职能，依法严惩妨碍扶贫开发的犯罪行为，发挥司法执行职能，保障贫困农民的合法权益及时得到实现。发挥司法服务职能，为贫困农民提供便捷高效的诉讼服务。

（五）优化贫困地区的法治环境

实现精神脱贫、增强贫困地区贫困人口发展的内生动力是精准脱贫的重要内容之一，开展精神脱贫的一个重要方面就是加强法治宣传教育，实施法治扶贫，具体来说，就是大力开展普法宣传，为广大贫困群众普及法律知识，提高贫困地区干部群众的法律意识，优化贫困地区法治环境。良好的脱贫法治环境能够极大地促进精准脱贫工作的顺利进行。要提升贫困地区群众的法治意识，广泛的法治宣传和教育是一条有效的途径。首先，基层干部是精准脱贫的主力军，应当对其加强法治宣传教育，帮助他们提升法律素养，用法治思维规范自己的行为，用法治方法推进精准脱贫工作顺利进行。其次，要注重提升扶贫地区人民群众的法治意识，通过增加法治节目、开展法治讲座、庭审进乡村和送法下乡等方式，提升人们的法治意识，形成一定的法治氛围。最后，扶贫工作部门也应当积极公开政务工作，建立阳光政府，使人民群众能够及时了解到本地扶贫工作依据的相关法律政策、扶贫的负责部门、扶贫资金数额及分配、项目运作及监督方式等情况，让群众懂得如何保障权利的行使、权利救济途径是什么等问题，通过基本法治问题的教育，培养贫困地区群众树立现代法律思想和法律观念。

B.4

河北省行政审批局运行存在的难点及优化路径*

寇大伟**

摘 要： 河北省行政审批局改革是“放管服”改革的重要内容，对于优化行政审批流程、打造良好的营商环境至关重要。河北省在行政审批局改革方面走在了全国的前列，取得了丰硕成果，但依然存在行政审批局运行尚未达到规范化和标准化、窗口工作人员业务水平和待遇亟须提高、审监互动机制建设有待完善、专线专网亟待打通对接、法律法规的修订比较滞后等问题。在分析原因的基础上，报告提出了设立省级行政审批局交流沟通平台、完善行政审批局规范化和标准化建设、提高窗口工作人员的业务水平和待遇、加快完善审监互动信息交流制度、打破“信息孤岛”实现互联互通、及时修订相关的法律法规等对策举措。

关键词： 行政审批局 营商环境 信息交流

河北省的行政审批局改革是“放管服”改革的重要内容，对打造良好

* 本文是2018年度河北省“三三三人才工程”项目“河北省‘放管服’改革成效与提升路径研究”（项目编号：A201803078）的研究成果。

** 寇大伟，河北省社会科学院法学研究所助理研究员，政治学博士，主要研究方向为中国政府与政治。

的营商环境至关重要。目前，河北省的行政审批局改革已经取得了很大成效，各市县行政审批局平稳运行，但是为了实现更优的效果，依然需要对河北省行政审批局运行中存在的一些难点进行突破。在调查研究的基础上，分析河北省行政审批局运行过程中存在的难点问题及其深层原因，提出解决的对策举措，供省委省政府领导和相关部门决策参考。

一　河北省行政审批局改革取得的成效

河北省行政审批局改革比较彻底，取得很大成效，其中邢台市土地出让“不见面”服务、廊坊市推行的“一网”办理、沧州市推进审批局标准化和规范化建设、承德市优化冬奥项目审批流程和开通奥运项目“绿色通道”等均是比较典型的表现。

（一）邢台市土地出让“不见面”服务，经济、社会效益双丰收

按照《国务院整合建立统一的公共资源交易平台工作方案》（国办发〔2015〕63 号）和《河北省整合建立统一的公共资源交易平台实施方案》（冀政办发〔2015〕43 号），邢台市大力推进公共资源交易制度改革，将建设工程、土地矿产出让、政府采购、国有产权交易整合纳入邢台市统一的公共资源交易平台。为实现土地这个国家最重要的公共资源配置市场化改革，使“招拍挂”更加公开、公平、公正，大力度推行“不见面”审批服务和“最多跑一次”全程电子化交易改革，竞标人（企业或个人）无须到现场，即可享受到土地“招拍挂”信息获得、报名、缴纳保证金、竞拍“不见面”。

取消现场咨询报名环节。一是实现网上查阅和下载土地出让文件。竞买人通过互联网直接登入邢台市公共资源平台系统，按照法人或自然人设置密码、注册成为用户，登入系统后就可以网上查询和下载邢台市公共资源交易平台所有土地“招拍挂”信息，竞买人无须到交易中心现场获取土地出让文件，避免竞买人来回奔波，节省了竞买人的宝贵时间。二是实现了网上报

名。竞买人通过互联网上传竞买人申请书、有效身份证明、金融机构资信证明、信用信息、竞买保证金凭证、承诺书、授权委托书等就可以实现网上报名。交易中心将申请书、承诺函、授权委托书等文件统一格式和内容，系统可以自动采集的信息，无须竞买人填写，简化了竞买人报名手续。按照土地出让全程电子化流程，交易中心制作了《邢台市公共资源交易平台土地出让竞买人操作手册》，操作手册流程清晰，图文并茂，简单易学。三是实现网上资格审查。竞买人提交申请材料后，资格审查全部在网上进行。对具备资格的，系统自动发送短信通知竞买人；对不具备资格的，系统同样发短信，通知竞买人资格未审核通过的原因，提示竞买人修改后再次提交申请。在报名截止前，系统允许竞买人多次提交审核，直到资格审查通过，让竞买人感到网上报名非常方便。四是电子交易系统步步留痕。全面记录交易主体、服务机构信息，形成来源可溯、去向可查的完整信息链条。行业主管部门通过系统即可实时在线上监控报价、竞价等交易环节，及时掌握市场交易动态数据。同时，电子交易系统严格按照业务流程设置工作人员操作权限，杜绝交易过程人为干预。

取消现场竞拍环节。平台通过互联网在线对竞标人上传资料进行资格审查、保证金核查，审核通过后短信自动通知竞标人。竞标人通过密码登入“产权网络交易系统”，以代号、数字代码等虚拟名字进入网上竞价系统。限时报价周期一般为300秒。限时报价期内如无人加价，则自由报价期挂牌价格不低于底价的最高出价者即为竞得人，本项目挂牌成交，挂牌出让活动结束；限时报价周期内如出现有效报价，则进入新的限时报价周期；在一个限时报价周期内如未出现有效报价，则报价结束，当前挂牌价格不低于底价的最高有效报价者即成为竞得人，本项目挂牌成交，挂牌出让活动结束。整个竞价过程全部在网上进行，各竞标人之间互不见面，最终最高出价人收到系统通知后领取土地成交确认书，与国土部门签订土地出让合同。

土地出让全程电子化取得了显著效果。一是方便了竞标人。取消现场报名环节、现场资格审查、现场竞拍等环节，竞标人在任何有互联网的地方，只需在网上操作都可以免费获取土地“招拍挂”信息、上传符合要求的相关申请资料、缴纳投标保证金、网上报价竞拍等，提高了效率，免除企业群众奔波之苦，实现了服务投标人“全天候”“不见面”“零距离”。实现了未成交的竞买人一次也不用跑，竞得人最多跑一次。二是避免人为干扰，使土地出让更加公开、公平、公正。因为参加竞拍的各个市场主体互不见面，全流程互联网操作，有效避免了土地出让的人为干扰，一方面使土地出让的信息、报名在更大范围的企业群众中实现，解决了土地出让报名难、报名时限短等问题；另一方面竞买人以代码、代号等虚拟名字参加竞价，有效避免了现场竞拍举牌时“人情牌”“串通牌”等人为干扰，更加有效地防止了土地“招拍挂”的围标串标行为，使国家重要资源的配置更加公开、公平、公正，竞争更加充分。推行全流程电子化以来，土地竞价从开始的几轮、几十轮到如今的一百轮以上，例如 2018 年成交的河北省眼科医院附近一宗地块实现了 129 轮竞价，最终以 763 万元/亩的成交价成为新地王，溢价率达到了 115.47%。三是提高了效率。土地出让网上交易，除了不需要竞买人到现场竞拍之外，还打破了传统的土地出让只能一宗一宗地按先后顺序出让，竞买人可以同时参与数宗土地出让竞价，极大提高了土地出让效率，为市县一体化公共资源交易平台建设提供了可靠途径。同时步步留痕、全程记录、来源可溯、去向可查，方便了监管部门监督监察。

（二）廊坊市以改革激活力，推进“一网”办理

构建 CA 认证体系。已完成了与河北 CA 的对接，在本地部署电子认证服务，实现了办事人员 CA 密钥登录和事项办结后的 CA 电子签章。除满足市直部门认证需求外，市平台还能够为各县（市、区）提供 CA 认证服务。未部署认证服务器的县（市、区）可以直接对接市级认证服务，避免了重复建设和市县互认等二次开发工作。截至 2018 年 9 月，市级平台已发放个人审批密钥 70 余个、电子公章密钥 9 个，廊坊开发区已完成调用市级 CA 认证服务的工作，正在进行测试。

推进电子证照应用。为进一步提高政务信息资源的共享程度，市级平台

部署了电子证照管理系统，并按照省“互联网 + 政务服务”平台的技术要求，定制出 OFD 格式的电子证照。除满足市级电子证照库建设的需求，还能够支撑县级电子证照应用，未建设电子证照系统的县（市、区）直接调用市级平台的服务，避免了县级重复投资和二次开发对接等工作。截至 2018 年 9 月，市平台已定制出电子证照模板 56 项，在业务系统完成审批工作后，审批结果自动生成电子证照信息并集中存储，在后续申报其他事项时进行智能感知，避免了申请材料的重复提交。

推进网上政务服务平台进基层。运用移动审批模式，实现“打开手机，完成审批”。推进政务服务终端向基层延伸，针对乡镇、村街工作实际，对市平台的移动系统进行改造，开发出适用于基层使用的便民服务手机 App，将政务服务终端延伸至村级，实现掌上在线办理、实时查询和即时推送。选择固安县、霸州市先行试点。2017 年 9 月 29 日，固安县固安镇小西湖村便民服务站第一个便民事项正式上线办理，村级代办员通过手机 App 将申报材料上传至镇便民服务中心，镇工作人员进行初审后，实时上传至县级，县级工作人员进行审核通过后，系统自动将信息实时反馈至村代办员，实现了全过程网上操作，避免了办事群众多次往返，真正实现了“办事不出户”。

（三）沧州市推进审批局标准化、规范化建设

一是审批层级规范化。在全面梳理服务指南的基础上，结合层级审批设计的合法性、合理性，对审批层级进行扁平化设置，重心下移，夯实责任，搞好服务。对涉及人民群众健康、重大公共卫生安全的审批事项，强化准入层级，由局主要领导或集体研究完成审批；从便民利企的原则出发，对涉及企业注册、变更登记以及工商注册后的相关生产经营许可证办理等一般性的审批事项由科长或分管领导审批，实现“审核合一”“一审一核”“多证合一”。截至 2018 年 9 月，市行政审批局集体研究审批事项 7 项，主要领导审批事项 23 项，各分管领导审批事项 81 项，科级及以下审批事项 150 项，扁平化率为 88.5%。二是审批流程标准化。结合国务院、省市政府新下放和

新设立的许可事项，按照《河北省保留的省级及以上政府部门设定的证明事项清单（2017 年版）》和《河北省取消或调整的省级以上政府部门设定的证明事项清单》的要求，对审批事项的设立依据、申请材料、特别程序等60个要素进行重新梳理完善，及时优化规范表、流程图，取消不必要的申报材料，杜绝模糊和兜底条款，实现审批流程、要件、服务标准化，事项变动情况同步在河北政务服务网进行更新。同时在标准化过程中，逐个事项逐个环节进行评估，减少环节，压缩时限。健全完善服务指南，编制公开政务服务事项清单和实施清单，进一步压缩政务服务事项的申请材料、办理环节和办理时限，申请材料减少86个，办理环节压缩257个，办理时限精简3466个工作日，全市一次性办结事项总数达到91项。2018年8月4日，市行政审批局将144大项、204小项行政许可事项审查要点公布于众，并向社会公开征求意见，实现由晒权力清单变晒权力运行，成为全省乃至全国首例。

（四）承德市优化冬奥项目审批流程，开通奥运项目“绿色通道”

一是根据《国务院关于河北省张家口赛区冬奥会建设项目投资审批改革试点的批复》（国函〔2017〕56号）及《河北省人民政府关于印发河北省张家口赛区冬奥会建设项目投资审批改革试点实施意见的通知》（冀政字〔2017〕24号）精神，结合承德市实际，制定出台了《张家口赛区冬奥会建设项目投资审批改革试点实施细则》（张政办发〔2017〕15号），开通奥运项目“绿色通道”，为推进冬奥会建设项目审批改革提供了机制保障。二是建立了奥运项目定期会议制度。定期召开奥运项目专题会议，汇总涉奥项目进展情况并研究解决遇到的问题。三是成立冬奥工作专班，建立市审批局与市冬奥办、崇礼区冬奥办及各建设单位的对接联系机制。及时掌握涉奥建设及投资项目立项信息，专人跟进具体项目，及时为奥运项目提供高效快捷的代办服务。先后有机场改扩建项目、市急救中心项目、市卫生监督检测实验楼项目、张家口血站采供血业务楼、“三场一村”、云顶滑雪场等多个涉奥建设项目按照《实施细则》办理了相关手续。

二　河北省行政审批局运行中存在的难点问题

河北省是全国第一个实现行政审批局市县全覆盖的省份，已经取得了很大成效，为使其更好地发挥作用，助力优化河北省的营商环境，仍然需要解决行政审批局运行过程中的难点问题。

（一）行政审批局运行尚未达到规范化和标准化

在行政审批局设置规范化和标准化方面，各市之间和各县（市、区）之间都不一致，如审批事项划转、内部机构设置、提交材料数量和程序等方面都有各自的标准。在审批事项划转方面，各地市行政审批局、各县（市、区）行政审批局都不统一，划转的事项数目和具体的条目均不完全一致。在内部机构设置方面，各地市行政审批局、各县（市、区）行政审批局的内部机构设置名称、具体职责等各不相同，不利于兄弟单位间的沟通和交流，同时也无益于行政审批的规范化和标准化建设。在提交材料数量和程序方面，具体的行政审批事项办理过程中，尤其是项目审批过程中，由于对审批条件和审批程序没有明确和精准的规定，造成审批要件模糊、部分项目审批接与不接很难判断，同时由于没有明确的审批标准体系，新入职人员对业务的学习比较慢，不能进行自主学习。

（二）窗口工作人员业务水平和待遇亟须提高

窗口工作人员业务水平有待提高。部分窗口工作人员对专业技术知识掌握不够深入，对涉及业务内容的相关法律法规规定和工作程序理解不够透彻，造成在办理业务过程中效率较低。尤其表现为县（市、区）行政审批局的窗口工作人员，业务能力亟待提高，需要不断钻研业务知识、提高业务能力和水平。同时，河北省行政审批局窗口工作人员待遇亟须提高。河北省市县行政审批局是同一级别政府部门中唯一一个既是权力单位，又是窗口单位的部门。由于编制不足、人员不够，有些窗口不能实现 AB 角的设置，这就使窗口工作人员的工作强度很大，业务压力也很大，而工资待遇却与工作强度不相匹配。在这种高工作强度下，应制定给予工作人员的激励措施。

（三）审监互动机制建设有待完善

审监互动工作需要审批与监管部门信息双向互推、及时反馈，由于省、市级层面暂未出台审监互动有关指导性意见，审批局与监管部门在审监互动信息推送方面缺乏统一规范的管理办法，缺乏制度约束。同时，部分监管部门尚未完成与市（县）“互联网+政务服务”平台的对接，相关行政执法信息未录入系统中，不能完成审监信息的传输闭环。目前，行政审批局和监管部门之间的沟通和互动的主要形式有专线专网、电子邮件、书面函和微信群等，双方提前约定好衔接沟通的方式，以免造成漏接情况。但是，这几种审批和监管的衔接方式都具有自身的局限性。解决的办法就是实现各监管部门与行政审批局间网络的横向贯通。

（四）专线专网亟待打通对接

市县行政审批局的网络与各级各部门的专线专网系统之间信息不互通，无法直接提取使用。如不能实现互联互通，既与国家提出的打通“信息孤岛”政策相背离，又不利于实现集中办理、并联审批、提高审批效率。目前，亟须从国家和省级层面协调解决，打通专网专线。以石家庄市为例，石家庄市审批局先后共划转26个市直部门186个审批事项。其中有54个审批事项需在国家和省级专网专线系统中审批，尚未实现与市“互联网+政务服务”平台的对接。经统计，市行政审批局共有25个各级专线专网业务平台，其中国家部委建设的16个、省级建设的9个。

（五）法律法规的修订比较滞后

2015年3月27日，中央编办、国务院法制办《关于印发〈相对集中行政许可权试点工作方案〉的通知》（中央编办发〔2015〕16号）将包括河北省在内的8个省份作为改革试点省份，根据《行政许可法》第25条规定，由国务院批准有关省级人民政府，依据精简、统一、效能的原则，组织试点市、县（市、区）或开发区就相对集中行政许可权实现形式进行探索。将政府各部门的行政许可权交由一个部门行使，或者将一个部门的行政许可权交由另一个部门行使。《国务院关于“先照后证”加强事中事后监管的意见》（国发〔2015〕62号）在职责法定原则里明确，谁审批、谁监管，谁主管、谁监管。但在行政审批局成立后，相关的审批事项集中到行政审批局，“谁审批谁监管”不应该再提，而应是“谁审批谁负责、谁主管谁监管”。2017年9月17日，河北省《关于进一步深化设立行政审批局改革的若干意见》对规范机构设置和报批程序、规范划转行政许可事项、推动行政审批局依法履行职责、切实加强事中事后监管、推行流程再造和行政审批标准化改革等方面都进行了相应的规定。虽然对行政审批局的相关事项进行了规定，但尚未上升到法律的高度，行政审批局成立后，行政审批相关法律法规的主体已经变化，法律法规也应该相应变化，从法律上理顺行政审批的合法性。

三　河北省行政审批局运行中难点问题的原因分析

河北省行政审批局运行存在难点的原因主要有省级的统筹还有很大的发挥空间；缺乏激励机制，使窗口工作人员缺乏内在积极性；尚未完全激活“互联网+”的活力等。

（一）省级的统筹还有很大的发挥空间

最初河北省行政审批局的设立并没有规范性文件作为指导，直到2017年9月17日，省委办公厅省政府办公厅联合印发了《关于进一步深化设立行政审批局改革的若干意见》（冀字办〔2017〕27号），明确对河北省的行政审批局改革作出指示，作为河北省行政审批局改革的依据，解决了行政审批局改革中遇到的很多困惑和难题。但是，文件中并未提到设立省级行政审批的协调机构，来解决各行政审批局间的沟通交流问题，也没有提到具体的行政审批局运行的规范化和标准化的细节问题。从行政审批局的运行情况来看，省级对于行政审批工作的统筹还有很大的发挥空间。2018 年 11 月，河北省政务服务管理办公室成立，对统筹全省的行政审批局的运行具有很大的现实意义。

（二）缺乏激励机制，使窗口工作人员缺乏内在积极性

负责行政审批的窗口工作人员长期从事程序化的审批工作，身体超负荷运转、精神高度紧张，长此以往容易产生懈怠情绪，对工作失去内在积极性。河北省目前对各行政审批局窗口工作人员尚未采取有效的激励机制：一方面，在超负荷工作的前提下，窗口工作人员的工资收入和其他工作人员是相同的，并没有额外的奖励；另一方面，河北省也没有采取任何制度性的激励措施，如将窗口工作经历视作基层工作经验，或者作为提拔的前提条件等。在缺乏激励机制的情况下，窗口工作人员难免会缺乏内在积极性。

（三）尚未完全激活“互联网 +”的活力

互联网的发展推动了大规模、实时在线的多方社会协作治理和多部门同步并联，可以说互联网的发展是政府部门工作实现透明化和政府部门间实现互联互通的前提条件。河北省行政审批局改革走在全国的前列，取得了很大的成效，但是互联网在行政审批中的应用还不充分，尤其是在审监互动这个环节，只有通过互联网来传递审批监管信息，才能达到实时和最大效率的审监互动。打破“信息孤岛”和清理僵尸专线专网系统也是激活互联网在行政审批中活力的一个重要方面。

四　完善河北省行政审批局运行的对策建议

针对河北省行政审批局运行中的难点问题，河北省应采取有针对性的举措，最终实现行政审批局的更好运转和营商环境的更加优化。

（一）完善行政审批局规范化和标准化建设

在借鉴天津、银川行政审批局改革以及杭州依托互联网实现“最多跑一次”等成功经验的基础上，结合河北省行政审批局改革的实际，省级应当发文对河北省行政审批局规范化和标准化建设进行明确指导与规定，在审批事项划转数量和条目、内部机构名称和职责的设定、提交材料的数量和程序等方面都要有详尽规定，尤其是项目审批方面，要有明确的审批标准体系，避免工作中出现模棱两可的状况。

（二）提高窗口工作人员的业务水平和待遇

提高窗口工作人员的业务水平，尤其是县（市、区）行政审批局窗口工作人员的业务水平，是目前亟待解决的一个重要问题，市行政审批局要定期对县（市、区）行政审批局工作人员进行培训，对与行政审批相关的法律法规、规章制度、程序章程以及其他细节问题，进行有针对性的和全面的培训辅导，不仅要知其然，还要知其所以然，这样在办理审批事项工作中才能游刃有余。同时，要对窗口工作人员给予奖励，这种奖励可以是物质方面的奖励，也可以是政策方面的支持。如银川市行政审批局给予窗口单位工作人员每月一定金额的补助，作为物质奖励；大连市政务服务中心规定在窗口轮岗两年以上视同基层工作经历，作为在提拔任用时的一项考虑因素。河北省的行政审批局也可以借鉴这些激励措施，提高窗口工作人员的工作积极性。

（三）加快完善审监互动信息交流制度

审监互动平台建设是“互联网＋政务服务”工作的一部分，省级层面应出台审监互动工作指导性文件，明确审批与监管部门双向信息互动机制、内容与责任分工，以确保审批和审管信息互动交流工作顺利实施，信息推送、反馈及时和高效。同时可以实施审监联动四项机制，建立审批与监管协调运行机制：建立审监互动信息交流制度，通过信息交换平台，将全部审批结果告知监管部门；建立重点方面专项会商制度，对特定项目组织行业主管部门会商，共同研究确定审批事项；建立审查员制度，设立审查员专家库，组织其参与审批事项审查，保证审批的科学公正；建立观察员制度，商请有关监管部门派出观察员，参与审核工作，形成部门合力。

（四）打破“信息孤岛”，实现互联互通

建议国家和省级层面尽快打通专线专网，尽早实现与市“互联网＋政务服务”平台的对接。打破部门间信息孤岛，解决专线专网系统之间信息互通和直接提取使用问题，实现集中办理、并联审批，不断提升各部门网上政务服务水平。同时也要明确将各县（市、区）和各级开发区审批局纳入全市审批系统工作指导范围，并进入全市统一平台中开展审批业务办理，实现全市“互联网＋政务服务”无死角，所有审批事项一张网办理。为打破“信息孤岛”，实现互联互通，2017 年杭州市成立了数据资源管理局，利用大数据发挥“互联网＋”在政务服务中的作用，虽然其数据还是静态数据，不能实现实时动态对接，但依然是一个非常大的进步。

（五）及时修订相关的法律法规

行政审批事项的取消和下放、行使行政审批权力部门的转换、独立的行政审批部门的增设、减少证照或许可证件等等，均需要及时修订相关的法律法规，以保证行政审批过程的合法性。法律法规的修订，一部分涉及国家层面，一部分涉及省级层面。从法治角度讲，行政审批制度改革应该以依法治国、建设法治政府为依据，行政审批制度改革与依法治国是互为促进的关系，一方面，行政审批制度改革可以促使依法治国更好实现，另一方面行政审批制度改革的过程需要法律保障。行政审批制度改革最终要体现在法律的规范上，这样才能保障行政审批制度改革落到实处，达到优化营商环境的目的。

B.5

河北省环境保护地方立法面临的问题及对策建议

骆艳青*

摘　要： 为了治理环境污染、促进绿色发展，河北省近几年加快了环境保护的地方立法工作，取得了一定的成绩，也面临一些问题。本文对河北省环境保护地方立法的现状进行了简述，对面临的一些问题进行了剖析，并提出了相应的一些对策建议。

关键词： 环境保护　地方立法　法规梳理　立法技术

保护生态环境必须依靠制度、依靠法治，用最严格制度和最严密法治保护生态环境，让制度成为刚性的约束和不可触碰的高压线，是习近平总书记提出的要求。修订后的《立法法》也就环境保护方面的立法权限进行了扩容，规定设区市可以就环境保护方面的事项，制定地方性法规和地方政府规章。河北省位于华北重污染区，大气环境保护、水污染防治等都面临巨大的压力，加强地方立法，保护生态环境，促进绿色发展，一直是河北省的一项重要工作。

一　河北省环境保护立法现状

近年来，河北省委、省政府、省人大高度重视和支持地方生态环境保护

* 骆艳青，河北省社会科学院助理研究员，主要研究方向为刑法、立法学。

立法工作，不仅立法数量较多，立法质量也有明显提升，主要体现在以下几个方面。

（一）修订、制定了一批地方性法规

近年来，河北省为了更好地适应环保工作的新发展、新要求，对环保方面的一些地方性法规进行了修订，如 2016 年修订了《河北省大气污染防治条例》，2018 年修订了《河北省水污染防治条例》。同时新制定了《河北省固体废物污染环境防治条例》《河北省辐射污染防治条例》等环保方面的地方性法规。另外还制定了《河北省发展循环经济条例》《河北省乡村环境保护和治理条例》等促进绿色发展方面的地方性法规。既注重治理污染，又注重生态保护；既注重污染存量的减少，又注重污染增量的减少。而 2019 年 2 月公布的《河北省人大常委会五年立法规划（2018～2022 年）》，又将土壤污染防治条例、地下水管理条例等 14 件环境保护方面地方性法规的制定和修改纳入了立法规划。

（二）一些地方性法规的制定，填补了河北省地方立法的空白

2018 年 11 月，河北省人大常委会表决通过了《河北省促进绿色建筑发展条例》，自 2019 年 1 月 1 日起施行。该条例不仅完善了绿色建筑的标准体系，还明确了绿色建筑的规划建设管理程序；不仅明确了政府有关部门的职责，还规定了具体的激励措施。特别是该条例根据河北的实际，对雄安新区的绿色建筑发展提出了具体要求。该条例的制定，填补了河北省绿色建筑没有地方性法规的空白。

另外，《河北省水污染防治条例》，也是国家《水污染防治法》实施后全国首部修订的这方面的地方性法规。

（三）注重公众参与，制定了全国首部环境保护公众参与的地方性法规

为了应对严峻的环保形势，更好地推动生态文明建设、绿色发展，河

北省在环境保护方面注重公众参与，在2014年11月颁布了全国首部环境保护公众参与的地方性法规——《河北省环境保护公众参与条例》，以保障公众的知情权、参与权、监督权。该条例第21条明确规定：制定环境保护地方性法规、规章、政策、规划、标准或者可能对环境造成影响的开发利用规划及经济、技术政策，起草机关及审查机关应当采取公众评议、召开专家论证会、公众代表座谈会、听证会等方式充分征求公众意见。征求公众意见的时间不得少于15个工作日。公众也可以采取信函、传真、电话、电子邮件和网站留言等方式提出意见和建议。为了保障该条例的执行，河北省还开展了专门的执法检查工作。该条例的制定与执行，不仅有利于环保工作的开展，也在一定程度上提高了河北省环境保护地方立法的科学性。如2018年，河北省启动了《河北省环境保护条例》的修改工作，修改草案即面向社会公开征求意见。此举势必对提高该条例的立法质量有一定帮助。

二　河北省环境保护立法面临的问题

河北省的环境保护地方立法工作取得了一定成绩，但也面临一些问题，主要表现在以下几个方面。

（一）亟须对河北省环境保护方面的立法进行梳理

《立法法》规定的"环境保护"的具体范围一直存在争议。目前比较权威的解释是："从环境保护看，按照环境保护法的规定，范围包括大气、水、海洋、土地、矿藏、森林、草原、湿地、野生生物、自然遗迹、人文遗迹等。"① 目前，河北省按照这个范围对本省环境保护方面的现有立法进行梳理，列出清单。这样做的目的有三：一是使环境保护方面的执法部门、管理部门做到心中有数、有法可依。二是河北省面临的环保形势近年来发生了

① 全国人大法律工作委员会《关于立法法修正案（草案）审议结果的报告》。

巨大变化，一些地方性法规、规章已经不适应新形势的发展，需要予以修改；一些领域需要制定新的法规。列出清单后，有利于在制定立法计划时做到有的放矢。三是根据修改后的《立法法》规定，设区市在环境保护方面也有立法权，列出清单后，有利于设区市比照执行。

（二）法规大部分由某一个部门起草，具有一定的局限性

目前，河北省环境保护方面的地方性法规大部分由政府的某一个部门负责起草，拿出草案后，再在征求各方面意见的基础上，予以修改。如《河北省环境保护条例》的修改由省生态环境厅负责牵头起草，《河北省促进绿色建筑发展条例》由省住房和城乡建设厅起草等。

法规由单一政府部门负责起草，具有一定的局限性。一是受该部门内部机构设置、起草人员组成、起草人员是否有法律教育背景、是否有法规起草经验等诸多条件的限制。二是不利于前期的调研，也在一定程度上影响了社会公众的参与度。一个部门的力量终归有限，而且有大量的日常工作要做，其投入法规起草前期调研的人力、物力受诸多现实条件的限制，在一定程度上影响了调研的广度，很难保证有更多的社会公众参与其中；而且其调研也受到其他部门是否予以配合、配合程度等因素的影响。三是不利于杜绝在法规起草过程中部门保护主义的存在。

（三）重实体轻程序，一些规定过于原则

河北省环境保护方面的一些地方立法，特别是一些规章，规定的过于原则，缺乏可操作性。比如《河北省环境保护产业管理办法》，全文只有 19 条，却规定了省环境保护行政主管部门，县环境保护行政主管部门，县以上环境保护行政主管部门，县以上财政、税务部门和金融机构，县以上科学技术行政主管部门等诸多部门的职权、工作。还对设计单位、施工单位等作出了要求。其条文的规定只可能是原则化，缺乏可操作性。

另外，条文的设定存在的重实体轻程序的现象。还以该办法为例，其第 13 条规定，禁止生产、销售和使用国家或者本省明令淘汰的环境保护

产品。但对违反了上述规定的行为该依怎样的程序予以处罚却没有规定，使该条的规定很难落到实处。准备修改的《河北省环境保护条例》也存在这个问题，其对单位和个人，设定了较多的实体权利和义务，但缺少实现这些权利、履行这些义务的程序性规定。① 希望在此次修改中，这一问题能够有所改善。

（四）自然条件等因素“逼迫”河北省环境保护立法应“走出去”

河北省处于华北雾霾重污染区，应加强地方立法，保护改善本区域内的大气环境；但大气是流动的，河北省的空气质量也受周边区域的影响。另外，白洋淀的保护，也需其水系上游省份的配合。因此，受自然因素等影响，河北省环境保护立法需“走出去”，寻求、探索区域合作立法之路。

三　河北省环境保护地方立法的对策建议

针对河北省环境保护地方立法面临的问题，除建议有效衔接上位法、加强绿色财税等环境经济方面的立法、完善环境标准认证体系等方面的立法外，还提出以下对策建议。

（一）由省人大牵头，对现有的环保地方立法特别是规章加以梳理

对环境保护地方性法规、规章进行梳理的意义和目的前面已经陈述，不再赘述。作者在河北省生态环境厅调研时了解到，截至 2018 年年中，河北省现行有效的环境保护地方性法规有 14 部、规章 11 部、地方环保标准 31 个。建议由省人大牵头，对所有河北省环境保护方面的地方立法予以梳理，首先列出所有现行有效地方性法规、规章以及环保标准的名录，以备实际部门工作中使用。其次对其具体的条文予以梳理，对不适应河北省环保工作新

① 参见王金兰、梅媛《环境治理立法框架研究——以河北省为例》，《河北法学》2018 年第 8 期。

形势要求的、缺乏具体执行力的，纳入立法计划予以修订。最后对规章予以重点梳理，具备条件的争取制定相应的地方性法规，以增强其刚性的约束力。

（二）地方性法规的起草可以以省人大的专门委员会为主

环境污染严重是河北省面临的巨大压力，环境保护工作是河北省必须做好的一项重要工作。其牵扯到经济、社会、民生等诸多方面，甚至影响到人才引进等计划，因为环境是人考虑到某地工作生活的重要因素。可以说，环境保护是涉及河北省协调发展的大事，应该属于“本行政区域特别重大事项”。而且根据《河北省地方立法条例》的规定，综合性、全局性、基础性的重要地方性法规草案，可以由省人大的专门委员会组织起草。所以，一些具有基础性特点的环境保护方面的地方性法规，由省人大的专门委员会组织起草，既符合河北省的省情，也符合相关地方性法规的规定。

而且，由省人大的专门委员会负责起草，有利于增加调研的广度、提高立法技术、减少由某一政府部门起草带来的部门保护现象等，并且有利于更好地协调所涉部门的责权利，从而使法规得以更好执行。如《河北省机动车和非道路移动机械排气污染防治条例》（草案）是由省政府法制办负责起草的，在起草过程中，其也要到有关部门进行调研，寻求配合。如果由省人大的专门委员会负责起草，其相对独立的第三方的身份，可能更有利于其到有关部门调研，调研效果可能也会更好一些。

（三）加强调研，提高立法技术

首先，增加调研的广度，不能仅局限于相关部门，要多增加社会公众的参与，因为环境关系每一个人。调研方式上，可以多采取面向公众的调查问卷、网上调查等方式，不要仅局限于召开座谈会。其次，草案在向社会公众征求意见时，可以适当延长时间。《河北省环境保护公众参与条例》规定，环境保护方面的地方立法草案，向社会公众征求意见的时间，不得少于 15 个工作日。这只是关于征求时间的下限规定，在实践中应予适当延长。目前，草案向社会公众征求意见的时间还是有些短。比如，《河北省环境保护条例》的征求意见时间是 2018 年 12 月 21 日到 2019 年 1 月 31 日；《河北省机动车和非道路移动机械排气污染防治条例》的征求意见时间是 2018 年 12 月 21 日到 2019 年 1 月 20 日。均在 30～40 天，可视情况适当予以延长。另外，在征求意见时，应加大宣传力度，让更多的人知道这件事，以增加社会公众的参与度。

提高立法技术的前提，也是要加强调研，只有充分了解立法内容，才能提高立法技术。其次，在具体条文的设置上，要增加程序性条文的规定，使执法、管理部门、相对人等能够按照条例等的规定按步骤完成所涉事项。同时要细化问责条款和惩处条款，加强对相关部门、责任人以及相对人的约束力。总之，具有较强的执行力应是环境保护地方立法追求的目标。

（四）环境保护地方立法应符合河北省的省情

我国地域辽阔，各省的省情都不同，因此，环境保护地方立法应符合河北省的省情。这方面，一些省的做法可供借鉴。比如，云南省境内湖泊众多，"九大高原湖泊"自身特点不同，其采取了"一湖一法"的环境保护地方立法模式。而同为湖泊众多的江苏省，则根据本省的湖泊特点，采取了统一制定《江苏省湖泊保护条例》，同时为太湖量身打造《太湖水污染防治条例》的地方立法模式。

河北省境内有白洋淀，而且大气污染、水污染的压力巨大，也可根据自身的省情，出台符合河北特点的环境保护地方立法。2019 年初，经党中央、国务院同意，河北省正式印发了《白洋淀生态环境治理和保护规划（2018～2035）》。该规划虽不是地方性法规，但也在出台具有河北特点的环境保护地方立法方面取得了进步。

（五）探索区域环境保护立法协作的可行性

河北省大气污染、水污染严重，但大气、水是流动的，河北省除加强自身的环境保护地方立法工作外，也应探索京津冀乃至华北地区环境保护立法协作的可行性。必要时，可借雄安新区建设的契机，寻求国家层面的支持。

B.6

河北省检察机关公益诉讼运行情况研究

——立足2018年河北检察改革与公益诉讼检察实践

任昊丽　袁清海*

摘　要： 建立检察机关提起公益诉讼制定是党和国家全面依法治国的一项重大决策，对于全面依法治国特别是强化公益保护、促进依法行政、完善中国特色社会主义司法制定具有重大意义。2018 年，检察改革纵深推进，机构改革自上而下有序落实，检察新理念日益深入人心，这对检察公益诉讼工作提出了新要求和新挑战。河北检察机关将站在检察改革新起点上，立足工作新情况、新问题，进一步总结和分析检察公益诉讼发展趋势，确保在推进河北检察公益诉讼工作中，蹄疾步稳，牢牢把握主动。

关键词： 公益诉讼　公益保护　检察改革

一　公益诉讼检察工作基本概况

2018 年，河北省检察机关突出工作重点，以专项活动为抓手，办理了一批案情复杂、牵涉利益众多、社会影响大的检察公益诉讼案件，有效保护

* 任昊丽、袁清海，河北省人民检察院四级检察官助理。

了国家利益和社会公共利益，取得了良好的政治效果、法律效果和社会效果。全省检察机关共立案8280件，提出检察建议和发布公告7659件，提起公益诉讼102件，其中民事公益诉讼4件、行政公益诉讼7件、刑事附带民事公益诉讼91件。全省基层检察院全部消灭诉前程序办案空白，并实现了办案领域的全覆盖。

（一）服务和保障生态文明建设方面

省检察院聚焦生态环境和资源保护公益领域，部署了为期三年的"护航蓝天碧水净土检察公益诉讼专项活动"，全力助推河北省生态文明建设，打好污染防治攻坚战。履行公益诉讼诉前程序中涉及生态环境和资源保护领域案件3980件，占诉前程序案件总数的51.9%。晋州市检察院对污染环境的晋州市人张超毅（无业）、王海涛（无业）依法提起刑事附带民事公益诉讼，在审查起诉污染环境犯罪的同时，追究犯罪者的民事赔偿责任，打出惩治污染环境违法犯罪行为的组合拳。高碑店市检察院通过诉前检察建议，激发了当地政府、环保部门守护绿水青山、服务雄安新区建设的使命感与责任感，变被动履职为主动作为，积极清理河道垃圾，筹建河堤全线网络监控系统，将河道日常保洁纳入城乡垃圾一体化处理范围，提高了依法行政水平，促进了当地生态文明建设。

（二）保障人民群众"舌尖上的安全"方面

食品药品安全是当前检察公益诉讼的主要办案领域，是关乎百姓切身利益的两个方面。河北省检察机关紧紧围绕社会关切，结合《"食药安全诚信河北"行动计划（2018～2020）》，部署开展了为期三年的"食品药品安全领域检察公益诉讼专项活动"，针对疫苗事件和网络餐饮安全，分别下发专项整治通知，促进解决损害群众健康利益的突出问题。衡水市院发现全市医疗废物处理卫生环境损害问题十分突出，就此向市政府作了专题报告，市政府启动了全市医疗废物处理卫生环境整治公益诉讼保护活动。鹿泉市检察院对销售假药的胡文柱、张晋亮依法提起包括惩罚性赔偿在内的刑事附带民事公益诉讼，最大限度地追究销售假药行为人的法律责任，有力震慑了犯罪，更好地维护了社会公共利益。邢台桥东区检察院针对辖区内美团外卖等网络餐饮服务第三方平台提供者和入网餐饮服务提供者存在违法经营的问题，向区市场监督管理局发出诉前检察建议，开启为期一个月的网络外卖平台专项整治行动，约70%的入网商家下架，取得良好的社会效果。

（三）保护国家利益方面

河北省检察机关重视发挥诉前程序的优势，充分运用行政公益诉前程序推动行政机关依法履职，为国家挽回国有土地出让金、非法占地罚款共计1.1亿余元，督促修复大量被损毁林地、耕地。张家口市下花园区检察院督促区国土资源局追缴张家口某科技有限公司拖欠的国有土地出让金和滞纳金共计3417.186万元，为国家挽回巨额经济损失，有效地维护了国家利益。

（四）保护国有财产方面

通过加强对国有财产负有监督管理职责的行政机关的监督，依法办理行政公益诉讼案件，挽回大量人防易地建设费、污水处理费、被骗取的扶贫资金、各种税费等国有财产。博野县检察院督促县人防办追缴某房地产开发有限公司欠缴纳的人防易地建设费271余万元。

（五）保护英烈名誉荣誉等权益方面

2018年5月1日实施《英雄烈士保护法》后，全省检察机关积极开展保护英烈名誉荣誉公益诉讼工作。5月2日，怀来县检察院针对互联网存在的歪曲、丑化、亵渎、诋毁英雄董存瑞的行为，督促公安机关依法履职，删除相关不良网络信息，做好互联网日常跟踪监督检查，对于构成犯罪的，将进一步依法追究行为人的刑事责任。5月25日，怀来县检察院与石家庄军事检察院、承德隆化县检察院、吉林省延吉市检察院、北京市海淀区检察院共同签署了《英雄董存瑞跨区司法保护联席会议实施办法》，为保护董存瑞名誉荣誉奠定了坚实的协作基础。深州市检察院针对辖区内部分烈士纪念设施年久失修、保护不力的问题，依法督促民政部门开展全市范围内的专项整改活动，经市政府常务会研究，拟投资700多万元，对现有烈士陵园进行改扩建，集中对零散分布的烈士纪念设施进行修缮和维护。衡水市检察院与市民政局会签了《关于加强协作推进烈士纪念设施保护的意见》，全面推进英烈保护领域检察公益诉讼工作。

二　河北省检察机关公益诉讼工作的运行特点

河北省检察机关公益诉讼工作扎实稳步推进，各方面工作正从探索实践中逐步走向成熟。实践中，重点聚焦五大领域，有效保护国家利益和社会公共利益，依法办理了一大批深得民心的检察公益诉讼案件。具有运行特点如下。

（一）从政治站位上看，自觉把坚持党的领导作为做好公益诉讼检察工作的根本保证

河北省检察机关主动接受人大及其常委会监督，主动汇报公益诉讼相关工作。2018年5月，省第十三届人大常委会专门听取和审议了全省检察公益诉讼工作情况报告。8月省委常委会会议听取了省检察院党组关于全省检察公益诉讼工作情况的汇报，省委书记王东峰对一年来全省检察公益诉讼工作取得的成绩给予了充分肯定。9月20日，召开全省检察公益诉讼推进工作电视电话会议，省委常委、政法委书记董仚生出席并作重要讲话，进一步推动检察公益诉讼工作向纵深发展。省委政法委、省人大内司工委、省环保厅、省国土资源厅、省食药监局等23家省直机关有关领导在主会场参会。各地检察机关及时向当地党委、人大报告公益诉讼工作，廊坊、邢台、唐山、石家庄、保定、张家口、邯郸、沧州等10个设区市的92个县（市、区）党委、人大、政府出台了支持检察机关提起公益诉讼工作的文件。

（二）从理念引领上看，自觉把坚持双赢多赢共赢作为贯穿检察公益诉讼工作全过程的指导理念

全省检察机关紧紧依靠政府支持，共同保护公益。省检察院向省政府通报了检察公益诉讼工作情况，省政府高度重视，相关职能部门也都给予了充分支持。各级检察院加强与行政机关协作，正确处理监督者与被监督者关系，树立共同的执法司法理念，努力实现双赢、多赢、共赢。省检察院与政府多个部门协商，已经与省环境保护厅、农业厅、林业厅等11个部门就加强行政公益诉讼协作配合会签了文件。市县两级检察院坚持监督和支持并重，主动与行政机关沟通，建立协作配合机制。定州市政府与市检察院联合制定了关于办理行政公益诉讼案件的实施办法，明确和细化了检察机关和相关行政部门职责，为公益诉讼工作的深入开展奠定了基础。

（三）从方式方法上看，自觉把注重发挥“他山之石”作为做好检察公益诉讼工作的重要途径

一是加强内部沟通协作。建立检察机关内部工作配合机制，统筹侦监、公诉、执检、民行、控申、环检、案管等职能部门，充分发挥各自职能优势，强化配合机制，形成检察一体化办案模式，为全方位推进公益诉讼提供了制度保障。二是加强外部沟通协作。检察机关主动与监察委员会协调案件线索移送衔接机制。张家口市、衡水市、石家庄市、廊坊市检察院分别与本市监察委员会共同制定了加强公益诉讼工作协作配合的办法。与法院研究磋商诉讼实务问题，推进会签规范性文件。省检察院与省法院认识高度统一，协作配合顺畅，多次就案件管辖、证据规则、庭审程序、出庭规范等实务问题研究磋商，就加强个案的案情通报、信息共享等机制达成共识。省检察院与石家庄军事检察院在全国全军检察机关中率先制定《关于开展军地检察机关公益诉讼协作工作的意见》，受到了最高人民检察院的充分肯定。三是创建与周边地区共建区域合作新机制。主动与相邻七个省（区、市）检察机关沟通，建立生态环境和资源保护、食品药品安全等领域公益保护协作机

制。与山西、内蒙古、辽宁三省（自治区）检察机关联合开展专项行动，保护首都水源涵养功能区和北部生态环境支撑区。与天津、辽宁、山东三省（市）检察机关共同建立检察公益诉讼协作机制，保护环渤海地区海洋环境和资源。

（四）从动力支撑上看，自觉把创新工作举措作为推动检察公益诉讼成效发展的动力源泉

各级检察院将检察公益诉讼工作作为“一把手工程”强力推进，落实省“两办”《通知》要求。省检察院加大指导力度，严格案件审查把关，适时介入指导，加强个案研判，加强实地督导。市、县检察院立足本地实际，积极探索检察公益诉讼办案新模式。保定市、承德市、邢台市检察院依托智慧检务中心平台，应用大数据、人工智能等手段，有效解决了公益诉讼案件线索发现难的问题。省检察院与山西、内蒙古、辽宁三省（自治区）检察机关联合开展“祖国北部护航绿水青山蓝天公益诉讼联合行动”。为着力解决人民群众关心的突出问题，省检察院部署开展为期三年的“护航蓝天碧水净土检察公益诉讼专项活动”和食品药品安全领域检察公益诉讼专项活动，针对疫苗事件和网络餐饮安全，分别下发专项整治通知，各市院结合本地经济发展实际，开展地方特色小专项活动，促进公益损害问题及时解决，取得了良好成效。

三　检察公益诉讼工作发展状况与形势分析

从时间的维度看，检察公益诉讼制度从试点探索到全面实施时间并不长，作为新生制度，还处在初创阶段。从实践的维度看，尤其立足2018年河北检察公益诉讼实际，客观上讲，检察公益诉讼工作还面临很多现实困境，在理念、制度、政策、机制、环境、经验、理论、成效等方面都有较多短板和弱项，正面临较多压力和挑战，在一定程度上都制约着检察公益诉讼工作的长足进步。只有正确认识形势，正视工作中的问题和不足，深刻探析

其中的特点、规律、原因，才能更有针对性地找准应对举措，更加从容高效地把检察公益诉讼工作引向深入。

（一）鉴于检察机构改革后实际，无论办案数量还是质量，在短期内都将面临较大下行压力的问题

自河北省检察机关开展公益诉讼工作以来，省、市、县（区）三级院均由民事行政检察部门负责公益诉讼检察工作，市、县（区）两级院是办理公益诉讼案件的主力军，且市县（区）两级院民事行政检察人员的主要精力都在办理公益诉讼案件上。省检察院由原生态环境保护检察处整体转为公益诉讼检察部，市级院可能会比照省检察院的做法设置。原生态环境保护检察处职能主要是办理破坏生态环境的刑事案件，大多检察干警对公益检察工作不熟悉、不了解，需要转变工作思维、工作方式。随着内设机构改革的完成，省、市院民事行政检察部门分设和公益检察部的成立，县（区）院也将重新调整办案机构，在机构改革后各部门将各司其职。从办案数量来说，在短期内市、县（区）院公益诉讼检察工作相对会受影响，办案数量可能出现下降趋势。从办案质量来说，公益诉讼办案质量在一段时间内会出现不同程度的波动。

（二）调查核实权行使不充分、检察建议刚性不足的问题

调查核实是检察机关开展公益诉讼工作的重要手段。新修订的《人民检察院组织法》规定，人民检察院行使法律监督职权，可以进行调查核实。但目前法律和司法解释都没有对调查核实的具体方式作出明确规定，对于有关行政机关以及其他组织、公民不配合调查核实时的保障措施，现行法律也未作出规定，使得调查核实权的刚性不足，不利于检察公益诉讼工作的顺利开展。诉前检察建议是行政公益诉讼的关键环节，目的是督促相关行政机关依法履职，尽量减少诉讼环节，节约司法资源。但诉前检察建议的权威性不够高、强制执行力缺乏，有些案件难以通过检察建议的方式督促行政机关依法履职，制约了检察公益诉讼工作的深入推进。以张家口涿鹿县水务局、环

保局对桑干河河道倾倒垃圾问题怠于履行监督职责案为例，在涿鹿县检察院发出检察建议后，县水务局、环保局在规定期限内未对河道垃圾问题进行整改，直至县检察院将其起诉至法院后，县水务局、环保局才对桑干河河道垃圾问题予以重视，采取有效措施短时间内清理了河道垃圾。

（三）检察公益诉讼中的鉴定资源匮乏、鉴定机制不健全、鉴定保障不力的问题

检察公益诉讼往往涉及鉴定问题。公益是否受到损害、损害有多大、损害后果与行为之间有没有因果关系、修复公益需要多少费用等都需要有专门机构和专业知识的人提供鉴定意见。目前，我国在公益诉讼方面的鉴定制度还不完善，鉴定机构和鉴定人才比较匮乏，尤其是鉴定机构非常分散，管理不统一，有的归属司法行政部门，有的归属各自的行政机关，有的则属高校科研院所，有的属社会化管理。不同的鉴定管理体制，直接影响公益诉讼案件的精准处理和高效解决，加上鉴定成本高昂，致使有的案件处于停滞状态，公益无法及时得到保护，影响了检察公益诉讼工作的高效运转。以河北为例，有些基层院存在无法承担过高的鉴定费用或鉴定费远远高于赔偿数额，致使有些案件未进入诉讼程序的情况。

（四）诉前程序与诉讼程序衔接不畅、前后不统一的问题

诉前程序可以削减诉讼数量、减轻司法负担，但诉前程序的督促作用是有限的，部分案件仍会进入诉讼程序，这就会遇到诉前程序与诉讼程序的衔接问题。实践中，一是对衔接的标准理解不统一，致使有的案件应当提起诉讼而没有提起诉讼，有的案件不应当提起诉讼而提起诉讼。二是诉前检察建议与起诉书的主要内容不一致。无论是诉前程序还是诉讼程序，针对的都是同样的主体对同样的公益造成同样的损害，因此在事实证据、公益受损、法律适用等方面应当是一致的。实践中，行政机关部分履职使得部分受侵害公益得到修复的情况也是存在的，但有的案件诉前检察建议与起诉书在事实认定、公益损害主体等方面存在不一致的问题。

（五）加快探索交叉性案件的诉讼类型选择的问题

目前对一个案件同时满足民事公益诉讼、行政公益诉讼条件时，应当选择哪一诉讼类型法律并没有明确规定。这就需要规范交叉性案件的诉讼类型选择，针对不同情形做出相应选择。民事公益诉讼与行政公益诉讼交叉问题，基于制度设计初衷和立法本意，应坚持提起行政公益诉讼优先原则，选择督促行政机关履行职责。在实践中，大多基层院也遵循提起行政公益诉讼优先，对公民、法人或其他组织提起公益诉讼的情况较少。

（六）加快研究和厘清行政公益诉讼中的举证责任问题

行政公益诉讼中的举证责任关系到作为公益诉讼起诉人的检察机关和作为被告的行政机关各自承担举证责任范围的问题。行政公益诉讼既是救济之诉，也是监督之诉，这决定了举证责任应当有别于一般的行政诉讼。有的认为，行政公益诉讼不应突破“举证责任倒置”规则，因为在行政公益诉讼案件中，行政机关取证时更具有专业性与便利性，且行政机关应当证明行政行为的合法性。有的认为，应当遵循“谁主张，谁举证”的规则，因为与普通公民不同，检察机关具有法律专业人才和专业优势，举证能力较强，由检察机关在原则上承担举证责任是合理的。基于查明事实、维护公益、诉讼经济的考量，行政公益诉讼的举证责任应当综合适用“谁主张，谁举证”与“举证责任倒置”的规则，合理分配双方的举证责任。实践中，检察机关采取初步证明行政机关的不依法履职行为致使公益受损的事实，但同时又不减免行政机关的举证责任方式。特别是行政机关对其行政行为的合法性问题仍承担主要的举证责任。

四　有效应对检察公益诉讼困境与难题的路径思考

（一）紧扣检察改革精神，着力配齐配强专业力量

这项新的检察职能成效如何，不仅要看有没有一支专业的公益诉讼队

伍，还要看人员素质能力是否能够达到工作要求。2019年，在用足用好现有队伍的基础上，优先选拔具有专业背景、专业特长、综合能力强的骨干人员充实到公益诉讼队伍中来，并建立公益诉讼专门人才培训的长效机制，更好地为本地区开展工作提供人才支持。同时，进一步加大学习培训力度，深入学习习近平总书记的重要指示和党中央、高检院的决策部署，了解掌握高检院发布的有关规范性文件和指导性案例，确保做到审慎用权、依法依规监督。

（二）突出本地工作特色，力争办理一批有指导意义的典型案件

2018年是河北省检察机关开展公益诉讼工作的开局之年，省院以专项活动为抓手，助推公益诉讼案件数量快速增长，但尚未打造出一批具有地方特色的公益诉讼精品案件。河北地处京津冀核心地带，作为经济、资源大省，遇到的民商事、金融、知识产权、生态环境保护、食品药品安全、国土资源等领域案件会相对较多。结合地域特点和办案实际，深入分析研究办理公益诉讼案件过程中发现的普遍性问题，加强调查研究，有针对性地开展监督，力求公益诉讼办案体现特色，打造亮点，形成经验。

（三）深化检察公益诉讼路径探索，积极审慎办理“等”外案件

基于检察公益诉讼制度功能的发挥与督促行政机关依法行政的客观需求，为了更好地维护公益，河北省检察机关在办理《民事诉讼法》《行政诉讼法》规定的检察公益诉讼案件范围外，将对社会影响大、涉及范围广、人民群众反映强烈的公益领域纳入检察公益诉讼保护范围，如公共安全、不正当竞争、基础设施建设、城市总体规划等。对于领域外侵害公益的检察公益诉讼案件，在用足用活现有法律制度的前提下，积极审慎开展探索实践，积累河北办案经验，为政策提供指引。

（四）健全完善相关机制，确保各项机制落到实处

一是健全组织领导机制。全省各级检察院检察长担任本院公益诉讼工作

领导小组组长，带头办理公益诉讼案件，带头解决难题，实现了全省检察公益诉讼工作安排有方、执行有力、推进有序。二是健全内外部协调机制。坚持检察工作“一盘棋”，整合检察机关办案资源，推动各部门实现信息共享、监督联动，形成检察合力。加强与监察委、法院、行政机关的协调沟通，争取配合和支持，形成良性互动、相互协作的良好局面。三是探索创新区域合作新机制。结合最高检部署开展“守护海洋”检察公益诉讼专项监督活动，河北省检察院积极探索跨行政区的海洋公益诉讼协作机制。与辽宁、天津、山东各省（市）检察院沟通协商，会签了《关于建立环渤海生态环境保护公益诉讼协作机制的意见》，进一步加强与三省一市的沟通协调，实现统筹联动、同步治理，将协作机制落到实处，务求实效，切实形成检察合力，发挥“1 +1 >2”的效果。

（五）加强检察公益诉讼理论研究，形成有力的制度保障

积极开展理论研究，加强对公益诉讼理论基础、地位作用、运行特点、司法规律等问题的研究，对内要注意引导、鼓励检察机关理论人才围绕公益诉讼的重点、难点开展研究，对外要加强与院校、科研机构等专业组织的合作交流。借助“外脑”，及时收集整理专家委员咨询意见和建议，及时高效地将咨询成果转化为检察实践成果，将最新的研究成果转化为推动民事行政检察业务创新发展的具体措施，更新司法理念、规范司法行为、完善办案机制、统一司法标准。

（六）进一步加强宣传引导，争取更多社会力量支持

充分利用新闻媒体、微信公众号、门户网站、检察长在线等渠道和载体，突出宣传习近平总书记的重要指示和党中央、高检院的决策部署，突出宣传开展公益诉讼的重要性，突出宣传工作中好的做法和成功案例，突出宣传在解决人民群众反映强烈问题方面取得的成效，营造良好的舆论环境，最大限度地凝聚社会共识。

B.7 河北省冬奥会知识产权保护机制研究报告*

李西娟**

摘　要： 冬奥会知识产权保护既是履行我国对国际社会的庄严承诺，也是确保冬奥会顺利举办的必要措施。河北省高度重视冬奥会知识产权保护工作，通过制定《河北省奥林匹克标志保护规定》；建立冬奥会跨区域执法联动机制；开展专项整治行动；加强执法人员奥林匹克知识产权保护专题培训；开展冬奥会知识产权法律法规普及宣传活动等举措，有效保护了冬奥会知识产权。同时，应通过进一步完善立法内容，加强立法协调；建立高效、快捷的知识产权执法维权机制；建立多元化纠纷快速解决机制等措施，构建符合河北省实际、具备河北省特色的冬奥会立法、行政执法、司法裁判、调解仲裁、维权援助、社会诚信、宣传教育相互促进的知识产权保护机制。

关键词： 冬奥会　奥林匹克　知识产权　河北省

2015年7月31日，北京携手张家口获得了2022年冬季奥林匹克运动

---

* 本文是2018年度河北省法学会研究课题“河北省‘冬奥会’奥林匹克知识产权保护机制研究”（课题号：HBF（2018）A004）的成果。

** 李西娟，石家庄学院法学院法学系副主任、讲师，主要研究方向为民商法、知识产权。

会（以下简称“冬奥会”）的主办权，这是我国历史上第一次举办冬奥会，也是河北省张家口第一次承办世界性的体育项目，意义非凡。随后中国奥委会、申办城市代表与国际奥委会共同签署了第24届冬奥会《主办城市合同》，同第29届夏季奥运会《主办城市合同》相比，此次《主办城市合同》内容最大的变化就是将“知识产权相关问题”从“财务与商业义务”中独立出来，成为合同的第七部分，可见，奥林匹克知识产权对于奥林匹克运动的重要性①。从历届奥运会看，对奥林匹克知识产权的开发和利用已成为解决奥运会财政收入的主渠道。例如：亚特兰大奥运会的财政收入中，出售奥林匹克标志、出售电视转播权、纪念币的收入占全部收入的79.52%②。因此，对冬奥会知识产权的保护不仅符合国际奥委会的要求，也是举办冬奥会的重要经济保障。目前，我国正处于经济转型升级和产业结构调整的关键时期，冬奥会的举办，是实现我国经济转型和产业结构调整的良好契机，同时也是河北省加快产业转型升级、建设创新型河北的重要契机。

河北省高度重视冬奥会知识产权保护工作，多措并举、扎实推进冬奥会知识产权保护工作。2018年河北省顺利完成了机构改革，成立了河北省市场监督管理局，实现了知识产权管理体制的重构，提升了知识产权管理效能；依托国家知识产权局和京津冀建立的“一局三地”知识产权合作会商机制，建立跨区域知识产权保护协作机制，促进了优质资源共享；加大知识产权执法力度，重点对食品、药品、环保等行业以及展会、电子商务等领域开展专项执法行动及督导检查工作，积累执法经验；2018年12月，张家口市围绕“奥林匹克知识产权保护”主题开展了多次培训，进一步提高了执法人员的专业知识技能和执法水平。2019年1月，河北省政府发布《河北省奥林匹克标志保护规定》，为冬奥会知识产权保护提供了法律依据；2019年4月，河北省市场监督管理局在石家庄、张家口、雄安新区同时举办知识产权

① 马法超：《再论〈奥林匹克标志保护条例〉的修改》，《体育与科学》2016年第1期。

② 全国体育学院教材委员会主编《奥林匹克运动》，人民体育出版社，2000，第207页。

宣传周活动，围绕“奋力夺金：知识产权与体育”主题，普及冬奥会知识产权法律法规等相关知识，宣传奥林匹克精神，提升了公众的知识产权意识。[①] 通过一系列富有成效的措施，冬奥会知识产权保护工作取得了重大进展，营造了良好的法治环境。2019 年 4 月，从河北省政府新闻办召开的“推进知识产权强省建设”新闻发布会上获悉，2019 年河北省将大力加强冬奥会知识产权保护，重点做好三方面的工作：第一，加大冬奥会知识产权保护机制建设力度，制定河北省冬奥会知识产权执法维权工作方案，编制执法维权手册；第二，重点围绕冬奥会和冬残奥会会徽、吉祥物，加强对重点区域奥林匹克标志使用行为的日常监管，继续组织开展冬奥会知识产权保护专项行动；第三，充分发挥知识产权维权援助平台作用，建立维权援助机制，提升涉冬奥会知识产权执法维权效率与水平。[②] 这为河北省继续加强冬奥会知识产权保护工作指明了方向。

一　河北省冬奥会知识产权保护现状

（一）立法现状

1. 立法体系

为有效保护冬奥会奥林匹克知识产权，根据《奥林匹克宪章》和《主办城市合同》的要求，我国通过对原有法律法规修订和颁布新的奥林匹克知识产权规章等方式，基本形成了由《奥林匹克标志保护条例》（以下简称《条例》）、《北京市奥林匹克知识产权保护规定》、《河北省奥林匹克标志保护规定》（以下简称《规定》）、《特殊标志管理条例》、《奥林匹克标志备案

① 河北省市场监督管理局：《河北省“4·26”世界知识产权日宣传活动举办》，http://www.cqn.com.cn/zj/content/2019-04/26/content_7053433.htm，最后访问时间：2019 年 5 月 10 日。

② 《五方面发力　实施四大工程　河北省知识产权强省建设加快推进》，http://hebei.hebnews.cn/2019-04/23/content_7389602.htm，最后访问时间：2019 年 5 月 10 日。

及管理办法》、《商标法》、《专利法》、《著作权法》、《反不正当竞争法》、《体育法》以及我国加入的《保护文学艺术作品伯尔尼公约》、《保护工业产权巴黎公约》、《与贸易有关的知识产权保护协定》等国际条约组成的国内法和国际法二元体系。

2.《奥林匹克知识产权保护条例》修改要点

2018 年 7 月 31 日，修订后的《奥林匹克标志保护条例》正式实施。本次修订充分考虑了国家机构改革、简政放权、最新的立法成果、经济发展实际及冬奥会的特点，具体体现以下几方面。

（1）扩大了奥林匹克标志的主客体保护范围

在权利客体范围的表述方式方面，删掉了奥林匹克特定时间、届次等限制性表述，扩大了客体保护范围，能够覆盖所有奥林匹克运动会，如冬奥会、青奥会、残奥会等，避免了为每一项赛事都修法的误区，降低了立法成本。同时，将在中国境内举办奥林匹克运动会的申办、组织机构也纳入了权利人范围。

（2）简化标志的确认和许可程序

为了适应行政审批取消的新形势，《条例》取消了奥林匹克标志和许可合同的核准备案手续，由权利人自行提交国务院知识产权主管部门并由其公告；许可合同信息由当事人及时披露。

（3）明确了奥林匹克标志的保护期限

《条例》参照《商标法》《特殊标志保护期限规定》，明确了奥林匹克标志 10 年的有效期和续展程序，使一些有价值的奥林匹克标志得到有效保护。

（4）加大了奥林匹克标志保护力度

在侵权认定方面，第一，不再区分商业目的，删除了潜在商业目的；第二，将侵权行为扩大到使用奥林匹克标志的近似标志；第三，明确了对隐匿侵权行为的界定和规制；第四，加大了行政处罚力度，提高了罚款标准。

（5）体现了国家机构改革的新变化，修订后的《条例》规定国务院市场监督管理部门、知识产权主管部门负责全国的奥林匹克标志保护工作。

3.《河北省奥林匹克标志保护规定》的亮点

2019年1月29日，河北省政府第42次常务会议通过《河北省奥林匹克标志保护规定》，并予以公布，自2019年4月1日起施行[①]。本规定既保持了与《条例》内容的统一和协调，也体现了河北省的实际，是奥林匹克标志保护在地方立法上的有益探索。立法亮点具体体现在以下方面：第一，从保护对象上，细化了《条例》的规定，具体为第24届这一特定届次的奥运会的相关标志；第二，规范了广告经营者和发布者的经营行为；第三，体现了对网络域名、地名的保护；第四，规定了冬奥会知识产权间接侵权行为；第五，针对网络侵权，明确了网络服务提供者的法律责任。

（二）行政执法现状

近几年，河北省深入贯彻落实党中央、国务院关于严格知识产权保护的决策部署，创新执法体制机制，加大执法力度，增强社会对知识产权保护的信心，取得了显著成效。

1. 知识产权组织机构改革，提升知识产权执法效能

2018年，河北省市场监督管理局（省知识产权局）挂牌成立[②]。此次机构改革，有效整合了专利、商标、原产地地理标志行政管理资源，统一由市场监督管理部门负责，著作权仍由版权局管理，形成了知识产权“二合一”的管理模式，解决知识产权行政执法方面存在的执法主体分散、多头执法、执法标准不统一等问题，进一步提升知识产权行政执法效能。

2. 建立跨区域知识产权保护协作机制，共同提高知识产权保护水平

2016年6月，国家知识产权局与京津冀三地政府共同签署了《关于知识产权促进京津冀协同发展合作会商议定书》（以下简称《议定书》），标志着“一局三地”知识产权促进京津冀协同发展合作会商机制（以下简称

---

① 河北省人民政府：《河北省奥林匹克标志保护规定》，http：//info. hebei. gov. cn/eportal/ui?articleKey＝6856583&columnId＝6806589&pageId＝6806152，最后访问时间：2019年3月5日。

② 《河北省市场监督管理局挂牌成立》，http：//www. hebgs. gov. cn/Yw/Yp/ygs_bszn_content. asp？ArticleID＝77541，最后访问时间：2019年3月10日。

"'一局三地'合作会商机制"）正式建立[①]。《议定书》签署三年来，在河北省设立了中国知识产权执法华北调度中心，并签署了《中国知识产权执法华北调度中心执法协作协议》；在天津成立了中国知识产权华北运营中心；共同成立了京津冀专业市场知识产权保护联盟，签署了《京津冀知识产权信息公共服务合作计划》，这一系列举措有效推动京津冀知识产权一体化体系建设。2018 年 6 月，河北省张家口崇礼区和北京市延庆区、朝阳区、海淀区、石景山区工商和市场监管部门在北京延庆区联合签署了《2022 年冬奥会赛区跨区域商标广告监管执法联动机制协议书》，标志着五个区正式启动跨区域商标广告监管执法联动机制[②]。通过对冬奥会重点区域、重点场所开展联合执法，净化五区涉奥商标广告市场，共同构建联合监管、协同查处、追根溯源的大监管格局，有效保护冬奥会知识产权。

3. 加大知识产权执法力度，执法效果显著

近几年，国家知识产权局为贯彻国务院关于打击侵犯知识产权的工作部署，实施了知识产权执法维权"护航""闪电""雷霆"等知识产权专项执法行动，河北省知识产权局根据本地实际，深入开展了相应的专项执法行动，重点对食品、药品、环保等行业及电子商务、展会等领域知识产权假冒侵权高发区加大了执法力度。2018 年，河北省共计立案查处侵权假冒案件 3431 件，移送涉嫌犯罪案件 124 件，捣毁黑窝点 461 个；抓获犯罪嫌疑人 1738 名，涉案金额 19.39 亿元；严厉打击了侵犯知识产权和制售假冒伪劣商品违法行为，对违法犯罪形成了有力震慑，保持了高压态势[③]。

4. 开展专利行政执法维权工作督导，提升执法水平

2018 年 3 月，河北省打击侵犯知识产权和制售假冒伪劣商品工作领导

① 《京津冀推进知识产权协同发展》，http://www.iprchn.com/cipnews/news_content.aspx?newsId=114982，最后访问时间：2019 年 3 月 10 日。

② 《2022 年北京冬季奥运会赛区跨区域商标广告监管联动执法机制启动工作会在延庆工商分局召开》，http://gsj.beijing.gov.cn/gsfj/yqfj/yqgzdt/201806/t20180614_1452146.html，最后访问时间：2019 年 5 月 15 日。

③ 河北省市场监督管理局：《加强知识产权保护　河北销毁假冒伪劣产品 22.4 吨》，http://scjg.hebei.gov.cn/info/13520，最后访问时间：2019 年 4 月 28 日。

小组就央视3·15曝光时间召开专题督导协调会，互相通报了3·15曝光事件查处情况，并成立两个联合督导组，对保定、邯郸、沧州相关问题进行督导检查①。2018年5月，河北省知识产权局根据《2018年河北省专利事业发展战略推进工作组织实施方案》，对2018年“雷霆”行动开展督导检查工作，重点对食品、药品、医疗器械和环境保护等高新技术领域以及电子商务和展会专利行政执法及维权工作开展检查②。通过对知识产权行政执法维权工作督导检查，进一步提升河北省执法水平。

5. 加强执法人员培训，切实提高执法办案能力

2018年3月5日，河北省知识产权局举办了“河北省2018年专利行政执法维权培训班”，针对京津冀各地市知识产权局、科技局、知识产权维权援助中心200余名同志围绕展会及电商领域专利侵权判定、执法程序及维权援助工作进行了培训③。2018年9月26日至29日，河北省知识产权局联合世界知识产权组织在唐山举办“知识产权保护培训班”，针对北京、天津、浙江三省及部分市知识产权局有关人员讲授了电子商务领域行政执法及假冒专利行为查处等内容④。2018年12月12日，张家口市冬奥办举办了奥林匹克财产保护工作培训班，针对各区县及相关部门人员围绕奥林匹克财产保护工作的法律依据及如何开展保护工作进行详细的介绍。⑤ 2018年12月18日，张家口市市场监督管理局针对市场监管系统商标保护执法人员举办了奥

① 《全国打击侵犯知识产权和制售假冒伪劣商品工作领导小组办公室　河北省打击侵犯知识产权和制售假冒伪劣商品工作领导小组就央视3·15曝光事件召开专题督导协调会》，http://www.ipraction.gov.cn/article/xxgk/difang/difanggzdt/201903/20190300215005.shtml，最后访问时间：2019年4月20日。

② 河北省知识产权局：《河北省知识产权局组织开展专利行政执法维权工作督导检查》，http://www.ipraction.gov.cn/article/xxgk/difang/difanggzdt/201805/20180500185729.shtml，最后访问时间：2019年4月28日。

③ 《河北省2018年知识产权维权培训班在津举行》，http://jiaoyu.haiwainet.cn/n/2018/0314/c3542412-31278564.html，最后访问时间：2019年4月20日。

④ 国家知识产权局：《河北举办知识产权保护培训班》，http://www.sipo.gov.cn/pub/old/sipo2013/dtxx/1132606.htm，最后访问时间：2019年4月20日。

⑤ 《张家口市冬奥办开展奥林匹克财产保护工作培训》，http://news.dzwww.com/shehuixinwen/201812/t20181221_18205737.htm，最后访问时间：2019年5月10日。

林匹克标志保护培训班。[①] 通过举办系列培训班，不断增强执法人员综合素质，切实提高其执法办案能力。

6. 建立维权援助分中心，提升执法维权效率与水平

为进一步健全知识产权维权援助体系，近几年，河北省在石家庄、唐山、邯郸及部分市区建立了多个知识维权分中心和工作站。截至目前，河北省设立维权援助分中心、工作站 32 家，实现重点区域、重点行业全覆盖，进一步加大了知识产权保护力度，有效维护了公平有序的市场竞争环境[②]。

一系列举措的落地实施，展示了河北省在严格知识产权保护、加强行政执法的决心，为进一步推进冬奥会行政执法工作奠定了基础。

（三）知识产权纠纷解决机制现状

在当前知识产权纠纷日益增多和复杂形势下，知识产权行政保护和司法保护双轨制已不能满足当下的需求，探索多元化知识产权纠纷解决机制成为必然。早在 2015 年，石家庄市中级人民法院、市知识产权局、市版权局、市仲裁委共同签署了《知识产权纠纷司法委托调解合作协议》，在石家庄市建立了诉调对解机制[③]。具体运行机制为法院在立案前或诉讼中，征得当事人同意，委托在册的调解组织和调解员进行调解，调解成功的，经双方当事人亲自盖章生效，并可以向有管辖权的人民法院申请司法确认。调解不成功，由人民法院及时审理。2016 年 4 月，在石家庄市中院立案大厅开设了仲裁调解室，截至 2017 年 4 月，调解室受理案件 313 件，当事人同意调解的 220 件，调解成功的 42 件，调解成功率 13.4%。目前，石家庄市已在裕华区、新华区、长安区、桥西区法院

① 《张家口市举办奥林匹克标志保护知识培训》，http://hb.jjj.qq.com/a/20181219/003610.htm，最后访问时间：2019 年 5 月 10 日。

② 《五方面发力　实施四大工程　河北省知识产权强省建设加快推进》，http://hebei.hebnews.cn/2019-04/23/content_7389602.htm，最后访问时间：2019 年 5 月 10 日。

③ 《石家庄市建立知识产权纠纷诉调对接机制》，http://www.hebeicourt.gov.cn/public/detail.php?id=22763，最后访问时间：2019 年 5 月 10 日。

设立了仲裁调解室。2016 年，河北省知识产权局与河北省高级人民法院签署了《关于完善专利民事纠纷诉调对接机制合作备忘录》，标志着专利诉调对接机制的建立①。2017 年，河北省被确定为国家第四批知识产权纠纷仲裁调解试点地区②，为进一步探索知识产权仲裁调解工作提供了机会。2019 年 4 月 25 日，河北省知识产权局、河北省知识产权维权援助中心、石家庄市中级人民法院、石家庄市知识产权局共同签署了《关于建立知识产权纠纷多元化解机制合作备忘录》③，使河北省在知识产权多元化纠纷解决机制上迈进了一步。这些工作的开展将为冬奥会知识产权保护提供多元化的救济途径。

二　河北省冬奥会知识产权保护存在的问题

（一）立法方面的问题

2008 年奥运会，我国已初步形成奥林匹克知识产权保护立法体系，但存在立法层级低、法律体系内部不协调等问题，曾有学者提出要充分整合立法资源，提高立法位阶，制定一部奥林匹克知识产权法律，从而达到有效保护知识产权的目的。但是从立法实施效果来看，2008 年的法律体系有效保障了奥运会的顺利举办。权衡立法成本和立法效果，本次 2022 年冬奥会，我国依然沿用了原来的立法体系，只是在内容上进行了修订，并出台了地方性规章。但有几个问题需要注意。

① 《省知识产权局与省高级人民法院签署专利民事纠纷诉调对接合作备忘录》，http：//info. hebei. gov. cn/hbszfxxgk/329975/330009/330881/6597618/index. html，最后访问时间：2019 年 3 月 10 日。

② 石家庄仲裁委员会：《石家庄仲裁委员会积极参与知识产权纠纷仲裁调解试点工作》，http：//www. sjzzc. gov. cn/html/news/2017/0623/3347. html，最后访问时间：2019 年 3 月 10 日。

③ 石家庄仲裁委员会：《【石仲动态】我会开展知识产权宣传系列活动》，http：//www. sohu. com/a/310903774398113，最后访问时间：2019 年 4 月 26 日。

1. 法律法规内容协调和适用问题

我国奥林匹克知识产权法律体系内容繁杂，立法位阶不同，法律内容协调和适用顺序是关键。比如对于奥林匹克标志，同时受到《商标法》《特殊标志管理条例》《奥林匹克标志保护条例》的保护，当法律遇到冲突，如何适用法律是亟待解决的问题。

2. 合理使用问题

本次《条例》《规定》并未明确规定合理使用制度，虽然我国《著作权法》《商标法》《专利法》中均规定了合理使用制度，但是针对冬奥会这个特殊领域中各种新型侵权行为，难以有效判断和适用。

3. 实现知识产权保护国际化问题

鉴于冬奥会是世界性的体育赛事，具有较高的声誉和国际影响力，全方位地保护冬奥会知识产权还要寻求国际合作，而我国目前还未加入《保护奥林匹克会徽内毕罗条约》，保护水平有待与世界接轨。

（二）行政执法问题

近几年，河北省不断加大行政执法查处力度，有效打击和遏制了知识产权假冒侵权行为，营造了良好的营商环境。但是，依然存在执法主体分散、多头执法；部门间执法沟通不畅，跨部门、跨区域协作不力；执法队伍力量不足，执法人员业务水平偏低；执法程序和标准不统一；社会公众和行业参与度不够等问题。尤其是在 2022 年，利用高科技手段、网络侵权的现象将日趋复杂、严重，再加上河北省没有承办大型赛事的执法经验，都给河北省冬奥会知识产权执法问题提出了挑战。

（三）知识产权纠纷解决机制问题

从奥运会及大型赛事的纠纷解决实践来看，存在以下问题。

1. 过度依赖行政执法，未能充分发挥司法主导作用

行政保护具有主动、快捷高效、成本低等特点，在 2008 年奥运会知识产权保护中，行政执法为奥运会的顺利举办立下了汗马功劳。工商总局商标

局提供的统计数据显示：2008 年，全国工商行政管理机关共查处违法使用奥林匹克标志案件 1721 件，案值 1659 万元，罚款 727 万元；侵犯奥林匹克标志专有权案件 5858 件，案值 3484 万元，罚款 2976 万元，同时没收并销毁了一大批侵犯奥林匹克标志专用权的各类商品①。相反，寻求司法保护的案例较少，最著名的是在 2001 年，北京市高级人民法院审理的“中国奥林匹克委员会诉汕头市金味食品工业有限公司侵犯奥林匹克五环标志专用权案”中，虽然中国奥委会获得了高达 500 万元的赔偿金，但是依然没有激励权利人通过司法途径进行保护的热情。这种过度依赖行政执法的保护机制虽然能在短时间内有效遏制侵权行为，但从知识产权保护长效机制来看，还应当充分发挥司法审判的主导作用。

2. 体育赛事纠纷解决机制未引入仲裁制度

仲裁程序具有灵活、高效、专业等优点，利用仲裁程序，能快速有效解决当事人的纠纷。从国内、国外来看，仲裁程序广泛应用在知识产权纠纷解决中。英国《奥林匹克标志保护法案》已引入仲裁制度。近几年，世界知识产权组织通过仲裁制度裁决了多起涉及奥林匹克域名的案件。我国《体育法》第 32 条明确规定，在竞技体育活动中发生纠纷，由体育仲裁机构负责调解、仲裁。但在我国，北京奥运会及之后的重大体育赛事知识产权纠纷解决机制并未引入仲裁制度，不得不说是种遗憾。

3. 救济机制间的衔接度不够，相关配套机制仍需完善

行政调解、司法审判、仲裁制度各有优劣，如何充分发挥三者的优势，有效配置行政资源、司法资源、仲裁资源，实现三者的有效衔接很关键。虽然河北省也在探索诉调对接机制，但是依然存在诉调衔接机制不畅通、调解工作流程不规范、调解人员业务能力偏低、公众对诉调衔接机制缺乏正确认知、调解结案率偏低等问题。另外，关于行政调解和仲裁制度的衔接河北省目前还少有探索。武汉仲裁委与武汉市知识产权局共同成立的知识产权仲裁

---

① 郭美宏：《北京奥运期间全国查处侵权案件 5858 件》，http：//www. chinapeace. gov. cn/2016－08/10/content_ 11361826. htm，最后访问时间：2019 年 3 月 25 日。

调解中心，将知识产权行政调处与仲裁相结合的纠纷解决机制值得我们借鉴。

三　河北省冬奥会知识产权保护机制的建立

（一）完善立法内容，加强立法协调

首先，在立法协调和适用顺序问题上，相关部门应出台一个法律、法规、规章适用顺序的规定，尤其是关于行政法规与规章之间的适用顺序，以及遇到冲突时的解决方式，以便统一法律适用标准。

其次，关于合理使用问题，我们可以借鉴美国、英国立法中规定的合理使用具体情形，并综合国内外的经典案例及现实中普遍出现的奥林匹克标志的使用形式，遵循利益平衡原则，梳理出合理使用的具体情形，并出台相关规定或解释，使公众能合理预判自己行为的合法性，有效预防侵权行为的发生。

最后，随着我国国际地位的提升，创造条件尽可能加入《保护奥林匹克会徽内毕罗条约》，提高知识产权保护标准，使我国冬奥会知识产权保护与国际接轨。

（二）建立健全跨部门、跨区域的联合执法维权体系

冬奥会知识产权行政执法的具体思路是：以张家口和北京为重点，整合执法资源，加强跨部门、跨区域的协作执法；依托现代信息技术，搭建互联网信息共享平台；提高执法人员素质；健全社会主体多方参与的共治体系，及时预防、化解冬奥会知识产权侵权纠纷，严厉打击冬奥会假冒侵权行为，提高社会公众的知识产权意识和河北省的法治环境，助力冬奥会的顺利举办。

1. 建立跨部门、跨区域的三级联合执法组织机构，完善联合执法体系

建立以市场监督管理部门为牵头单位，知识产权局、版权局、公安局、

海关、法院共同参与的知识产权联合执法机构，明确各部门职责和协调机制，建立健全互联网信息共享机制，强化部门沟通，形成执法合力，提高执法效率。同时，充分依托“一局三地”合作会商机制，发挥其在严格知识产权保护、协同知识产权运用、共享知识产权服务资源等方面的优势，利用现代信息技术，建立健全信息共享机制，加强各部门在立案协作、案件协办、调查取证、案件移送等方面的执法协作。充分利用在河北省设立的中国知识产权执法华北调度中心，统筹调度华北地区知识产权跨区域侵权案件的执法协作，快速调处京津冀冬奥会知识产权重大案件。另外，根据河北省实际，设立省、市、县三级联合执法体系，统一执法标准，提高执法水平。

2. 组建一支素质过硬的联合执法维权队伍

从市场监督管理部门、版权局、海关、检察院、体育局等相关执法部门抽调执法人员组成专业的执法团队，明确工作职责和执法细则。同时对一线执法人员展开培训，重点加强对冬奥会知识产权法律法规的理解、适用、执法维权流程、执法标准及技巧的培训，提高执法效率和水平。

3. 建立健全社会主体多方参与的共治体系

（1）电商平台

2018 年，《电子商务法》的出台为解决电子商务领域知识产权网络侵权提供了法律依据，同时也为解决冬奥会知识产权网络侵权提供了立法上的准备。本法规定：电子商务平台经营者应当建立知识产权保护规则，依法保护知识产权。本规定明确了电商平台知识产权保护的义务和责任，有效激发电商平台保护知识产权的积极性。因此，行政执法部门应加强与淘宝、京东等电商平台的合作，充分利用大数据和信息网络技术，及时发现、屏蔽、禁售、下架、处理假冒侵权商品，有效遏制冬奥会知识产权网络侵权行为。如阿里巴巴在 2017 年知识产权保护年度报告中明确提出，为提升行政执法部门办案效率，开发了协查系统，搭建了政企数据协同平台，依法快速处理侵权假冒行为。

（2）赞助商及其同行业竞争者

在冬奥会知识产权假冒侵权案件中，真正的利益受害方为冬奥会的赞助商、产品供应商等，他们有保护知识产权的内在需求。因此，与冬奥会赞助商以及其行业竞争者展开合作，充分发挥其在发现线索、提供证据、协助办案的积极性，严厉打击冬奥会侵权假冒行为，维护其合法权益。

（3）行业协会或知识产权协会

加强与行业协会、知识产权协会、律师协会等的合作，通过建立双向沟通机制，及时就冬奥会知识产权的政策法规、预警防范、线索提供、法律咨询与服务、执法维权等方面的交流，为行政执法维权提供智力支持，也加强了行业自律，共同防范和打击冬奥会知识产权假冒侵权及违法行为。

（4）社会公众和媒体

执法部门要畅通侵权举报投诉渠道，通过增设举报邮箱、电子信箱、热线电话、举报传真、微信举报等方式，丰富群众监督渠道，方便公众投诉举报。河北省知识产权维权援助中心建立健全维权援助机制，加强与媒体的合作，在当地主要媒体和中心的门户网站上公告知识产权维权援助和举报投诉公益电话12330，积极开展冬奥会期间跨区域的举报投诉、法律援助等工作，切实做好冬奥会知识产权保护工作。同时充分发挥媒体的宣传教育及舆论引导功能，及时有效地预防和处理知识产权侵权纠纷。

4. 坚持日常执法和专项执法相结合的二元执法模式

冬奥会申办成功至冬奥会结束，是行政执法的关键时点，坚持日常执法和专项执法相结合的方式，既能保持执法的常态化、可持续性，也能体现执法的威慑力。在执法过程中，第一，认真贯彻落实行政执法公示制度、执法过程记录制度、重大执法决定法制审核制度，促进行政执法公开透明，合法合规，保障权利人的合法利益①。第二，要加大对重点时段、区域、环节、商品的整治力度；第三，加大对反复侵权、恶意侵权、群体侵权等重大案件的曝光和打击力度；第四，线上、线下协同治理，加大线下源头追溯和打击

① 国务院办公厅：《国务院办公厅关于印发〈推行行政执法公示制度执法全过程记录制度重大执法决定法制审核制度试点工作方案〉的通知》，http：//www. gov. cn/zhengce/content/2017 -02/10/content_ 5167071. htm. 2017 -02 -10/2019 -3 -25，最后访问时间：2019 年 3 月 25 日。

力度；第五，坚持利益平衡原则，兼顾公众参与冬奥会的热情；第六，建立突发事件预警机制，及时、妥善处理知识产权突发事件。

冬奥会倒计时一周年及举办期间，是侵权的高发期，也是开展专项整治行动的最佳时期。加强对河北（张家口）、北京等地周边城市及火炬途经城市、旅游城市的比赛场所、比赛周边区域、娱乐场所、商场、小商品市场、特产店、车站、码头、风景旅游区等的监控和整治；开展对纪念币、纪念章、玩具、体育用品、运动服饰、文具等为消费者喜爱且易产生奥林匹克标志侵权行为的旺销商品的监管。加强对互联网、电商平台、网络媒体、广告宣传企业的监管和整治，及时查处侵权假冒行为。

（三）构建多元化纠纷快速解决机制

1. 建议将企业、个人的举报投诉处理、行政处罚、违法行为等情况纳入企业、个人诚信体系中，以有效预防和快速解决纠纷

根据《征信业管理条例》的规定，从政府部门或法院采集个人、企业的举报投诉处理、行政处罚、违法行为等情况作为个人、企业的不良记录计入其信用档案，从而使个人、企业的生产经营活动、申报项目认证等受到限制，提高其违法成本。同时，相关部门可以参照《征信业管理条例》的规定，根据企业、个人的实际情况，明确企业、个人不良信息的保存期限。企业、个人为了尽快消除不良记录，解除各种限制，往往会更加配合以提高纠纷解决效率。

2. 完善诉调衔接机制

诉调衔接机制的建立能充分发挥行政调解、仲裁调解、人民调解和司法审判的优势，具有成本低、效率高的特点。冬奥会知识产权案件具有专业性、复杂性特点，仍需进一步探索，通过不断提高调解人员的调解能力、完善诉调衔接机制、规范调解工作流程、宣传诉调衔接机制等措施，以快速有效解决冬奥会的知识产权侵权纠纷。

3. 行政调解中引入仲裁制度

借鉴武汉市知识产权仲裁调解中心纠纷解决机制，建议在行政调解程序

中引入仲裁制度，以实现行政资源和仲裁资源的合理配置。具体运行机制如下，即在行政调解中，如果调解成功，当事人签字盖章生效，并请求法院予以司法确认。如果行政调解不成功，行政人员应引导当事人达成仲裁协议，从而启动仲裁程序快速解决纠纷。通过这种机制，既能解决行政调解没有强制力的问题，又能充分利用仲裁专业、快捷、灵活的优势。

4. 建立知识产权快速法庭

为提高司法解决纠纷的效率，笔者认为应在河北张家口、北京等地开辟绿色通道，设立多个快速法庭，充分利用知识产权案件审判“三合一”的优势，专门处理冬奥会筹办和举办期间的知识产权侵权假冒及合同纠纷。通过依法加快案件立案、送达、保全、证据交换、审理、法律文书撰写等环节，公正、快速解决纠纷，将当事人的损失降到最低。对于标的额小、简单的民事案件，可以通过基层法院的简易程序快速审理案件。

综上所述，加强冬奥会知识产权保护，必须构建立法、行政执法、司法裁判、调解仲裁、维权援助、社会诚信、宣传教育相互促进的保护机制。河北省应以冬奥会为契机，促进各要素协同发展，逐步形成协调、顺畅、高效的知识产权大保护格局，促进河北省知识产权事业的快速发展。

B.8 《河北省长城保护办法》实施中的主要问题及对策建议

刘 勇*

摘 要： 《河北省长城保护办法》为河北省长城保护工作提供了进一步的法律依据，发挥了积极的法制保障作用，但在实施过程中也存在部分长城段管理缺位、长城保护“五纳入”要求尚未全面落实等问题。为此，应完善长城保护补偿机制，完善公众参与机制，强化文物管理部门的管理职能，将行政执法日常化、科学化，使法律责任承担方式多样化。

关键词：《河北省长城保护办法》 长城保护法制 对策建议

长城是世界文化遗产，是中华民族自强不屈、珍爱和平的文化力量和精神象征，在全世界炎黄子孙心目中享有崇高地位。河北是我国长城资源最为丰富的省份。新中国成立以来，河北省委、省政府高度重视长城保护工作，在加强长城保护法制建设、落实属地责任等方面做了大量积极有效的工作。

一 《河北省长城保护办法》实施中的主要问题

为了加强对长城的保护，规范长城的利用行为，针对长城保护中的突出

* 刘勇，河北省社会科学院法学研究所科研人员，法学博士，研究方向为文化遗产法、民商法。

问题，河北于2016年正式颁布《河北省长城保护办法》。《河北省长城保护办法》的颁布是河北长城保护法制管理进程的重要一步，为河北省长城保护工作提供了进一步的法律依据，发挥了积极的法制保障作用，但在实施过程中也存在或新出现了一些问题。这些问题的出现，可以说绝大多数与人的行为相关，而这些行为的实施者既包括肩负文物保护职责的管理人员，如文物部门、其他相关部门、长城保护机构工作人员、长城保护员等，也包括管理人员以外的企业、居民、游客等。

（一）文物管理人员

目前，长城保护工作中管理人员方面存在的主要问题包括以下方面。

1. 有些文物管理部门在发挥文物社会效益的同时，忽视了文物的经济效益

随着文物保护理念的不断更新，人们对文物保护与利用的关系逐步加深，民众对文物价值消费的需求也日益增长。在这一背景下，到底应当如何协调文物保护与利用的关系，成为摆在文物部门面前的紧迫问题。受传统观念影响以及对过度利用的担心，部分文物管理部门仍局限于传统文物保护工作，忽略或不知道如何实现文物的经济效益。

2. 基层文物部门对其他部门和单位开发使用长城行为的监管能力较弱

一般来说，如果当地政府将长城移交给其他有关的部门、单位开发使用，当地基层文物部门的保护职责和执法权力也将相应移交或受到限制，导致文物部门无法对长城实施有效监督管理，容易造成已开发的长城景区独立于文物部门管理之外的情形。

3. 部分长城段管理缺位

这种管理缺位，既反映在有些长城段没有管理机构方面，也反映在基层管理人员缺乏方面。在河北全省268处长城区段中，共有4处设专门保护管理机构（滦平县金山岭长城、山海关区天下第一关、老龙头、角山长城），约占总长城区段数的1%；38处无专门机构但有专职人员管理（保护人员共118人），约占总数的14%；设立群众长城保护员的共148处（共737人，平均年龄45岁），约占总数的55%；长城区段的群众长城保护员受过

培训的有98处（包括已设立专职人员又设立保护员的24处），约占总数的37%，已培训过的群众长城保护员共200人；对群众长城保护员采取开会、奖惩等办法进行管理的有91处，约占总数的34%；群众长城保护员经费已得到落实的有47处，约占总数的18%。其中报酬由当地政府财政补贴的共43处，其他途径筹集的有4处；无长城保护管理机构也未设专职人员、长城保护员的共102处，约占总数的38%。对于基层文物部门来说，其承担了相当繁重和基础性的文物保护工作，但同时又面临经费少、人员紧张、权力极为有限等问题，因此，长城的日常保养、巡查、监测、执法工作难以实现理想效果，长城安全保护员管理虚化等情况在基层文物部门已是突出问题。

4. 行政执法存在主体不明、执法行为非常态化、“以罚代管”等问题

行政执法主体不明表现在：虽然《河北省长城保护办法》第二十三条至第二十五条明确了法律责任，但并非所有文物行政部门均有执法力量。执法行为非常态化则表现在日常行政执法较难开展，突击行动较为常见。“以罚代管”则表现为行政执法的惩罚措施主要为罚款，其他行政措施则较少施行。

5. 长城保护员制度实施仍存在问题

长城保护员制度目前存在如下问题：一是长城保护机构不健全，对长城保护员缺乏有效管理；二是保护员报酬较低、没有吸引力；三是一部分长城仍存在没有长城管理员的情况。

（二）地方政府、其他相关部门

根据《长城保护条例》和《河北省长城保护办法》的规定，地方政府在长城保护管理中承担了“五纳入”、协调部门间在文物保护方面的职能等具体职责。与此同时，作为地方经济、社会发展政策的具体制定者和实施者，地方政府又必须根据中央经济与社会发展总体规划、城市发展规划、土地规划等完成一系列指标要求；此外，就各种政府部门来讲，其管理职能分工不同，欲实现的管理效能也不同。例如，文物部门的主要管理职责在于文

物管理，但土地部门则可能在于土地的综合利用控制。这种分工上的不同，对河北省长城保护或管理而言，也会造成如下一些问题。

1. 长城保护“五纳入”要求尚未全面落实

目前，河北部分地方政府尚未将长城保护纳入本级政府国民经济和社会发展规划、城乡规划、体制改革、领导责任制，或未将长城抢救保护所需经费列入本级政府财政预算，使得长城保护经费和执行力缺乏保障。

2. 个别基层政府违法破坏长城现象还存在

这表现在一些长城沿线的旅游、交通、通信、建设等相关部门，缺乏对长城保护重要性的认识，以致在实施旅游、交通、通信设施建设或者其他建设工程活动中，发生长城给其他建设工程让位的现象或者破坏长城的行为。

3. 存在不同程度的过度商业化问题

这一问题有三种表现形式：一是旅游管理部门的长城和公司化经营开发完全以盈利为目的，“有效保护、合理利用、加强管理”中“合理利用”的界限无法明确；二是旅游竞争各自为战或相互雷同，使长城历史文化资源的可持续性受到挑战；三是个别地段长城未处理好企业和部门之间的管理职责和分工，存在将长城由企业经营或者与企业、个人联合经营的现象。

（三）企业

在长城资源利用中，各种形式的旅游企业有可能由于不合理开发对长城造成破坏。目前，作为旅游开发客体，长城资源利用一般有两种形式：一是以长城为主体，将长城作为主要或单独景区；二是长城作为其他景区的一部分。在这两种开发利用形式中，都存在着开发者追求短期经济利益，为发展旅游需要对长城进行超限度、超负荷、破坏性开发，以致破坏长城本体和环境风貌的问题。主要表现在：一是有的长城旅游景区为建设旅游通道将长城本体或辅助设施拆除、建设对长城有破坏性的旅游设施，或开展对长城有破坏性的长城旅游项目；二是旅游开发不依法履行审批程序，或不经具有古建筑设计、施工资质的单位进行设计、施工，违法复原长城，破坏长城本体；三是不实施限流管理，导致旅游人数过多，长城不堪重负。一些不是以长城旅游资源开发为目的的企业，如房地产开发和其他建设工程类企业，也可能在其建设过程中对长城造成破坏。就这一行为而言，虽然政府监管不力是重要原因，但企业本身长城保护意识的缺乏或其逐利心理也会导致长城保护让位于建设工程的情况出现。

（四）长城附近居民

近年来，文物保护与民生关系的研究日渐受到关注。长城附近居民与长城的互动关系，甚至其对长城保护的态度，都对长城管理直接产生影响。在这一方面，存在的问题主要有以下几种。

1. 保存状况好的长城周边被大规模开发，造成环境风貌破坏

近年来，在保存状况好的长城区段周边，以发展经济为前提的开发项目越来越多；通过合作开发的形式，利用长城资源开辟出一些新的旅游景点或度假村的做法也越来越普遍。在一些地方，为了解决当地农民脱贫的问题，政府给当地农民分派摊位并允许其叫卖，使得长城的文化、历史、艺术价值展示大打折扣。

2. 攀爬野长城或擅自举办活动，对长城本体造成破坏

近年来，因攀爬野长城而导致受伤甚至更严重后果的报道时有见诸媒体。为招徕游客，一些当地村民在未开发或无保护措施的野长城上搭梯、开路，造成极大安全隐患。由于没有有效管理设施或措施，还出现部分游客擅自在长城墙上挖洞、栽杆、支帐篷、扔生活垃圾的情况，不仅破坏长城周边环境，而且因为搭帐篷在城墙上留下洞穴，使雨水直接灌入城墙体内，进而对长城本体造成损坏。

3. 长城建筑材料流失严重，建筑材料流失现象也不容忽视

目前，长城沿线农民、企事业单位在长城上建房种地、掏挖窑洞、取土烧砖等情况比较突出，一些具有文物价值、带年款的长城砖流失别处，长城

建筑材料和附属文物流失严重。

4. 长城保护与居民生活改善关系处理存在问题

文物保护与居民生活改善关系的处理之间的问题不止在长城保护上存在，所有不可移动文物保护几乎均面临这一问题。长城许多重要关口、城墙毗邻当地生活生产区域。根据《长城保护条例》和《河北省长城保护办法》的规定，许多建设工程必须绕道或无法获批。此外，对位于长城保护范围或建设控制地带范围内的居民来说，其用水、盖房、耕种等行为均受到限制，这些都使得居民生活改善受到影响。

（五）游客

对长城管理而言，一方面公开展示是文物保护应有之义，有利于其文物价值的实现，游客游览中支付的门票及由此带来的其他收入也能弥补长城保护经费的不足；另一方面，游客管理上存在的问题，也成为长城保护中的突出问题。一些游客在长城旅游过程中的行为，也给长城造成了不同程度的破坏。常见的如将旅游产生的生活垃圾留在长城上，在长城砖上乱画、乱刻，甚至有一些游客将长城砖带走作为旅游纪念等。

二　《河北省长城保护办法》实施存在的问题原因分析

（一）长城复杂的保护管理状况

河北省境内的长城总长 1338.63 千米，长城墙体共 1153 段，包括单体建筑 5388 座、关堡 302 座、相关遗存 156 处。从分布状况来看，长城多分布在自然条件较为恶劣的地区，多为土木或砖石结构，自然侵蚀，尤其是地震、泥石流、洪水等突发自然灾害极易对脆弱的长城本体造成直接破坏；此外，长城多位于远离中心城镇的崇山峻岭、戈壁荒漠之间，工程实施不便，增加了保护难度。不仅如此，历代长城点多、线长、面广，许多重要关口、城墙与当地生活生产区域紧密相连，其保护和管理的难度、复杂程度不言而喻。

依据《长城保护条例》和《河北省长城保护办法》，长城管理归属长城所在地域的地方人民政府负责，区县一级文物保护管理机构代表地方政府行使管理长城的职能。但是，实际情况却比法律条文规定复杂许多。主要表现在如下几个方面：一是不少长城区段跨越行政区域，这就往往会发生权属不明、责任不明等问题。例如，2006年曾经发生河北与北京争夺金山岭长城三眼楼至五眼楼段管辖权的事件。又如，河北省在编制长城保护区划过程中，涉及大段京冀交界处的墙体，但因为没有有效的沟通渠道，造成长城墙体两侧的保护区划不对等、不匹配、不协调等现象。如何划分这些长城区段的管理权限？如何避免出现交叉管理或管理盲区的情况？目前均没有制度性的规定来解决。二是不同长城区段的旅游观赏性不同、资源禀赋也不一，导致有的长城区段多部门交叉管理或过度开发，有的长城区段则管理缺位、完全无人问津。三是长城分布范围广，不少长城处于较为偏僻的荒野，交通不便，对其进行监管效率较低，单靠区县级文物管理机构难以实现有效管理等等。

（二）公共利益和私人利益的冲突

公共利益与私人利益的冲突，是包括长城在内的文物保护亟待解决的关键问题之一，也是《河北省长城保护办法》实施中无法回避的方面。前述提到的许多矛盾，如企业过度开发对长城本体及环境造成的破坏，长城附近居民无序利用长城，拆砖、取土以及不满由于长城保护而受到的种种建设限制等，其实都可以归结到这一冲突类型。对企业来说，追求利益最大化为其目标，文物保护并不是其主要考虑因素，或者并非其所长。如果不对这种开发进行规制，则片面追求短期经济利益而忽略长久利益的情况就很难避免；而对长城居民来说，由于长城保护导致其建设行为所受到的各种限制，其实是对其私人利益的侵蚀；如果这种侵蚀没有得到合理补偿，就容易引发冲突。另外一种情况是，由于不同地区对文物保护认识水平存在差异、文物保护宣传力度或效果不一、调查研究程度不同等，当地居民对长城保护作为公共利益的认知尚不足或对其进行主动保护的动机不足，也导致其在日常行为中倾向于选择私人利益。

（三）不同公共利益之间的冲突

不同公共利益之间的冲突，主要表现为不同政府管理部门在管理职能交叉或管理对象重合情况下，由于管理目标不同而产生的冲突。就长城来说，文物、旅游、规划、土地、公安、林业等部门均可能对其承担管理职能。这些管理职能的合法性依据均为其所代表的公共利益。如根据相关法律，旅游部门主要工作目标为“保障旅游者和旅游经营者的合法权益，规范旅游市场秩序，保护和合理利用旅游资源，促进旅游业持续健康发展”①，规划部门主要工作目标为“加强城乡规划管理，协调城乡空间布局，改善人居环境，集约高效合理利用城乡土地，促进城乡经济社会全面科学协调可持续发展”②，土地部门主要工作目标是“加强土地管理，维护土地的社会主义公有制，保护、开发土地资源，合理利用土地，切实保护耕地，促进社会经济的可持续发展”③，等等。

虽然理想的状况是各管理部门之间分工明确、各行其是，但实际执行过程却并非如此。以长城河北段为例，为保障文物本体有不少于100米的安全距离，必须对建设用地边界进行调整。这一要求的实现，需要与规划、土地部门进行沟通。此外，不少长城段保护范围或建设控制地带内土地为基本农田。在我国耕地总量控制的土地政策背景下，要限制基本农田范围内的农业活动，不仅涉及与农林、土地部门的沟通、协调问题，如果基于长城保护需要必须征用基本农田，还需报国务院批准，需协调转换其他农田为基本农田，程序烦琐又较难获批。

（四）实际管理能力和水平参差不齐

繁重的长城基础研究工作需求与实际管理能力和水平之间的差异，也是造成长城管理工作不尽如人意的原因。作为线性文化遗产，长城具有非常丰

---

① 《旅游法》第1条。

② 《城乡规划法》第1条。

③ 《土地管理法》第1条。

富的政治、经济和文化背景，承载了极其庞大的历史信息，而这些信息的搜集和整理，往往需要耗费巨大的人力、物力。以长城北京段为例，虽然耗费了五年时间，也仅仅完成了以田野调查为基础的明长城长度测量工作，文物建筑的测绘工作还远没有结束；河北境内的部分长城墙体、烽火台和明代城堡都没有测绘图，一旦损毁，很难按原貌进行修复。而战国、秦、汉、北魏、北齐、唐、金等时期的古长城资料更加欠缺，个别段落甚至存在较大争议。

与之相对的则是文物部门或管理机构实际管理能力和水平的参差不齐。多数长城分布在山地、河谷、荒漠、草原等地质条件较为严酷、不适宜人居的地区，日常管理耗时、耗力；此外，河北境内明长城行经秦皇岛、唐山、承德、张家口、保定、石家庄、邢台、邯郸等8市40个县，不少为各级贫困县，部分县没有设立专门的文物行政部门，其文物管理职能或与其他职能合并，或人员和经费极少，根本无法满足长城日常管理、巡查需要。

（五）日常巡查人员、经费保障制度仍有不足

虽然河北对长城保护日益重视，保护经费也不断增加，但仍然无法完全满足保护管理需要。对于长城而言，日常巡查的重要性不言而喻，但用于日常巡查的经费或人员则十分有限。以长城保护员制度发源地河北省秦皇岛市抚宁区为例。其现有20余名长城保护员，人均管辖长城的范围约为6公里，补贴标准为100元/人·月。又如，张家口市文物局成立了长城保护专门机构——长城管理处，负责对市区内的各段长城进行定期巡查和监管保护。但是，长城管理处一共只有3名在编人员，其中1位为会计，实际只有2名人员负责整个张家口市1800多公里长城的普查工作①。这种情况在许多文物基层管理部门普遍存在，甚至情况更为严峻。这种状况的存在，一方面与长城体量巨大，保护经费和人员需求量大有关；另一方面则来自经费投入方向的不均衡。

---

① 王珏、娄梦玲：《长城保护既缺人又缺钱　如何破解长城保护困局?》，《人民日报》2015年10月22日，第017版。

（六）行政执法中许多问题未明确，影响了《河北省长城保护办法》实施效果

一是主体不明和执法行为非常态化导致长城行政执法可持续性不强。从实际执行情况来看，长城保护行政执法比较常见的几种方式包括由国家文物局直接督查、地方政府办理，由有行政执法权的地方文物部门直接办理或地方文化综合行政执法机构办理、地方政府组织相关行政部门组成执法小组，等等。也就是说，并非所有的文物行政部门均有行政执法权，而是取决于各地是否设置了相应执法机构。执法主体的不明确，使得执法行为存在突击性、阶段性、不可持续性等问题，从而影响了长城保护效果。二是“以罚代管”影响长城行政执法效果。实践中“以罚代管”的情况较为普遍。与数量有限的罚款相比，不少法人违法行为人从中获取数倍于罚款的利益。这就使得“以罚代管”实际上沦为一种事后惩罚措施，不仅威慑力有限，也很难从根本上阻止建设性破坏行为，已经对长城造成的破坏已无法或较难修复，长城保护的目的也就无法完全实现。而这一问题的产生原因则较为复杂，涉及执法主体行政权限或能力有限、各方利益协调存在难度、建设工程审批未充分考虑长城保护需求等等。

三　修订和完善《河北省长城保护办法》的建议

修订和完善《河北省长城保护办法》应当坚持科学的立法程序：一是立法程序的民主化，二是立法程序的公开化。要围绕服务社会、惠及民生、共建共享的需要，体现长城保护在公共文化服务和经济社会发展中的积极作用。要深入调研、科学论证，充分听取长城保护工作一线和立法机构、政府部门、科研院所、高等院校、专家学者、开发企业和社区居民的意见建议，广泛调动社会各界的热情，积极吸收全社会的智慧。不断凝聚并达成《河北省长城保护办法》修订共识，首先是文物系统内部的立法共识，其次是

文物部门与相关部门的立法共识，最后是社会各方面的立法共识，加强《河北省长城保护办法》修订的正面宣传。

修订工作要把握好四大原则：一是超前性与操作性，既要心系未来，又要着眼当下；二是时代性与地域性，既要把脉潮流，又要适应本土；三是理论性与实践性，既要符合法理规矩，又要源自生动现实；四是科学性与便捷性，既要科学规范有效，又要通俗易懂易用。

（一）完善长城保护补偿机制

“只有把近期利益和长远利益很好地结合起来，才能长久地调动社会各方面保护长城的积极性。”① 因此，一方面，应改良长城保护经费用途制度。区分不同长城段的具体保护、保存状况，可将长城保护经费用于保护工程、日常维护、管理（如长城保护员、基层管理人员设置）等等；对于一些附着于非国有土地上的长城区段，如果其遭受人为破坏较为严重，确实有必要通过土地政策对其进行保护，则可考虑由国家征收或征用部分土地，具体补偿办法应参考地方公益用地征收补偿标准；另外，对于因长城保护而使长城附近居民土地使用受到限制的情况，也应考虑给予相应补偿。

（二）完善公众参与机制

一是继续完善长城保护员制度。调动更广泛的社会力量、动员长城沿线来保护长城，提高全社会长城保护意识是实现长城保护的有效手段。长城保护员制度作为成功实践，应当进一步完善并推广。文物保护员经费保障是管理中存在的突出问题，对该问题应予考虑。二是完善长城保护多方参与机制。在长城保护管理中，应更多重视公众功能。首先，可以从目前已有的长城研究力量、学会或专家中选拔人员组成河北省长城管理规划委员会，其功能为对长城规划、管理、执法等进行研究、提出咨询意见或建

① 董耀会：《长城保护管理法规制定与执行问题的研究》，《中国青山关长城学术研讨会论文集》，2004。

议。其次，在长城各种管理、保护规划或管理措施的制定中逐步引入公众参与机制。

（三）强化文物管理部门的管理职能

长城保护中出现的执法问题，仍然可以从管理机构和人员角度来解决。首先，进一步明确各级政府保护长城的职责。河北省长城沿线的区、县人民政府、乡镇政府及村委会，均为长城保护的责任单位。应对地方政府职能进行强调，并设置追责机制，以改变单纯依靠文物部门保护长城的被动局面。其次，强化文物部门的管理职能，尤其要提高文物部门对长城保护的监控权力。在这一问题上，可以从以下几方面着手。第一，应尽快推动河北省长城保护规划和河北省长城沿线各市长城保护规划的制定。在规划制定过程中，提前协调长城保护与土地利用、城市建设等的关系，保证规划的合理性、科学性、可执行性。第二，明确文物管理部门在长城相关问题上的优先顺位。第三，加强文物管理部门的行政执法权限。第四，明确长城管理使用单位的责任和权力。这一措施主要针对的是少数长城管理使用单位对长城段任意处置的行为。第五，加强社区参与遗产保护意识的培养。文物管理部门应积极推动社区参与遗产保护意识的养成，主动将遗产保护与社区发展结合起来，并采取措施鼓励当地居民参与遗产保护，培养遗产地居民的认同感和主权感。

（四）应将行政执法日常化

行政执法日常化的前提是违法行为能够及时得到发现，并有足够的人力、物力对其进行执法。因此，长城保护中违法行为的日常巡查和报告制度十分关键。这一点可与长城保护员等制度结合，建立长城保护员与文物主管部门的有效对接。

（五）应科学执法，使法律责任承担方式多样化

“以罚代管”现象不仅存在于长城保护在内的文物保护工作中，而且存

在于其他许多公益事业保护中。所以，使执法行为真正达到其欲实现的目标也是应有之义。基于此，《河北省长城保护办法》中还应进一步明确长城保护中违法行为的民事责任、刑事责任的内容；至于吊销施工许可或资质、资格证书，由于文物管理部门不一定有相应行政权限，应规定相应行政管理部门制定配合文物部门的行政处罚措施，并督促该措施的执行。

B.9

河北省法治建设先进典型培树评选与宣传推介做法研究报告

周保刚　冯　波*

摘　要：　近年来，河北省高度重视法治建设先进典型培树评选和宣传推介工作，省委省政府领导作出重要批示，省委政法委以省委法治河北建设领导小组办公室名义印发通知，组织全省开展了基层法治建设先进典型培树工作。省委政法委等部门通过多个特色载体进行宣传推介，充分发挥了先进典型的示范带动作用。如协调河北法制报开展“法治河北建设基层行”专题采访报道，推出了一批基层先进典型；已举办五届的“法治三个十”评选宣传活动和已举办三届的“最美政法干警”推选展示活动，宣传推介了一批批法治建设优秀人物、典型事件、重大成果，已经成为河北推进全面依法治省、建设法治河北的特色载体；从2016年起就重点培树的“塔元庄之治”等基层法治建设、平安建设亮点，为形成“枫桥经验”“河北版”与形成“南枫桥北塔元”亮点模式作出了积极努力。这些重点培树工作、专题采访报道活动和特色宣传载体，与常规性的法治宣传方式一起，较好地总结推介了河北全面依法治省各个领域的亮点，共同推进了全省社会治理法治化。

关键词：　法治建设　先进典型　培树宣传　河北省

* 周保刚，中共河北省委政法委法治处（省司改办）处长，河北省法学会常务理事、学术委员会委员，河北省立法学研究会副会长；冯波，中共河北省委政法委舆情工作指导处副处长。

党的十八大以来，河北省各级各部门坚持以习近平新时代中国特色社会主义思想为指导，在深入推进全面依法治国基本方略落地落实等方面做出了积极探索。河北省委、省委政法委和原设在省委政法委的省委法治河北建设领导小组办公室[①]等部门，高度重视法治建设先进典型培树评选与宣传推介工作，通过改革创新、密切协作、有力推动、广泛宣传，充分发挥了法治建设先进典型的示范带动作用。一系列培树推进和宣传推介举措，深度发掘了一批又一批深化法治建设实践、推动法治建设进程的优秀人物、经验做法和特色亮点，有效传播了法治建设“正能量”，在全社会营造了良好的法治氛围。

一 法治建设先进典型培树工作的推动情况

党的十八大以来，河北省委和省政府高度重视法治建设工作、法治创建活动，省委政法委等有关部门围绕贯彻落实党中央和省委法治建设决策部署，培树宣传了一批又一批深入推进全面依法治省工作中的先进典型。

1. 省委省政府主要领导和分管领导高度重视法治建设先进典型培树与发挥其示范带动作用

省委省政府主要领导指出推进法治建设的重要路径。2018 年 2 月，河北省委书记、省人大常委会主任、省委法治河北建设领导小组组长王东峰同志对 2017 年法治河北建设取得的显著成效给予充分肯定，就深入培树法治建设先进典型作出重要批示，要求研究选树一些基层先进典型，发挥示范带动作用，努力在全社会形成学法、尊法、守法和依法办事的良好社会氛围。省委副书记、省长、省委法治河北建设领导小组副组长许勤要求认真贯彻落实东峰书记批示精神，切实做好法治建设先进典型培树宣传。

省委省政府有关领导作出培树宣传先进典型的重要批示。省委常委、政

① 2015 年 10 月，省委政法委承接省委法治河北建设领导小组办公室运转职能，并由法治建设协调处具体负责。2018 年底全省党政机构改革，省委法治河北建设领导小组改为省委全面依法治省委员会，办公室调整设在省司法厅。

法委书记、省委法治河北建设领导小组副组长兼办公室主任董仚生，副省长、省政府法制办[1]主任时清霜，就落实好东峰书记、许勤省长重要批示分别作出批示指示，要求有关部门结合法治建设总体工作、法治政府工作要点等，抓好培树典型决策部署的贯彻落实。董仚生同志对法治建设先进典型宣传活动高度重视，对重大典型评选宣传活动多次作出重要批示，给予强有力的支持。

2. 省委政法委（省委法治办）就先进典型培树迅速作出全面部署

接到省领导就基层先进典型培树做出的重要批示后，省委政法委以省委法治河北建设领导小组办公室名义印发了《关于贯彻落实省委省政府领导重要批示精神做好选树法治建设先进典型工作的通知》（冀法治办〔2018〕4 号，以下简称《通知》），迅速传达贯彻省领导重要批示精神，就全省选树法治建设先进典型工作出台了六个方面的推进措施。

要求摆在重要位置。《通知》指出，省委、省政府主要领导对 2017 年度法治建设工作给予高度评价，增强了广大法治干部和社会各界的信心；省领导关于法治建设先进典型培树工作的指示，指出了一条深化依法治省实践的好路子，明确了相关任务的主责单位。《通知》要求，全省各地各部门要结合学习领会习近平新时代中国特色社会主义思想和贯彻落实党的十九大精神，结合协调推进“四个全面”战略布局，认真学习贯彻省领导重要批示，进一步提高推进全面依法治省、建设法治河北的思想认识，高度重视切实抓好选树法治建设先进典型工作，深入推进法治河北建设各项工作。

要求作为重点研究。《通知》要求，各市、县（市、区）党委法治建设领导小组组织有关部门，对照省领导批示精神，对照省委法治办、省法宣办联合印发《关于在全省深入开展法治市、县（市、区）创建活动的方案》（冀法治办〔2016〕5 号）提出的指导思想、基本原则和工作目标，对本地法治创建活动情况进行一次专题研究，全面掌握本地区活动部署开展、法治环境改善、先进典型选树等方面情况，特别是基层法治创建活动开展、先进

[1] 2018 年底河北省党政机构改革，不再保留省政府法制办公室，其有关职责整合移交重组建的省司法厅。

典型作用发挥情况，研究提出提升工作水平的主体思路和重要举措，切实履行推进法治建设组织者、推动者、实践者职责。要求省直各有关部门，结合本部门职能，全面部署所辖系统的法治创建活动，研究做好对下指导工作。要求省委法治建设各专项小组及其办公室，有力指导市县推进法治建设工作、开展法治创建活动，全面加快法治河北建设进程。

就切实加大工作力度提出明确要求。《通知》指出，要在通过“法治三个十”评选宣传、“民主法治示范村”评选授牌等方式选树法治建设先进典型基础上，更加重视先进典型的作用，以更加有力的举措做好选树宣传工作：一是加强日常选树工作，努力推出更多的法治典型；二是深化“法治三个十”评选宣传，推进法治典型品牌化；三是结合“七五”普法和法治宣传先进评选，推进法治创建活动深入开展；四是结合各系统涉及法治工作的先进、优秀、模范单位（个人）评比表彰，把最具代表性的典型推向全国；五是结合本地本系统年度考核、绩效考核、目标考核、责任制考核，评定较高等级，衔接给予相关待遇；六是利用多种载体和各种媒体宣传典型事迹，推广先进经验，充分发挥他们的示范带动作用。

对有序推进选树基层法治先进典型有关工作提出保障措施。包括把选树基层法治先进典型摆上工作日程，以县区工作部门和直属单位、乡镇（街道）、村庄（社区）、厂矿、医院、学校等基层单位为重点上报一批省级基层法治先进典型选树对象，研究确定一批市级、县（区）级基层法治先进典型选树对象，选树对象的上级部门做好创建指导工作，被列为推荐对象的领导班子要将这个工作作为重点工作并全面加强争创工作，通过召开现场会、交流会、研讨会等方式及时总结交流选树工作经验，有力推动先进典型培树工作等。同时指出，选树基层法治先进典型要尊重法治规律，坚持因地制宜，不搞“大呼隆”“一刀切”。要坚决杜绝形式主义、官僚主义和不正之风，真正把那些富含法治要素、具有河北特色、充满正能量的先进典型选树起来。

对做好 2018 年度选树对象筛选工作提出明确意见。《通知》要求，在此前做出的正定县北早现乡和塔元庄村、秦皇岛市北戴河区和北戴河车站村、保定市莲池区西高庄村等基层法治先进典型选树工作基础上，根据各设区市所辖县区多少及前期工作情况，分别筛选一批基层单位，作为2018年度省级基层法治先进典型选树对象。

按照省委法治办《通知》要求，各地各部门着力推动责任落实、典型挖掘、宣传报道，经过层层筛选，共提出217个省级基层法治先进典型选树对象。

3. 省委政法委等部门着力推动基层法治先进典型培树工作

协调第三方通过专题采访方式推动基层法治先进典型培树工作。为深入挖掘和广泛宣传各地推荐培树对象的生动事迹和鲜活经验，积极营造推进法治建设和深化法治创建的浓厚氛围，省委政法委法治建设协调处[①]协调河北法制报社，对各地各部门上报的材料进行分类梳理、集中评议、好中选优，明确了制定专题方案、组织深入采访、进行系列报道和不断总结提升的工作思路，以此深化各级各部门研究法治、推动法治、宣传法治、践行法治的相关工作。

河北法制报社组建了专题采访报道团队。近年来，河北法制报社始终坚持正确的政治站位，对展现法治媒体的担当、发挥法治媒体人的作用高度重视，在当好全面依法治国的宣传者、法治创建活动的推进者和法治河北建设的践行者等方面做出了突出贡献。围绕做好深入采访和系列报道这一重大光荣任务，河北法制报社研究制定了详细的采访报道方案，抽调主力记者组成了专题采访报道组，在《河北法制报》和河北法制网开辟了“法治河北建设基层行”专栏，从2018年4月起陆续刊发了30余篇采访报道稿和针对性评论。

采访团队深入一线开展法治建设先进典型采访。河北法制报社组建的“法治河北建设基层行”采访团队，在一年多的时间里，采访足迹遍布全省各地。他们跋涉平原、山区，深入城市、乡村，进到住户、站点，做到了沉到一线与最基层的工作人员交流、深入基层与最广大的人民群众接触，切身

① 2019年5月，省委政法委完成机关内设机构改革，法治建设协调处改建为法治处（省司改办）。

感受到党的十八大以来各级领导“四个意识”“四个自信”的增强、基层部门维护宪法法治权威的举措、人民群众尊崇法律法治意识的成长以及受访对象对法治中国美好愿景的憧憬。

4. 从不同侧面推出了一批具有特色的亮点典型

分期推出近十类报道选题与宣传内容。见报的30篇报道中，包括省直管的辛集市、石家庄市鹿泉区等县域法治建设探索情况，正定县北早现乡、永年区临洺关镇等乡镇依法治乡实践情况，张家口市下花园区法院、衡水市安平县大河庄法庭、邯郸市邯山区检察院、衡水市公安局刑警支队、秦皇岛市卢龙县公安局、保定市清苑区行政审批局等基层单位严格执法、公正司法及为民服务情况，秦皇岛市北戴河区车站村和青龙县肖营子村、保定市莲池区西高庄村、沧州黄骅市东孙村、石家庄市区藁城区岗上村、张家口市阳原县上八角村、承德市宽城县后庄村、秦皇岛市海港区燕北里社区、廊坊三河市燕京航城社区、唐山市乐亭县史庄村和滦南县西城胡同社区等村庄和社区民主法治示范村（居）创建情况，卢龙县第四实验小学、承德市竹林寺小学等学校法治宣传教育情况，邯郸市复兴区、邢台市内丘县和宁晋县苏家庄镇、沧州市盐山县韩桥村、廊坊市永清县交通事故调处中心、衡水市阜城县古城镇等社会治理法治化和矛盾纠纷多元化解机制运行情况。

专题采访报道的典型都处于法治建设、平安建设和社会治理的第一线。这些先进典型都是深入推进全面依法治省、建设法治河北的先行者，都在各自的探索与实践中形成了有创新、有亮点、有特色的做法和经验。如北早现乡一手抓经济、一手抓法治，打造了经济、法治协同发展的“双名牌”；西高庄村、上八角村在农村法治建设中独具特色，具有很强的示范借鉴意义；北戴河区车站村坚持法治建设与平安建设相结合，在社会治理上给人很多启示；下花园区武家庄村法官工作站创新司法为民便民利民新措施，有效打通服务群众“最后一公里”；大河庄法庭的法官们积极履行司法职责，连续五年案件调撤率在95%以上；清苑区行政审批局多项工作处在全省全市前列；等等。

5. 以实际行动推动了法治河北建设进程

取得了有力推动工作的重大成效。此项专题采访和系列报道活动，得到省委政法委、省委宣传部等省委部门和各地各有关单位大力支持，受到全省广大群众的欢迎。采访组记者赴基层采访期间，唐山、邯郸、张家口等设区市党委政法委及市直有关部门主要领导还随记者采访法治建设和法治创建调研，有力推动了当地法治建设工作。记者们一路走来，从省会石家庄的市区到坝上草原的农村法官工作站，从河北西北部的张家口市阳原县到东南部的沧州市盐山县，切身感受到和深深感慨各级各部门对法治工作的重视程度、各系统各领域推进法治建设工作的认真程度和基层各相关单位开展法治创建活动的扎实程度。

真诚地感动了基层干部群众。在唐山市乐亭县，倾心于农村普法工作十余年、被评为河北省2017年度“十大法治人物”的史秉才，带领记者来到他开辟的普法工作“新阵地”——该县众创中心参观，为记者描绘他投身法治河北建设的良好愿景；在邯郸市邯山区，记者跟随邯山区检察院未检科的工作人员探访了她们帮扶的失足少年，被她们的工作成效和爱心举动深深打动；在保定市莲池区西高庄村，村民得知记者来意，竞相介绍该村改革开放40年来在民主法治建设过程中取得的成绩和发生的变化；在秦皇岛市肖营子村，大面积拆迁本来是工作中的难点和“头疼”问题，但该村注重法治，拆迁工作依法顺利完成；在张家口市阳原县县城和正定县北早现乡农村，记者徜徉于城区的“法治一条街”和农村的“法治公园”，可以看到一块块造型新颖别致的法治宣传牌，意识到这些地方浓厚的法治氛围并非“凭空而生”。

得到新闻界高度肯定。在2019年5月揭晓的“河北新闻奖”评选中，“法治河北建设基层行”系列报道活动被评为一等奖，新闻界评价此项活动谋划得好、推动得实、效果突出，从一个侧面反映了法治河北建设的力度与成效。回过头来看，这一举措取得重大成绩也属于必然：省委政法委法治处作为责任处室，对采访报道活动给予有力指导；报社领导对专栏报道的重视程度之高前所未有，30篇报道稿全部在头版重要位置刊发；专题采访团队满怀法治热情和工作激情，付出无比艰辛和辛勤汗水；专题编辑对每篇报道都精琢细雕，对稿件质量的完善与提升倾注了大量心血。因此，此项专题采访和系列报道活动对参与到其中的每个人来说，都是一次生动的政治洗礼、法治洗礼和责任洗礼，必然载入法治河北建设和河北新闻宣传工作的史册。

6. 与以往的推动举措达到了相得益彰的效果

此项以推进法治河北建设实务工作为主要目的的重大举措，是有关方面深化新时代法治中国建设实践的一次生动体现。此前，省委政法委已经与河北法制报社、河北经贸大学、河北行政学院、浙江工业大学等院校、单位长期合作，多年培树正定县塔元庄村以村规民约制定实施为着眼点的法治建设、平安建设与社会治理法治化相结合经验做法，早在2016年初就开始力推河北“塔元庄之治”与浙江“枫桥经验”的相互对接，一直在努力推动形成“南浙北冀”的法治中国建设地方亮点。在此基础上，这些基层单位推进法治建设的鲜活经验，以及其他一些基层单位创新的机制载体，都形成了深化法治建设实践中可复制、可推广和可资借鉴的重要经验。

二　法治建设先进典型评选宣传的特色载体——“法治三个十”评选宣传活动

2015年10月至2018年10月，河北省委政法委认真履行省委法治河北建设领导小组办公室职责，在组织协调和督导指导各地开展法治创建活动中，不断升华“法治三个十”① 评选宣传等品牌载体，组织开展了五届法治典型评选宣传活动，推出了一大批先进典型。

1. 每届确定一个鲜明主题

从2014年开始的“法治双十”评选宣传活动，均限于当年“十大法治人物”“十大法治事件”评选宣传，无进一步的主题确定。

从2016年度即第三届开始，省委政法委法治建设协调处负责牵头主办，每一届都根据当年推进全面依法治省、建设法治河北实际情况，确定一个与当年法治建设工作最密切的评选宣传主题。如第三届（2016年度）活动的

① “法治三个十”，指“十大法治人物”“十大法治事件”“十大法治成果”，分别从推动主体、推动举措和建设成效等方面，精心筛选和充分反映当年有力推进法治河北建设进程的重大典型。

主题被确定为“弘扬法治精神、推进法治进程”，主要着眼于省委成立了法治河北建设领导小组、出台了法治建设实施意见和“五年规划”，法治河北建设成为全省上下齐心推动的一项重点工作，法治精神需要在全社会推动强化，法治河北建设需要在新的征程上大踏步前进。第四届（2017 年度）活动的主题被确定为“宣传法治典型、增强法治观念”，主要着眼于全省党委法治办系统机构机制全面建立，各行各业法治典型陆续涌现，需要把法治典型培树宣传作为各级党委法治办重要工作内容。第五届（2018 年度）活动的主题被确定为“维护宪法权威、深化法治实践”，则主要因为这一年全国人大对现行宪法进行了修正，全国上下集中开展了宪法学习宣传和贯彻实施活动，省委对全省宪法学习宣传和贯彻实施情况进行了省内督察，同时，党政机构改革中省委法治河北建设领导小组改为省委全面依法治省委员会，有关办事机构也有重大调整，法治建设实践需要按照新的体制机制推进与深化。

2. 社会关注度越来越高

前两届的“法治双十”评选宣传，各部门各单位的参与积极性较低，社会影响也较低。

第三届评选宣传活动中，经过省委政法委等部门优化活动方案、印发专门通知、组建评选宣传活动办公室，以及建立省直部门呈报本系统推荐对象、各市委政法委呈报本地推荐对象、社会各界自荐的“三条渠道”，共收到各界推荐的候选法治人物 99 个、候选法治事件 56 个、候选法治成果 74 个，涵盖党委、人大、政府和政法各系统，立法、司法、行政执法、法律服务、法治宣传、法学研究等各领域。

第四届评选宣传活动再次引起社会各界广泛关注，评选宣传活动办公室共收到 191 份推荐材料，包括 79 个人物（团队）、52 个事件、60 个成果。除了政法系统各部门按往届惯例继续推荐候选对象外，省委办公厅推送了《河北省党政主要负责人履行推进法治建设第一责任人职责实施办法》，省财政厅推送了“全省财政系统深入开展‘全面法治财政建设示范点’创建活动”，省总工会推送了“全省工会系统组织开展‘尊法守法 · 携手筑梦’服务农民工法治宣传与依法维权行动”等具有重大意义的法治成果，推荐对象所在系统和所涉及的领域大大宽于往年，反映了法治建设的广泛度，反映了“法治三个十”这一品牌更加根植于民心。

第五届评选宣传活动中，省直部门、团体、高校和各市（包括定州、辛集市）党委政法委和司法局以及社会各界积极参与，评选宣传活动办公室共收到推荐对象170个，其中法治人物（团体）62个、法治事件49个、法治成果59个，推出了一批依法执政、科学立法、依法行政、公正司法和法治宣传、法律服务、法治创建、法学研究等方面的重大典型与重要成果。

3. 公众参与量逐渐增大

从第三届开始，河北法制报、河北法制网主力担当事迹推介与社会公众投票职责，河北法制网、“网信河北”官微两个平台同时开通投票窗口，拓宽了公众投票渠道。河北长安网、河北省司法厅网、河北法院网、河北省人民检察院网、河北法治网等网站积极配合刊发消息，在首页链接网络投票窗口，广泛发动网民进行投票。省网信办利用“网信河北”微信账号（100万粉丝）和新媒体矩阵3000万听众的影响力，广泛发动网民进行微信投票，各市、县网信部门和省内重点网站刊登评选活动内容。

第四届评选宣传活动的社会公众投票阶段，网站投票网页日访问量平均20万次，移动端投票页面点击总量达499396次，总投票384074张，参与者达203537人次。

第五届评选宣传活动的社会公众投票期间，河北法制网有效票数达到256458票，网页浏览量高达560多万人次；“网信河北”官微投票数达到278387票，页面访问量1083992次，比上一年度增长117%。

4. 拓宽了法治宣传教育的平台

为深入宣传贯彻党的十九大精神、全面推进新时代法治河北建设，第四届“法治三个十”评选宣传活动于2017年10月下旬如期开始。11月16日，省委常委、政法委书记董仚生通过全省政法系统网络大讲堂，向全省政法系统和政法干警宣讲了党的十九大精神，指出“学习的全部意义在行动”，要求“聚焦‘做实’，贯彻深化依法治国实践新举措，在推动新时代法治河北建设上有新作为”。11月20日，河北省2017年度“法治三个十”

评选宣传活动启动仪式在河北经贸大学礼堂隆重举行，省委政法委主管领导宣布本届活动正式开始，并强调深入学习贯彻党的十九大精神、深刻学习领会习近平新时代中国特色社会主义思想是当前首要的政治任务。之后，往届“十大法治人物”代表吕建江警官、刘文海检察官、康君元律师，结合各自执法办案经历宣讲了法治精神，深深打动了在场的200余名来自省会四所高校的师生。[①] 为了深入宣传党的十九大精神，还专门安排了一个互动环节——请同学们抢答党的十九大关于依法治国的问题，问题涉及全面依法治国的总目标、主要任务、国家监察体制改革方向等，来自省会四所高校的同学踊跃抢答，有力地提升了学习贯彻党的十九大精神的效果。

省委政法委的同志专门带去了一批《党的十九大关于政法综治维稳工作论述摘录》《2016年度“法治三个十”画册》，还有《河北省党政主要负责人履行推进法治建设第一责任人职责实施办法》《河北省全面推进法治建设督察办法》等法治建设重要文件的解读材料，深受师生的欢迎与喜爱。河北经贸大学、河北政法职业学院、石家庄铁道大学、石家庄学院部分师生共200余人参加活动，并纷纷在本届活动主题“宣传法治典型”“增强法治观念”两块条幅上签名留念。

5. 五届活动做到了“内容拓展、机制完善、流程顺畅、成效提升”

在前几届评选活动积累的经验基础上，第四届、第五届评选活动呈现出了承办单位经验更加成熟的特点。

例如第四届评选宣传活动，评选宣传的对象和标准在2016年活动基础上，大的类型不变，具体范围与推荐标准略有调整与完善，主要是“法治人物”增加了“推动完善法治建设机构机制”中的推荐对象，“法治成果”增加了“服务区域协调发展、提升社会治理法治化、保障雄安新区规划建设等法治保障”方面的成果。

第三届之后的评选宣传活动，每届都历经研究谋划、沟通协调、活动启

① 张志青：《河北省2017年度“法治三个十”评选宣传活动综述》，河北法制网，2018年3月23日。

动、推荐候选对象、公众投票、专家组评议推介、评委评议投票、确定入选对象及提名奖名单等步骤，活动直接影响长达半年多的时间。多个部门评委参加的评审会议以网络投票、微信投票数据为重要参考，同时坚持“以事迹代表性和影响力为主”“突出立法执法司法和法治宣传服务等法治要素”“兼顾系统与领域的平衡”等筛选原则，强调突出候选对象法治要素、代表性、影响力和宣传点等标准要求，经过听取专家组评议推介意见、所在系统建议和评委记名投票，所提出的年度“十大法治人物”“十大法治事件”“十大法治成果”更具公正性。

6. 近三届评选结果入选范围的“法治”特色更加浓郁

入选的法治人物工作在全省各条战线唱响了河北“法治好声音”，在推动法治建设中起到了重要的作用。如 2017 年度推介的全国金牌调解员祁文芝，一个地地道道的农民，以最接地气、最朴实的工作方法调解千家事，被当地乡亲称为解决“疑难杂症”的“老中医”；石家庄职工法律援助团，不断在服务范围、服务方式、服务内容上创新，叫响了工会法律服务品牌。

遴选的法治事件涵盖了立法、司法、执法、普法等法治建设各领域，浓缩了全省法治建设的壮阔画卷。河北省推进京津冀协同立法工作取得实质性进展、河北省被列为全国唯一在省域范围内同时推行行政执法“三项制度”改革试点单位、河北司法体制改革跻身全国前列、美国对华首起反垄断诉讼案河北药企胜诉、河北在全国首创设区市法治建设指数、中国法治评估高端论坛在河北正定召开等重大事件和重要成果，见证了河北省法治发展的脚步，反映了河北法治建设的进程，内含着推进法治河北建设进程的巨大动力。

7. 具有评选标准更清、结果代表性更强等特点

如第五届评选中，评选宣传活动办公室紧扣“维护宪法权威，深化法治实践”主题，运用在法治建设工作中有重大影响、对全面依法治省进程有重大作用“两大视角”，坚持法治贡献度、社会影响性、突出宣传点“三大标准”，同时兼顾法治建设各系统和领域的平衡，严格筛选、反复权衡，确保了评选结果的权威性和广泛代表性。

历届活动推出的先进典型中，既有奋战在法治建设一线的干部干警，也

有助力提升全省法治能力水平的专家学者；既有宪法学习宣传和贯彻实施等历史性重大事件，也有依法判决的在全国有重大影响的典型案件；既有加强党的领导和深入推进依法执政、依规治党，深入推进依法行政和法治政府建设，深入推进严格执法、公正司法和司法体制改革重大举措，也有深入推进法治社会建设和基层法治创建方面的成果，特别是京津冀协同发展、雄安新区规划建设、冬奥会筹办“三件大事”的法治保障、政协法治建设等方面，在2018年度评选宣传中均有重要成果呈现。

三　政法系统先进典型评选宣传的特色载体——“最美政法干警”推选展示活动

2016年，中共河北省委宣传部在全省组织开展“美丽河北”主题宣传活动，省委政法委“最美政法干警”[①]作为“最美人物”之一参与其中。“最美政法干警”推选展示活动开展三年来，已经成为河北省政法系统先进典型宣传的重要品牌。

1. 活动形式新颖

“最美政法干警”推选展示活动由省委政法委主办，从2016年开始每年组织一次，采取自下而上的方式，经个人自荐、群众推介、组织推荐、媒体公示、事迹巡展、会议研究，确定年度10名“最美政法干警”和20名“最美政法干警”提名奖获得者。

推选展示活动主要面向长期在基层执法岗位和窗口单位直接联系服务群众的政法干警，坚持突出实绩、系统选优、公平公开的原则，要求候选人必须群众公认，事迹材料经得起检验，具有示范引领作用，彰显时代精神。

2. 组织协调有力

每届“最美政法干警”推选展示活动，均成立由省委政法委机关主要

---

① “最美政法干警”，主要推荐宣传法院、检察、公安、司法行政等系统具有示范引领作用和彰显时代精神的优秀政法干警代表。

领导任组长，分管领导任副组长，省委政法委、省直政法部门政治部主任为成员的活动领导小组。各地各部门也成立相应组织机构，由各级政法机关政治部牵头负责，组织开展好本级“最美政法干警”遴选、推荐和宣传工作。

省委政法委鼓励各地各部门推选近年来新涌现和培树的先进典型，重在体现政法系统平凡岗位、凡人小事中展现出的闪光品质和高尚人格，旨在从政法基层一线和火热工作实践中发现和发掘政法干警先进典型，从基层干警平凡事迹、点滴小事中寻找闪光点、催泪点，让小人物成为推选对象，成为宣传主角。对于曾经获得过省部级以上表彰、被省委政法委授予“最美（青年）政法干警”称号的，原则上不再推荐。

3. 方法步骤清晰

“最美政法干警”推选展示活动分为启动实施、推选展示、集中宣传三个阶段。

启动实施阶段。每年年初，省委政法委印发年度《“最美政法干警”推选展示活动方案》，组织省级媒体及时刊播启动信息。各市委政法委、雄安新区党群工作部和省直政法各部门按照方案，结合本地本部门实际制定本级“最美政法干警”推选展示具体方案，抓好工作落实。启动阶段，全省各级政法机关积极营造氛围，采取在单位楼院、服务大厅、门口街道等显要位置悬挂标语条幅、张贴宣传海报、公布活动内容和电子屏滚动播放等多种形式，对活动主题进行宣传展示，接受群众监督。

推选展示阶段。全省各级政法机关采取“系统推”“媒体推”“网络推”以及自荐等方式进行。“系统推”是由各市委政法委、雄安新区党群工作部、省直政法各部门自下而上层层推荐；“媒体推”是指组织省、市媒体进行重点推荐；“网络推”是指通过长城新媒体、各级政法机关微信公众号、官网，开设专栏，进行同步宣传推荐。市、县推选阶段鼓励自荐。方案分配名额数量，各地各部门从本级“最美政法干警”中择优推选“最美政法干警”候选人报省委政法委。报送内容包括推荐审批表、电子版工作照、3000 字左右事迹材料等。各地推荐完成后，省委政法委邀请省直政法部门宣传处负责人召开推介会，对各地各部门推荐的候选人资格进行审核，根据事迹材料择优遴选出30名省级“最美政法干警”候选人，在《河北日报》、河北广播电视台、长城新媒体、《河北青年报》、《河北法制报》等省级媒体上对候选人进行推介展示。展示完成后，省委政法委召集省直政法部门宣传处长和媒体记者、政法英模、热心网友代表共同组成评议小组，从省级30名候选人中确定10名“最美政法干警”、20名“最美政法干警”提名奖，印发《年度“最美政法干警”推选展示活动通报》

集中宣传阶段。年底前，省委政法委组织记者对“最美政法干警”进行深入采访、拍摄视频专题片、制作微广播，在河北广播电视台、长城新媒体、《河北青年报》、《河北法制报》等媒体上进行全面宣传和集中报道，辑印出版《最美政法干警》图书，为当选者颁发荣誉证书和奖杯。在省级媒体上开设“最美政法干警”专栏，通过微视频、微电影、微广播等方式集中宣传展示“最美政法干警”先进事迹和时代风采。

4. 活动效果明显

三年来，随着活动的深入开展，“最美政法干警”的群众参与度、社会认可度、品牌知名度不断增强，在全省各级政法机关已经形成了人人争当最美政法干警的浓厚氛围。如石家庄市委政法委政治部副主任、宣教处处长余保成说：“这些先进典型的成功推出，激励和鼓舞了政法队伍的士气，凝聚了正能量，激发了干事创业激情，有力推动了各项工作创新展开。”

四　常规性法治宣传方式深化成效

近年来，河北省司法厅和设在省司法厅的省法治宣传教育领导小组办公室，组织协调各地各部门和各类媒体，在推进法治宣传工作和扩大宣传成效方面，积极创新宣传载体，充分发挥法治宣传作用，取得了重大成效。

1. 主题法治宣传有序推进

推出了一系列法治主题宣传活动。如省司法厅、省法宣办周密组织，承办了2018年国家安全教育日主题活动，组织了国家安全教育主题展览、国家安全进社区等活动，较好地宣传了国家安全相关法律法规。省法宣办围绕推进扫黑除恶专项斗争，先后 4 次发文部署加强扫黑除恶相关法治宣传工作。在 2018 年度的宪法学习宣传和贯彻实施活动中，石家庄市购买宪法单行本 8 万套，免费发放给全市 21 个婚姻登记处，结合婚姻登记，开展“结婚证 + 宪法书”活动，推进宪法文本进家庭。

2. 法治文化建设持续推进

注重将社会主义核心价值观纳入法治宣传教育工作。积极推介将社会主义核心价值观纳入立法行动情况和重大立法成果。通过法治文艺展演、法治文化惠民活动、法律进乡村、法治文化基层行等活动，在全社会弘扬社会主义法治文化。

将法治文化元素纳入公园、场馆等建设当中，提升公共场所的法治宣传功能。廊坊市、承德市、石家庄市、张家口市先后建设了国内一流的法治宣传教育基地，使得广大干部群众可以集中地接受多个方面的法律宣传和法治教育。保定市把全市 1740 余个乡间集市作为宣传阵地，文化搭台、法治唱戏，举办“法律大集”970 多场，让群众以喜闻乐见的形式接受法治宣传教育。辛集市的农民法治漫画，在全国农民法治漫画评选中获得了一二等奖。

3. 新媒体普法持续领跑全国

充分运用省市县三级新媒体普法矩阵集体发力。通过“今日头条”等途径扎实开展法治宣传工作，取得显著成果。在法制网舆情中心发布的头条号全国前 20 名影响力排行榜中，“河北省普法团队”长期霸榜。2018 年 7 月、8 月，中央政法委舆情监测中，在全国司法类公众号前 10 名中，河北省两次占据 7 席，强化了河北普法的全国性品牌效应。2018 政务 V 影响力峰会上，沧州黄骅市司法局官方微博“黄骅司法”荣获“全国十大司法行政系统微博”，沧州市普法办公室荣获“2017 年度中国创新型互联网 + 政法服务”优秀平台。

4. 法治创建取得新成效

在历次全国评选中，河北省 18 个县（市、区）、53 个村（社区）被评为全国法治县（市、区）创建先进单位、第七批全国民主法治示范村（社区），数量均居全国前列。目前，河北省有全国法治县（市、区）创建先进单位 71 个，全国、省民主法治示范村（社区）1030 个。

加强示范性法治宣传教育基地创建。省法宣办联合省国家税务局命名了 2 个“河北省税收普法教育示范基地”，加强税收普法教育。

特别是 2018 年，河北省西柏坡纪念馆被确定为“首批全国法治宣传教育示范基地”，是全国 8 个示范基地之一。

总之，“法治三个十”评选宣传活动、“最美政法干警”推选展示活动和 2018 年度“法治河北建设基层行”专题采访报道，客观记载了近年来法治河北建设的历史进程，形象推介了法治建设各战线各领域的重要成效，较好地总结了河北省推进全面依法治省各个领域和全省政法系统的各个方面亮点，为新时代深入推进全面依法治省树立了标杆、提供了典范。有了这些推动举措，全省深入学习贯彻习近平新时代中国特色社会主义思想，深入推进新时代法治建设的力度将会越来越大。有了这些特色品牌，以推介典型经验、宣传法治思维、弘扬法治理念、崇尚法治方式为重点的宣传工作，将会更加上“接天线”、下“接地气”。有了这些来自实践特别是来自基层的鲜活经验和实际事例，新时代的全面依法治省和法治河北建设必将大大加快步伐。总结推广这样的创新举措，必将推动为决胜全面建成小康社会、服务经济社会发展提供有力的法治保障，法治河北、美丽河北的美好明天必将更加快速地来到我们身边！

B.10
河北省扫黑除恶专项斗争研究报告

刘淑娟 *

摘　要： 开展扫黑除恶专项斗争是以习近平同志为核心的党中央做出的一项重大决策，河北省委、省政府高度重视，把扫黑除恶专项斗争作为一项重大政治任务抓紧抓实，取得了阶段性成果。目前，扫黑除恶专项斗争进程过半，深层次矛盾问题显现，需要及时分析整改，建立健全机制体制，深挖黑恶势力背后保护伞，铲除黑恶势力产生、存在的土壤，努力形成防止黑恶势力滋生蔓延的常态长效机制。

关键词： 扫黑除恶　专项斗争　社会治理

扫黑除恶专项斗争是以习近平同志为核心的党中央做出的重大决策，是保障人民安居乐业、社会安定有序、国家长治久安、进一步巩固党的执政基础的重要举措。河北省委省政府高度重视，把扫黑除恶当作重大的政治任务，周密安排部署，强力推进落实，已经取得了重要阶段性成果。根据党中央、国务院“一年打击遏制，二年深挖根治，三年长效长治”的总体要求，2019 年是承上启下、深挖根治、全面纵深推进的关键一年，要在严厉打击黑恶势力犯罪的同时，深挖黑恶势力的保护伞，根除黑恶产生的土壤，把扫黑除恶斗争推向深入。

---

* 刘淑娟，河北省社会科学院副研究员，研究方向为犯罪学、社会治理。

一　河北省扫黑除恶专项斗争的成果

（一）强力推进，扫黑除恶取得重大阶段性成果

据统计，截至2019年5月17日，全省共打掉涉黑组织55个，涉恶犯罪团伙856个，抓获犯罪嫌疑人8268名；截至2019年5月20日，全省检察机关共批准逮捕黑恶势力犯罪案件1800余件5200余人，96%以上案件提起公诉，主要业务指标位居全国前列；截至2019年4月30日，全省法院一审受理黑社会性质组织案件58件900人，审结43件663人；一审受理涉恶案件892件4788人，审结783件4042人；二审受理黑社会性质组织案件27件，审结21件；二审受理涉恶案件393件，审结356件。①

（二）犯罪线索摸排移送成效明显

落实"一案三查"，2018年河北省检察机关通过对近五年办理的伤害案件等10类普通案件开展倒查，以及梳理群众举报，深挖涉黑涉恶和黑恶势力"保护伞"案件线索2000余件，全部移送公安、纪检监察机关处理。②

2018年河北省法院系统摸排并移交相关部门涉黑涉恶及保护伞线索377条。③

政府各部门深挖本行业本领域涉黑恶线索，截至2019年5月17日，共向各级公安机关移交涉黑涉恶线索3000余条。河北省公安厅向省纪委监委通报被采取强制措施人员214人。④

（三）聚焦重点领域重点行业进行重点打击，营商环境明显改善

自2018年7月起，河北省公安厅组织全省公安机关开展了土地项目工

① 《河北：扫黑除恶专项斗争取得显著阶段性成效》，河北新闻网，2019年5月30日。
② 参见《河北省检察院工作报告（2018）》。
③ 参见《河北省法院工作报告（2018）》。
④ 《河北：扫黑除恶专项斗争取得显著阶段性成效》，河北新闻网，2019年5月30日。

程、交通运输、民间借贷、涉赌场所、商贸市场、采石挖沙6个突出行业领域涉黑涉恶违法犯罪专项打击整治行动。截至2019年6月4日，全省共打掉6个突出行业领域涉黑恶团伙330个，抓获犯罪嫌疑人3004名，破获各类案件2611起。①

（四）实现打击遏制，治安形势明显好转，人民群众满意感获得感安全感明显提升

通过扫黑除恶专项斗争的深入开展，全省社会治安情况持续好转，2018年全省防火、爆炸、劫持、杀人、伤害、强奸、绑架、抢劫8类严重暴力犯罪案件同比下降7.7%。2019年第一季度，8类严重暴力犯罪案件同比下降11.52%。②

二　河北省扫黑除恶工作面临的问题与挑战

正如中央政法委秘书长、全国扫黑办主任陈一新指出，专项斗争行程过半，可能会出现一些苗头性问题。河北省有必要适时进行“回头看”，认真分析实践工作中出现的问题与挑战，研究产生原因，加强整改，推动扫黑除恶斗争取得更大成效。

（一）思想方面存在认识不到位的问题

扫黑除恶斗争是一个系统工程，要求在各级党委领导下，统筹各方面资源和力量，各负其责，各司其职，互相配合，形成合力。其中一个方面认识不到位，就会影响整体效果。

1. 行业主管部门对扫黑除恶工作的重大意义认识不足，对于自己的角色定位模糊

扫黑除恶要求聚焦重点地区、重点行业、重点领域，把打击锋芒始终对

---

① 《河北打掉六大突出行业领域涉黑恶团伙330个》，《河北新闻网》2019年6月5日。

② 见《河北日报》2019年5月6号报道。

准群众反映最强烈、最深恶痛绝的黑恶势力违法犯罪。政法机关在扫黑除恶、维护社会治安稳定方面无疑是主力军，而在线索摸排方面，则需要各行业主管监管部门落实监管责任。在实践中，有的行业主管、监管部门认为扫黑除恶不是自己的主业，对于该项工作重视不够；由于自己本身没有侦查手段，又担心“得罪人”，有畏难情绪；个别管理人员与黑恶势力有千丝万缕的联系，甚至存在利益交换，对于扫黑除恶工作消极推诿，甚至故意设置障碍。这些问题的存在一定程度上影响了扫黑除恶的整体效果。

2. 相关主体缺乏目的意识、全局意识，存在片面追求打击成果的倾向

黑恶势力为非作歹、欺压百姓，具有严重的社会危害性，必须依法严惩，但必须严格坚持依法办案，准确认定黑恶势力犯罪，不能人为拔高或者降低标准。在斗争初期，有的公安机关存在片面追求案件数量的现象，对于不构成黑恶势力犯罪的，进行升格处理；将本来属于一个犯罪团伙的案件进行拆分，形成几个案件，人为增加案件数量，也给后续审查起诉和审判工作造成困扰。

3. 对于扫黑除恶斗争的长期性复杂性认识不足，存在形式主义、官僚主义倾向

在一些地方，一些基层工作人员对于扫黑除恶的意义和目的缺乏正确认识，对于扫黑除恶宣传工作和涉黑恶线索排查工作敷衍塞责，满足于做表面文章，引起群众反感和不信任，在社会上造成不良影响，也损害了扫黑除恶斗争的严肃性。

（二）机制体制方面存在不够协调的问题

1. 公检法部门之间的配合、沟通、衔接机制不够完善

公安、检察、法院作为扫黑除恶斗争的主力，承担着案件侦查、审查起诉、审理判决的职能。但是，在对黑恶势力犯罪的性质认定、案件管辖、证据标准和法律适用等方面还存在着一些不同认识；由于黑恶势力犯罪的复杂性，侦办案件过程中往往涉及异地用警、异地起诉、异地审判、提级侦办、挂牌督办等情形，相关办案主体间存在沟通不畅、运行不顺的问题；虽然实

行了联席会议制度，但规范性、时效性方面尚有一定的局限性。

2. 公检法等政法部门与行业主管部门之间的联动衔接机制需要完善

行业主管部门肩负着行业的监督管理职能，在扫黑除恶斗争中主要承担线索摸排职责，由于行业主管部门缺乏对于治安、刑事案件的调查权，缺乏对于黑社会性质犯罪、恶势力团伙犯罪认定方面的专业知识，在黑恶线索摸排工作中存在畏难情绪，而政法机关与行业主管机关的工作衔接机制不够规范，从而造成线索排查、核查工作进展缓慢，沟通不畅。

（三）人力物力财力制约问题

1. 人员配备不足，专业力量欠缺

根据中央部署，河北各地各部门均成立了扫黑除恶工作小组，但由于是临时组建，一些成员存在办案经验不足、专业知识缺乏等问题，尤其是相对于一些组织严密，经济势力雄厚，“关系网”“保护伞”强大的黑恶犯罪组织，更加暴露出战斗力不足的问题。近日，省公安厅组织了一支 88 人的扫黑除恶攻坚行动队，由具有丰富办案实践的扫黑除恶骨干组成，主要承担全省重大黑恶线索异地核查、重大黑恶案件异地侦办、扫黑除恶重点课题调研等攻坚任务，不失为补充基层办案力量的有益尝试。

2. 办案经费不足

对于存在时间长，“关系网”“保护伞”盘根错节的黑恶势力犯罪，要动用大量警力，长时间跨地域办案，需要大量的财力支持。而财政预算资金有限，不能满足斗争需要，各级财政应多措并举，及时予以追加，保障专项斗争顺利开展。

三　河北省扫黑除恶斗争推向深入的思考与建议

扫黑除恶专项斗争发展到现在，已经进入攻坚阶段，同时也开始产生一些苗头问题。要适时进行“回头看”，以中央扫黑除恶第三轮督导工作为契机，聚焦问题，深入整改，进一步加大工作力度，打赢扫黑除恶攻坚战。

（一）进一步发挥党委统筹领导作用，协调各方力量，各司其职、各负其责，形成合力，共同推进扫黑除恶专项斗争取得最终胜利

1. 各级党委要扛起主体责任，党委一把手亲自抓，分管领导具体抓，定期听取工作汇报，协调解决疑难问题

地方各级党委发挥对政法工作的领导作用，要统筹协调政法机关和行业主管部门、基层组织、人民群众等各方面力量，完善线索排查、线索核查、线索移交机制，把好案件入口关。行业主管部门担负着本部门本行业黑恶线索的排查责任，排查出的线索主要交由公安机关进行核查，涉及“关系网”“保护伞”的案件线索，则需要移交纪检监察部门进行核查调查。在线索摸排、核查、调查以及案件侦查、起诉、审判整个流程中，可能会遇到各种阻力，需要各级党委政府给予充分支持，发挥指导、支持、协调沟通作用，保障整个流程的顺畅进行。

2. 由各级扫黑办“牵头抓总”，协调政法机关打击力量

政法机关是扫黑除恶的主力军，在扫黑除恶整个流程中，分工负责，共同承担起扫黑除恶职能责任。要继续健全联动配合机制，出台全省性、规范性的意见，系统规定案件提前介入、案件线索移交及双向反馈、联席会议等制度。在打击黑恶势力犯罪过程中，公检法机关总体目标一致前提下存在着不一致：公安机关工作具有主动性，对于违法犯罪线索要主动出击，一定程度上存在追求办案数量的倾向。而检察院、法院则相对被动和谨慎，要求“疑罪从无”，“保护犯罪嫌疑人、被告人的合法权益”，更加强调办案质量。举行公检法联席会议，并使之制度化、常态化，对于有争议的案件及时进行研究讨论，有利于保证公安机关主动出击与确保案件质量的平衡关系；建立常规性案件论证制度，吸收专家学者参加，可以增加第三者的视角，有利于对于案件情况做出更加客观公正合法的结论。

3. 建立健全政法机关和行业主管部门在扫黑除恶斗争中的协调联动机制

将行业监管和黑恶线索摸排结合起来，利用智慧警务、智慧政务平台实现对涉黑涉恶案件和人员的串联、识别、跟踪、摸排、核查工作。借鉴全国

扫黑办智能化举报平台的经验，搭建扫黑除恶信息工作平台，利用大数据进行案件线索排查、移送、处理，实现信息共享，提高工作效率，顺畅协调联动。政法机关在办理黑恶案件过程中，要加强对于黑恶案件发生规律的分析研判，对于发现的行业管理工作中存在的漏洞，要有针对性地提出司法建议，督促相关管理部门采取整改措施，增强扫黑除恶斗争的针对性、时效性。

4. 充分发挥基层政权力量，进行黑恶线索摸排，畅通线索上报机制；注重克服形式主义，力求作风实、措施实、效果实、责任实

黑恶势力违法犯罪行为多发生在基层，基层政权离他们最近，因此，基层政权对于黑恶势力的产生最为敏感。要实现对黑恶势力打早打小，就要充分利用基层政权的触角，及时发现苗头，及时将相关信息上报。建议利用现有的综治网络系统，将遍布城乡的网格员作为信息员，对于黑恶违法犯罪情况进行摸排，并随时监测相关情况，由基层政府及时汇总相关信息上报。

基层组织摸排黑恶势力相关信息，要注意工作方式方法，克服形式主义、官僚主义。要吸取发生在一些地方的教训，对基层工作加强引导与监督。如某地在黑恶势力线索排查时将失独人员列为重点排查对象，引起舆论批评；近期发生的江苏某地在幼儿园进行黑恶势力线索排查，将幼儿列为排查对象。该幼儿园扫黑除恶专项斗争摸排表在网上大量转发，造成不良社会影响。以上案例暴露出的问题有：行业领导人员对于扫黑除恶政策理解错误，把握不准，政策执行人员工作不负责任，满足于做纸面文章，搞形式主义，严重背离了扫黑除恶斗争的初衷。克服形式主义，要求压实基层人员的直接责任，保证政策执行不变样，压力传导力度不弱化，用责任落实推动任务落实。

5. 继续落实“一案三查”，侦察、监察同步进行

“一案三查”要求在查办黑恶势力犯罪的同时，既查黑恶势力背后的腐败问题和“关系网”“保护伞”，又倒查属地党委、政府的主体责任和有关部门的监管责任。要进一步加强纪委监委、组织部门和政法部门的联系沟通、协作配合，力求打击黑恶势力和深挖“关系网”“保护伞”同时进行，以全面从严治党为扫黑除恶提供有力保障。

6. 充分发动群众

增强群众参与意识，畅通、拓宽群众举报渠道与途径，线上线下结合，网上网下结合，利用电话、信箱、门户网站、两微一端等方式方便群众举报黑恶线索；鼓励农村群众积极举报农村干部腐败和黑恶势力违法犯罪问题；对于相关线索要及时汇总研判处理，做到事事有回音；建立完善对于举报重大犯罪线索的奖励制度，加大奖励力度。

（二）适时开展“回头看”，针对实践中发现的问题，及时研究出台有关规定和指导意见，进一步明确政策和法律界限，切实把好案件证据关、程序关和法律适用关，确保扫黑除恶专项斗争在法治轨道运行

三年扫黑除恶斗争行程过半，目前很多案件已经进入审查起诉和审判阶段。要准确把握刑事政策，既要对黑恶势力的首要分子、主要骨干依法从重从快惩治，又要始终贯彻宽严相济刑事政策，对于一般成员依法从宽；要坚持依法办案、坚持法定标准，把每一个案件都办成铁案，让人民群众在每一个案件中感受到公平正义。因此，有必要定期开展案件评查，确保案件质量，避免遗留问题，确保扫黑除恶斗争政治效果、社会效果、法律效果的统一。要根据案件评查中发现的问题，及时出台相关的解释，尤其是对于“恶势力犯罪”“软暴力”“套路贷”等的认定，应统一定性标准、统一执法尺度、细化执法程序，防止尺度不一、畸轻畸重，确保扫黑除恶在法治轨道运行。

（三）聚焦群众反映强烈的问题，下大力气深挖黑恶案件背后的“关系网”“保护伞”，依法严惩一批涉黑涉恶腐败犯罪，对黑恶势力“打伞破网”“打财断血”，推动扫黑除恶专项斗争向纵深发展

扫黑除恶斗争发展到现在的“深挖根治”阶段，明面上的黑恶势力已经得到精准打击，下一段重点围绕“三个紧盯”，下大力气深挖隐藏更深的黑恶势力，打掉黑恶势力背后的“关系网”“保护伞”，铲除黑恶势力产生的根源。中央纪委《关于在扫黑除恶专项斗争中强化监督执纪问责的意见》

要求把扫黑除恶与基层“拍蝇”相结合，重点查处以下三类问题：一是发生在群众身边的党员干部和其他行使公权力的公职人员涉黑涉恶腐败问题；二是党员干部和其他行使公权力的公职人员充当黑恶势力保护伞问题；三是地方党委和政府、政法机关、相关政府部门及其工作人员推动扫黑除恶斗争工作不力问题。

对于深挖“关系网”“保护伞”的工作，纪委监委负有重大责任。一是查处责任。前期的线索排查、核查、证据收集等主要工作职责，由纪委监委承担，政法机关以及政府相关部门则主要承担线索排查、线索移交任务。二是督导责任。督导地方党委政府、政法机关、相关职能部门及其工作人员承担好在扫黑除恶斗争中的主体责任。三是协作责任。在整个案件办理过程中，纪检监察机关要和政法机关以及其他相关政府机关协作配合，及时排除干扰和阻力，协同推进扫黑除恶专项斗争深入进行。

各级检察院、法院则要打好涉黑恶大案要案的起诉、审判“法律仗”，依法从重从快惩处一批重大、典型黑恶势力保护伞案件，持续推动扫黑除恶向纵深发展。在案件办理过程中，加大对涉案财产的处置力度，彻底铲除黑恶势力经济基础。

政府行业管理部门要以扫黑除恶斗争为契机，继续加强对群众反映强烈的重点行业重点问题的排查，及时报告黑恶线索；加大行政执法力度，及时发现隐患，堵塞管理漏洞；依法处置行政违法行为，铲除黑恶势力滋生土壤。

（四）专项治理和综合治理相结合，搞好社会治理，强化基层治理，建立健全从源头上遏制黑恶势力滋生蔓延的长效机制，根除黑恶势力产生壮大的土壤

“合法公权力缺位或者腐败，民主选举与自治组织运行异化等因素所造成的合法社会控制弱化，是黑恶势力生成、发展和壮大的重要条件。”①要从源头上遏制黑恶势力，需要增强基层政权的社会治理能力，提高群众自

① 王永浩：《论惩治黑恶势力的路径转向：由“打”到“治”》，《犯罪研究》2019 年第 1 期。

治组织的自治能力，搞好基层社会治理，强化合法社会控制。

搞好基层社会治理。一是要充分发挥基层党组织对于群众自治的引导作用，培育、增强居民和村民自治能力。2018 年正逢两委集中换届选举年，省委政法委把扫黑除恶与基层民主选举相结合，在严格候选人资格审查、建立健全候选人联审机制等方面把好入口关，筛查出了一批不符合资格人选，查处了一批违法违纪村组织干部，严厉打击贿选、暴力恐吓等各种干扰破坏基层选举的违法犯罪行为，圆满完成了基层换届选举工作，选举出符合条件的党支部和村委会班子，为基层治理提供了良好的组织保证。要夯实基层治理基础，还要逐步提高农村群众自治能力。要结合乡村振兴战略，出台有针对性的政策，鼓励、帮助农村青年返乡创业，参与农村事务管理，为乡村治理提供新鲜血液。二是要加强党组织对基层行政组织贯彻执行党的政策、决策情况的日常检查督导，充分发挥党组织在基层社会治理中的宏观决策和政治方向把握方面的作用，确保党的领导在基层社会的巩固，防止基层行政权力腐化甚至被黑恶势力操控。三是要力量资源下沉，充实基层人力物力。习近平同志说过："基层是一切工作的落脚点，社会治理的重心必须落实到城乡、社区。"① 基层同志形象地用"上面千条线，下面一根针"来形容目前社会治理面对的现实，扫黑除恶同样存在基层治理现状与扫黑除恶斗争要求不相适应的问题。应创新社会治理，将人力、物力、财力向基层倾斜，同时壮大、培育基层社会组织，壮大平安志愿者、治安积极分子等队伍，打一场扫黑除恶人民战争。

（五）结合新出台的四个指导意见，加强对扫黑除恶队伍尤其是基层力量的专业培训，提升扫黑除恶工作的规范化、法治化、专业化水平

在扫黑除恶专项斗争开展初期，相关部门及其人员对于如何认定黑恶势力以及相关的问题，存在一些模糊认识和分歧，影响了斗争开展。2019 年 4

① 参见人民网 2016 年 3 月 5 日报道。

月，两高两部出台了《关于办理恶势力刑事案件若干问题的意见》《关于办理“套路贷”刑事案件若干问题的意见》《关于办理黑恶势力刑事案件中财产处置若干问题的意见》《关于办理实施“软暴力”刑事案件若干问题的意见》，就执法司法办案实践中的重点难点问题做出了具体规定，为依法严惩黑恶势力犯罪提供了更加坚实的法治保障。政法机关要组织干警认真学习，领会精神，加强办案能力，统一执法标准，提高办案质效。政法队伍以外的行业管理机构人员和基层组织人员多为非法律专业人员，对黑恶势力违法犯罪的性质把握存在困难，对于法律条文的掌握不够准确，各级扫黑办要以新发布的四个意见为重点，组织扫黑除恶专项斗争领导小组各成员单位、基层组织成员开展多种形式的专业知识学习培训，提升法律知识水平，增强斗争实效。

（六）充分利用网络新媒体的力量，助推扫黑除恶斗争纵深推进

1. 利用网络新媒体拓宽宣传渠道

利用新媒体传播速度快、辐射面广的优势，充分发挥门户网站、微信公众号、政务微博、手机客户端等新媒体作用，开辟专栏，策划专题，集中开展系统性宣传活动，让人民群众深刻认识扫黑除恶的重大意义，支持党和政府的专项行动，积极参与到专项斗争中来。

2. 利用新媒体技术进行案件线索收集与排查

最近，全国扫黑办推出了智能化举报平台，民众只需要扫描专用二维码、网上搜索“12337”或者点击中国长安网、中央政法委长安剑微信公众号等链接，就可以随时随地登陆平台举报黑恶线索。通过标准化、格式化举报信息，可快速生成结构化数据，削减操作流程、降低识别难度，大幅提升工作效率。要通过各种方式宣传、推广全国扫黑办智能化举报平台，提高群众知晓率，充分发挥网络新媒体、融媒体在群众参与、线索收集、核查中的作用。

3. 重视舆情，提高舆情应对能力

随着扫黑除恶向纵深发展，其对社会的影响力进一步扩大，这是我们追

求的舆论效果，但与此同时出现各种舆情事件的可能性也在增加。如贵州扫黑除恶标语进幼儿园事件，江苏无锡的幼儿园扫黑除恶线索排查事件就产生了恶劣影响。要高度重视舆情引导，完善专项舆情应对处置应急机制，及时发现相关舆情并迅速妥善处置、化解舆情风险，为扫黑除恶斗争持续深入开展营造良好的社会舆论氛围。

B.11
河北省检察机关扫黑除恶专项斗争情况研究报告

贾志宏　袁 菲*

摘　要： 扫黑除恶专项斗争是党中央做出的重大决策部署，是事关党的执政基础和国家的长治久安，事关人民安居乐业的一项重要政治任务。河北省各级检察机关积极开展扫黑除恶专项斗争以来，同频共振、攻坚克难，成效明显。河北省人民检察院被中央扫黑除恶专项斗争领导小组评为2018年度全国扫黑除恶专项斗争先进单位。省院第一检察部、石家庄市院、保定市院、沧州市院被河北省扫黑除恶专项斗争领导小组评为2018年度河北省扫黑除恶专项斗争先进单位。下一步，我们将始终认真贯彻落实党中央、高检院、省委的决策部署，继续咬定三年为期的目标不放松，立足检察职能，创新完善策略方法，明确主攻方向，充分发挥检察机关在扫黑除恶专项斗争中举足轻重的作用，坚决打赢打好扫黑除恶这场人民战争。

关键词： 扫黑除恶专项斗争　办案质效　法律监督

* 贾志宏，河北省人民检察院检委会委员、第三检察部主任；袁菲，河北省人民检察院三级检察官助理。

引　言

扫黑除恶专项斗争开展以来，作为第一批中央督导单位，河北省人民检察院坚持提高政治站位，深入学习贯彻习近平总书记重要指示精神，全面贯彻落实中央、高检院和省委系列决策部署，以中央督导为契机，积极发挥示范引领作用，精心组织、强力推进，依法及时惩治了一批黑恶势力犯罪，取得了重大阶段性战果，为河北省社会治安状况明显好转，人民群众安全感、满意度有效提升做出了积极贡献。2018 年，全省检察机关共批准逮捕黑恶势力犯罪案件 1300 余件 4100 余人，提起公诉 900 余件 4600 余人，95% 以上的案件提起公诉，主要业务指标位居全国前列。中央督导组督导期间，扫黑除恶多项工作得到中央扫黑除恶督导组副组长、高检院副检察长的充分肯定。在高检院通报的全国检察机关扫黑除恶专项斗争阶段性成绩单上，河北省检察长带头办案、摸排线索开展“回头看”、加强法律监督、开展检察建议活动等多项工作榜上有名。在全国检察机关扫黑除恶督导座谈会议上河北省人民检察院作了典型发言。在全省扫黑除恶专项斗争推进会上，省委领导通报了省检察机关批捕、起诉战果并给予充分肯定。河北省院因 2018 年扫黑除恶工作成效突出被中央扫黑除恶专项斗争领导小组评为全国扫黑除恶专项斗争先进单位。省院第一检察部、石家庄市院、保定市院、沧州市院被省扫黑除恶专项斗争领导小组评为河北省扫黑除恶专项斗争先进单位。

一　河北省检察机关扫黑除恶专项斗争开展情况

（一）提高政治站位，认真部署落实

全省检察机关始终将扫黑除恶专项斗争作为一项关系全局的重大政治任务，摆在各项工作的首要位置，加强组织领导，积极动员部署，全力推动开展，做到了领导到位、人员到位、措施到位、责任到位。

1. 认真组织学习，逐步深入推进

一是谋划开局布篇。2018 年 1 月 23 日全国扫黑除恶专项斗争电视电话会议后，省检察院党组先后召开了 12 次党组会、4 次领导小组会议认真学习习近平总书记的重要指示、《中共中央国务院关于开展扫黑除恶专项斗争的通知》、郭声琨书记等中央领导同志的重要讲话精神以及中央、高检院、省委一系列要求部署，组织全省检察机关迅速把思想和行动统一到中央、高检院、省委决策部署上来，依法、准确、有力地惩治黑恶犯罪，全面履行检察职能，为扫黑除恶专项斗争顺利开展发挥应有作用。省、市、县三级检察机关切实增强“四个意识”，把扫黑除恶专项斗争作为重大政治任务来抓，采取召开党组会、党组扩大会、全院动员大会、调度会等形式，传达学习中央的决策部署以及高检院和省委的工作安排，坚决把思想和行动统一到中央、省委的部署和要求上来，强化责任担当，确保扫黑除恶各项部署和措施落到实处，实现了良好开局。二是推进步步深入。按照中央、高检院、省委的要求，在实地调研、广泛征求意见的基础上，省检察院制定了《全省检察机关扫黑除恶专项斗争实施方案》，明确了专项斗争的指导思想、基本原则、总体目标、打击重点、工作步骤、工作措施、组织领导等，印发全省检察机关组织实施。结合当地实际，各级检察院均制定了本院扫黑除恶专项斗争具体实施措施，迅速开展行动，确保各项部署和措施落到实处。在迎接中央督导组第一轮督导、督导整改以及督导整改结束、专项斗争工作向纵深推进的关键节点上，针对扫黑除恶每个阶段出现的新情况、发现的新问题、呈现的新特点，明确新任务，研究新抓手，制定新举措，省检察院先后召开三次三级院参加的推进会，推动全省检察机关扫黑除恶专项斗争步步深入，斗争成效逐步显现。

2. 健全组织架构，加强领导协调

河北省人民检察院成立了由院党组书记、检察长丁顺生同志任组长，各分管副检察长任副组长，主要部门负责人为成员的扫黑除恶专项斗争领导小组。下设办公室，抽调业务骨干专门负责扫黑办日常工作。制定《河北省人民检察院扫黑除恶专项斗争领导小组工作职责》《河北省人民检察院扫黑除恶专项斗争领导小组办公室工作职责》。按照五项标准设置扫黑办，担负组织协调、参谋助手、督促检查职责，做到了办公场所固定、工作人员固定、工作职责明确、制度规范详尽、资料台账明晰，实现了扫黑除恶日常工作的规范化管理。市、县两级检察机关均在第一时间成立了扫黑除恶专项斗争领导小组，明确工作职责，全力保证扫黑除恶工作的有效开展。

3. 压实政治责任，层层传导压力

建立人人有责、层层负责、环环相扣、科学合理、行之有效的工作责任制，并与办案责任制结合起来，对确定的各项重点任务分解到部门，具体到案件，落实到岗位，量化到个人，以责任制保落实，以责任制保成效。按照中央、省委要求，明确各级院检察长是扫黑除恶专项斗争第一责任人，分管领导是直接责任人，各级院检察长、副检察长要带头亲自办理涉黑涉恶案件，对中央督导组和高检院挂账督办的重点案件，实行院领导包案责任制，加强对下工作指导督办，及时帮助解决具体问题和困难。开展层层约谈活动，通过谈责任、谈成效、谈效率、谈问题，实现领导和每名基层检察人员谈话全覆盖，把责任和压力层层传导到每一名基层检察人员。

（二）切实加大办案力度，确保办案质效

坚持依法严惩是检察机关在斗争中发挥作用的重要体现，办案成果是检验检察机关斗争成效的最重要、最主要的标准。

1. 加大打击力度，始终保持对黑恶犯罪的高压态势

一是突出打击重点。认真贯彻中共中央国务院《通知》和两高两部指导意见，把握黑恶势力犯罪新动向、新趋势，把打击重点放在威胁政治安全、把持基层政权、利用家族宗族势力横行乡里、强揽工程、欺行霸市、操纵经营“黄赌毒”、非法高利放贷、插手民间纠纷以及当地人民群众反映最强烈的黑恶势力犯罪上。加大办案力度，打准、打狠、打出声威和成效。邢台、定州等地检察机关严厉打击破坏农村治安秩序，侵吞集体财产，欺压、残害百姓的宗族恶势力和各类乡霸、村霸类团伙。石家庄、沧州、廊坊等地的检察机关把打击锋芒主要集中在征地拆迁、建筑工程、物流等领域，严厉

打击了“地霸”“楼霸”“路霸”“黄牛”等犯罪团伙。唐山市检察机关集中打击了长期盘踞在渔业捕捞、生猪屠宰市场、相关批发零售等领域的一批黑恶势力。保定市检察机关严厉打击强揽高速施工工程、非法控制高速公路砂石料土方供应、强租耕地取土卖土、垄断煤矿地热资源等黑恶违法犯罪。承德、张家口、邯郸严厉打击各类非法牟利的“讨债公司”“调查公司”“地下出警队”等犯罪团伙。二是坚持提前介入。对于公安机关办理的涉及面广、涉案人员多、社会影响重大的黑恶势力犯罪案件，在提请逮捕或者移送起诉前及时介入，引导侦查取证，依法对犯罪事实、案件定性、法律适用等方面提出意见和建议，指导搜集、补充、固定证据，确保案件依法、高效办理。2018 年，全省检察机关共提前介入涉黑涉恶案件 600 余件。三是依法快捕、快诉。按照中央督导组和省委“依法快审快诉快判一批大要案”的要求，全省检察机关充分发挥检察职能，坚持依法从快的原则，不过多纠缠细枝末节，加大打击力度，及时下发了《关于进一步加快涉黑涉恶案件起诉进度的通知》，配强办案骨干，上下联动，全力做好出庭支持公诉工作，有力指控犯罪。对容城县丁氏家族、定兴县田氏家族、定州市马云飞、滦南县杨国全等一大批涉黑组织、恶势力团伙及时提起公诉，确保了办案效率。

2. 坚持以办案为中心，进一步提高办案质效

省检察院及时出台了《关于在扫黑除恶专项斗争中确保办案质效的意见》，明确把办案效率和效果作为检验扫黑除恶专项斗争的重要标准。一是各级检察长亲自办案。省检察院带头实行院领导包案责任制，省检察院检察长丁顺生亲自调度全省有影响的重大案件。在此基础上，建立院领导办案定期通报制度，通过“一月三督，每月汇报”，深入基层院了解情况，确保及时发现问题，其中对任务落实进度明显落后、效果不突出的院进行强力问责，确保了各级院工作推进“不掉队、不变形”。2018 年，各级院检察长、主管副检察长办理案件 500 余件。二是集中优势力量打攻坚战。上级院善于弹钢琴，针对当前各级院案件数量不均衡、复杂程度不均衡、办案人员素质不均衡等问题，充分发挥组织协调作用，实行对案件的动态化管理，人员跟

着案件走，力量随着任务上，灵活机动、科学合理地配置办案力量。对涉案人员多、证据量大、卷宗繁多的重大黑恶案件，全院动员，全员参与，共同突击。保定市院抽调全市精干力量30余名，集中办理“丁氏家族”案件，确保了重大案件集中力量顺利突破。三是着力解决不平衡问题。围绕中央督导组、高检院调研组关于对深层“盖子”还没揭开的重点地区给予高度关注的要求，省检察院从全局谋划，在关键处落实，及时派出工作组，分析问题，查找原因，确保了全省工作整体推进。

（三）加大督导调研力度，推进专项斗争向纵深发展

充分发挥督导调研在发现问题及时全面、推动工作快速有力的作用，根据扫黑除恶专项斗争形势需要，省检察院先后四次派出督导调研组，每次都聚焦不同重点，目标明确。目前，已深入全省11个地级市、121个县（市），实现了扫黑除恶督导调研工作的全覆盖，效果明显。

（四）坚持依法严惩，强化诉讼监督

按照最高人民检察院张军检察长强调的，斗争中始终坚持“依法”二字，坚持宽严相济的刑事政策，准确把握法律政策界限，该宽则宽，当严则严，坚持把案件质量放在首位，严把案件事实关、证据关、程序关、法律适用关，既防止降格处理又防止人为拔高。始终坚持以法律监督为主线，在监督中办案，在办案中监督，切实做到既不降低条件，也不随意拔高，确保斗争不偏向、不走样。一是深挖余罪漏犯，做到除恶务尽。霸州市院在办理赵某等人强迫交易案件时，又发现另外8起犯罪事实，通过监督使一起普通犯罪按涉恶犯罪团伙多起犯罪依法起诉。井陉县院在办理孙某等人涉嫌聚众斗殴案时，追捕10名犯罪嫌疑人。目前，全省对涉黑涉恶犯罪追捕330余人，追诉140余人。二是坚守法治底线，做到不枉不纵。玉田县院受理报捕的刘某等涉黑案件，经认真审查不符合涉黑犯罪“四个特征”，依法不予认定黑社会性质组织犯罪。截至目前，全省对公安机关以涉黑涉恶移送的案件不捕250余人，不诉8件10余人。三是强化上级院监督，确保办案质量。省院

制定了不捕不诉案件上级院备案审查制度，对拟不捕不诉案件，上提一级备案审查，防止出现打击不力问题。为加强对下指导，省检察院建立健全对涉黑和重大涉恶案件统一严格把关制度和扫黑除恶专家人才库。目前，共审查案件30余件，其中涉黑案件10余件、涉恶案件10余件。开通了面向基层检察人员的答疑解惑热线电话，及时解答基层办案人员法律适用等疑难问题。四是突出监督重点，务求监督实效。省院及时下发了《关于在扫黑除恶专项斗争中强化和完善法律监督机制的通知》，通过开展法律监督，切实纠正有案不立、立而不侦、有罪不究或者降格处理、以罚代刑等问题，2018年，共监督公安机关立案40余件90余人。唐山市检察机关对涉黑案件中9名嫌疑人启动了立案监督程序，提出侦查行为违法纠正意见20条，对重罪轻判、定性不准23人启动了审判监督程序，同时追诉嫌疑单位5家，为国家挽回经济损失千万元，既打击了犯罪，又有效利用法律手段摧毁了黑恶势力的经济基础。

（五）加大线索排查力度，深入开展“回头看”活动

扫黑除恶专项斗争开展以来，省检察院始终把线索排查作为推动斗争深入开展的一项重要的基础性、日常性工作来抓，以线索为纲，积极主动开展工作，坚持“扫黑”和“打伞”同步进行。下发《关于抓紧做好摸排涉黑涉恶线索工作的通知》，组织全省检察机关开展“回头看”活动，梳理倒查一批案件线索。通过活动，对涉黑涉恶情况开展自上而下的全面排查，摸清底数，建档立卡，登记造册。对已结和未结的涉黑涉恶案件、职务犯罪案件、治安案件、信访案件等，进行倒查，在前期的活动中，深挖出一批涉黑涉恶和黑恶势力“保护伞”案件线索共计190余件。同时，紧紧依靠人民群众开展工作，深入农村、社区、重点行业，走访人大代表、政协委员，广泛听取人民群众的意见和呼声，从中获取涉黑涉恶特别是“保护伞”案件线索。为充分发挥检察机关法律监督的职能作用，通过办案实现深挖彻查，为“一案三查”做贡献，省检察院再次下发了《关于深入摸排案件线索继续开展“回头看”活动的通知》，组织全省检察机关对近五年来办理的故意

伤害、寻衅滋事、聚众斗殴、敲诈勒索、强迫交易、非法拘禁、故意毁坏财物、聚众扰乱社会秩序等十类犯罪开展倒查，通过自查、互查、抽查等多种方式认真审查，从中深挖涉黑涉恶和黑恶势力“保护伞”线索。对正在办理的案件也不放过任何蛛丝马迹，根据具体情况，及时启动立案监督程序。同时，坚持刀刃向内，高度重视自身“保护伞”的发现和处理，主动开展自查，主动向纪委监委提供线索，支持配合查办，清除“害群之马”。2018年，通过梳理倒查和群众举报获取涉黑涉恶犯罪线索10余件。沧州市院在督导整改期间，创新工作模式，变“坐等线索”为主动找线索，通过开展“回头看”活动，从办案中摸排线索230余件。

为有效破解线索“堰塞湖”，加强对案件线索的研判、管理和移送工作，省检察院及时制定了《关于涉黑涉恶案件线索收集移送工作实施办法》，其中省检察院向省公安厅移送案件线索110余件，向省监察委移送50余件，对中央督导组移送的20件线索全部移送有关部门处理。对于河北省检察机关摸排线索等工作，中央扫黑除恶督导组副组长、高检院副检察长在中央督导组培训班讲话中给予充分肯定。

（六）加强协调配合，形成打击合力

为实现扫黑除恶“双赢、多赢、共赢”的目标，加强与公安、法院、纪检监察等部门的沟通联系，建立了线索移送、提前介入、联席会议、庭前会议等制度，畅通涉黑涉恶案件移送起诉、提起公诉绿色通道。与省公安厅联合制定了《关于建立协作配合工作机制的意见》，与省法院研究出台《关于依法打击黑恶势力犯罪的意见》，全部实现了移送案件加注专门标志，在法律文中对认定恶势力予以明确表述，统一了恶势力的口径。2018年，通过线索快速移送反馈通道，向公安机关移送案件线索840余件，向纪检监察机关移送220余件。沧州市院会同公安机关探索完善重大案件提前介入机制、重大案件听取检察机关意见等机制，并会签了《扫黑除恶工作指引》，统一了执法标准。

按照中央督导组“边扫、边治、边建”的要求，聚焦标本兼治，积

极参加综合治理和源头治理。2018 年底，省检察院就扫黑除恶案件侦办中公安机关存在的问题，向省公安厅发出检察建议，受到省公安厅领导高度重视。邢台市院会同有关部门，开展了剥夺政治权利执行专项检察活动，清理出罪犯222 人，未列入管控96 人，发出检察建议 19 份，防止了涉黑涉恶人员进入“村两委”。邯郸市检察机关认真贯彻落实高检院关于创新检察建议方式的要求，把检察建议做成刚性，在办理涉黑涉恶案件时，主动邀请公安机关办案民警、群众代表到院，针对公安机关执法办案中存在的问题，向公安机关公开宣告改进工作的检察建议，产生了很好的社会效果。

（七）加强舆论宣传，引导群众积极参与

在省检察院的统一领导下，各级检察机关坚持有组织、有计划的正面宣传，把握正确的舆论导向，利用国家、省级报刊、广播、电视等传统媒体和“两微一端”等新媒体，及时宣传检察机关开展扫黑除恶专项斗争工作部署和成效。3 月 28 日全省检察机关 177 个市、县（区）院同步开展扫黑除恶专项斗争宣传日活动，是扫黑除恶专项斗争开展以来，第一次全省范围内同步开展的正面宣传。其间，共发放宣传资料 141811 份，接受群众咨询 10016 次，收到口头和书面举报线索 120 件，取得了良好的社会效果。各级检察机关因地制宜，采取多种多样的形式开展宣传活动，最大限度地扩大宣传的覆盖面，释放正能量。秦皇岛市检察院检察长带队在宣传点解答群众问题，深入市场发放宣传资料。沧州市院利用当地受众较广的广播电视、出租车移动广告等宣传方式，循环播放扫黑除恶专项斗争举报方法和途径。衡水市院借助邮递队伍，将扫黑除恶专项斗争宣传资料投递到千家万户，鼓励人民群众举报涉黑涉恶线索，活动当天已投递宣传资料 4000 份。《保定日报》开辟专栏介绍保定市检察机关在扫黑除恶专项斗争中开展的各项重点工作。截至目前，在省扫黑办的统一指导下，全省检察机关在《人民日报》、《检察日报》、《河北日报》、《河北法制报》、正义网、长城网等多家媒体进行了扫黑除恶的宣传工作。石家庄市院、唐山市院、定州市院等多家单位根据扫

黑除恶专项斗争的开展情况适时召开了新闻发布会，通报涉黑涉恶案件工作进展，介绍扫黑除恶专项斗争的初战成果。2019 年 1 月 23 日，省检察院就全省检察机关扫黑除恶专项斗争所取得的阶段性性成果以及评选出的十佳精品案例召开新闻发布会。

（八）强化队伍建设，提高扫黑除恶的能力和水平

扫黑除恶专项斗争是党和人民交给我们的重大政治任务，对检察队伍建设提出了新的更高要求，更为锻炼队伍、增长才干搭建了一个良好舞台。扫黑除恶专项斗争开展以来，全省检察机关重点做了以下工作。一是配强扫黑队伍。扫黑除恶专项斗争责任重大、任务繁重，需要一支高素质、强能力的队伍作保障，为此，全省各级检察机关从大局出发，抽调多名业务骨干脱离原岗位充实各级院扫黑办，目前各级院扫黑办专兼职 1262 人。二是加强学习培训。为打造一支坚强有力的队伍，省检察院大力加强学习和培训，先后举办全省范围扫黑除恶业务培训班 5 次，实现了对主管领导、侦监、公诉、扫黑办等人员培训全覆盖。多次组织各级院扫黑办、侦监、公诉等相关业务部门人员参加由高检院、省政法委等部门组织的实务讲堂、远程培训等。不断提升扫黑队伍的专业化、职业化能力和水平，为扫黑除恶专项斗争向纵深开展提供了坚强的保障。三是强化规范管理。为确保专项斗争顺利进行，不断推进扫黑除恶的制度化、规范化、专业化水平，保证扫黑除恶在法治轨道和正当程序上运行，省检察院先后制定了河北省人民检察院《关于涉黑涉恶线索移送工作的实施办法》《关于在扫黑除恶专项斗争中强化和完善法律监督工作机制的通知》等规范性文件，建立了案件管理、案件移送、加强监督、备案审查等一系列制度，靠制度管人，靠机制推动工作，不断提高制度化、规范化、专业化水平。四是不断推进扫黑办建设。省检察院扫黑办成立以来，充分发挥参谋助手、组织协调作用，共起草包括《全省检察机关扫黑除恶专项斗争实施方案》等在内的规范性文件 10 余份，向最高人民检察院、省委、省扫黑办呈报扫黑除恶汇报材料 20 余件，针对全省检察机关扫黑除恶专项斗争的开展情况

在调研的基础上撰写调研报告4篇，先后挂牌督办涉黑涉恶案件4批50余件，转发最高人民检察院、省委、省政府、省政法委、省扫黑办等关于扫黑除恶专项斗争的各类文件50余件，向下一级院下发扫黑除恶各类通知40余件。

二　河北省检察机关扫黑除恶专项斗争工作方向

（一）聚焦目标要求，在完善扫黑除恶工作举措上取得新突破

围绕“一年打击遏制、两年深挖根治、三年长效常治”的总体目标，明确各阶段工作职责，细化实化抓落实的具体措施，指导全省检察机关以内设机构改革为契机，结合岗位职责，创新举措方法，充分发挥“捕诉一体”办案机制优势，紧盯涉黑涉恶重大案件、黑恶势力经济基础、背后“关系网”“保护伞”不放，建立问题清单、责任清单，坚持谁主管谁负责。坚决打好大要案“攻坚仗”、打好起诉“法律仗”、打好重点行业领域“治理仗”，在打防并举、标本兼治上下功夫。

（二）聚焦办案质效，在推动依法打击、除恶务尽上取得新突破

一是始终保持打击犯罪的高压态势。要坚持在保证办案质量的前提下提高办案效率，对重大疑难复杂的涉黑涉恶案件，坚持提前介入，引导侦查取证，完善补充侦查取证机制，必要时加大自行补充侦查力度。二是坚持“依法”二字，高度重视办案质量。坚持法治思维和法治方式，认真贯彻落实高检院提出的“是黑恶犯罪一个不放过，不是黑恶犯罪一个不凑数”的要求，在检察环节严格把关，既不降低标准也不人为拔高；严格贯彻宽严相济刑事政策，该严则严、当宽则宽，不枉不纵，既有力打击犯罪，又依法保护人权，努力实现法律效果、政治效果、社会效果的有机统一。三是坚持以法律监督为主线，确保公正执法。要充分履行监督职责，加强对办理黑恶势力犯罪案件全过程的监督。四是加强督办，确保办案效果。继续坚持领导包

案责任制，对挂牌督办案件，加快办理进度，保证办案质量。进一步完善案件线索快速移送反馈机制，对发现的线索，密切跟踪办案进度和结果，及时掌握查处情况。

（三）聚焦强化协作配合，在形成合力上取得新突破

扫黑除恶专项斗争作为一项系统工程，要抓好各项协作配合工作机制的落实。一是加强与公安、法院沟通协调，统一执法思想。努力在事实认定、证据标准、法律适用、定罪量刑等方面达成共识，统一执法尺度和标准，保持步调一致，实现“双赢、多赢、共赢”的目标。二是加强与重点行业领域行政监管部门的联系，积极参与综合治理。综合运用四大检察职能，积极参与综合治理，及时向有关部门提出高质量的检察建议，努力从源头上防范和遏制黑恶势力滋生蔓延。同时，强化实地查看建议采纳和落实情况，努力把检察建议做成刚性、做到刚性。三是加强与新闻媒体的联系，加大宣传力度。综合运用传统媒体和新媒体，及时宣传检察机关阶段性战果、重大案件办理效果以及工作亮点，营造强大声势，展示检察机关的良好形象。

（四）聚焦学习和督导调研，在提升扫黑除恶斗争能力和水平上取得新突破

当前黑恶势力涉及了一些新领域，存在了一些新形态，出现了一些新手段，打击处理难度加大，新情况、新问题层出不穷。各级院特别是从事扫黑除恶工作的干警要加强学习，深入调研，充分了解分析黑恶势力犯罪的新特点和规律，创新举措，用新思路应对新情况、用新办法解决新问题，同时，及时发现培育亮点做法，努力探索形成一条可复制可推广的经验。充分发挥督导利器作用，围绕突出问题严督实导，坚决打赢打好扫黑除恶专项斗争攻坚战。

B.12 河北省设区市公共资源配置领域政府信息公开情况调研报告

——以政府门户网站为观察对象

靳志玲*

摘　要： 习近平总书记指出，政务公开是建设法治政府的一项重要制度，要以制度安排把政务公开贯穿政务运行全过程，权力运行到哪里，公开和监督就延伸到哪里。对公共资源配置领域政府信息的公开，目的是加快推进公共资源配置决策、执行、管理、服务、结果公开，扩大公众监督，增强公开实效。

关键词： 公共资源配置领域　政务公开　建设法治政府

* 靳志玲，河北省社会科学院法学研究所副研究员，研究方向为经济法，法治政府建设。。

党的十九大报告明确指出，保障人民知情权、参与权、表达权、监督权，增强政府公信力和执行力，建设人民满意的服务型政府。习近平总书记指出，政务公开是建设法治政府的一项重要制度，要以制度安排把政务公开贯穿政务运行全过程，权力运行到哪里，公开和监督就延伸到哪里。中共中央办公厅、国务院办公厅发布《关于全面推进政务公开工作的意见》，对进一步推进政务公开的深度和广度提出了要求。为全面贯彻党的十九大精神，按照党中央、国务院部署，2017 年 12 月，国务院办公厅印发了《关于推进公共资源配置领域政府信息公开的意见》（国发办〔2017〕97 号），目的是加快推进公共资源配置决策、执行、管理、服务、结果公开，扩大公众监督范围，增强公开实效。

《意见》所称公共资源配置领域，主要包括保障性安居工程建设、保障性住房分配、国有土地使用权和矿业权出让、政府采购、国有产权交易、工程建设项目招投标等社会关注度高，具有公有性、公益性，对经济社会发展、民生改善有直接、广泛和重要影响的公共资源分配事项。同时，《意见》对拓宽公开渠道要求充分发挥政府网站第一平台作用，及时发布公共资源配置领域各类信息，畅通依申请公开渠道。

为贯彻落实国务院办公厅《关于推进公共资源配置领域政府信息公开的意见》精神，2018 年 3 月，河北省人民政府办公厅根据要求及时发布了《关于推进公共资源配置领域政府信息公开的实施意见》（冀政办字〔2018〕28 号），对河北省政府各部门、各市县政府推进公共资源配置领域政府信息公开提出了具体要求。

一　河北省设区市公共资源配置领域政府信息公开情况调查

（一）各设区市政府发布实施意见情况

各设区市人民政府根据省政府办公厅《关于推进公共资源配置领域政

府信息公开的实施意见》（冀政办字〔2018〕28 号）的要求，根据各市的特点积极出台具体实施意见和措施（见表 1）。

表 1　河北省设区市发布相关文件公开情况

城市项目	发布时间	文号	文件名称
秦皇岛市	2018. 4. 2	秦政办字〔2018〕38 号	《推进重大建设项目批准和实施领域、公共资源配置领域政府信息公开的实施方案》
保定市	2018. 4. 12	保政办函〔2018〕43 号	《推进公共资源配置领域政府信息公开实施方案》
承德市	2018. 4. 13	承市政办字〔2018〕60 号	《关于推进公共资源配置领域政府信息公开的实施意见》
邢台市	2018. 4. 16	邢政办字〔2018〕18 号	《关于推进公共资源配置领域政府信息公开的实施意见》
石家庄市	2018. 4. 17	石政办发〔2018〕18 号	《推进公共资源配置领域政府信息公开实施方案》
邯郸市	2018. 4. 23	邯政办字〔2018〕44 号	《关于推进公共资源配置领域政府信息公开的实施意见》
廊坊市	2018. 4. 29	廊政办字〔2018〕40 号	《关于推进公共资源配置领域政府信息公开的实施方案》
沧州市	2018. 6. 1	沧政办字〔2018〕69 号	《推进公共资源配置领域政府信息公开实施方案》
张家口市	2018. 6. 14	张政办字〔2018〕61 号	《关于推进公共资源配置领域政府信息公开实施方案》
唐山市	门户网站查不到	唐政办字〔2018〕123 号	只查到文件文号没有查到文件文本
衡水市	门户网站查不到	衡政办字〔2018〕31 号	只查到文件文号没有查到文件文本

通过对以上各设区市出台的各市相关实施意见文本的观察，可以看到：

一是各市政府按照国务院和省政府的文件要求迅速出台相关文件，出台实施意见或方案基本在省政府文件出台后的三个月内，说明各市政府对信息公开工作非常重视。

二是各市出台的实施意见或方案都规定，将公共资源配置领域的政府信息公开纳入主动公开目录清单，并且政府门户网站作为第一平台及时发布。石家庄市的实施方案还明确规定，各部门和各县（市、区）政府的公开信息要公开发布在石家庄市人民政府门户网站——石家庄市政务公开平台——重点领域专栏。

三是各市出台的实施意见或方案规定的公开范围，与省政府办公厅的实施意见是相同的。按照各市的规定，公共资源配置领域的政府信息公开的标准应当是一致的。

（二）公共资源配置领域栏目在各市门户网站政务平台设置情况

通过对河北省各设区市的政府门户网站的政务公开平台“重点领域公开”专栏的观察，公共资源配置领域政府信息栏目有两种方式：一是在“重点领域公开”专栏下设“公共资源配置领域”专栏，集中公开公共资源配置领域政府信息；二是不在“重点领域公开”专栏下设“公共资源配置领域”专栏，而是要从其他专栏，如保障性住房、征地拆迁、招投标等专栏中搜寻信息（见表2和表3）。

表2　设区市政府门户网站设置专栏情况

有公共资源配置领域专栏的市	无公共资源配置领域专栏的市
石家庄、邢台、邯郸	承德、张家口、秦皇岛、唐山、廊坊、保定、沧州、衡水

表3　设有“公共资源配置领域”专栏的网站政府信息查询状况

市	栏目设置
石家庄	专栏＋保障性住房等栏目
邢台	专栏＋保障性住房＋公共资源交易＋重大建设项目批准和实施等栏目
邯郸	专栏

通过观察可以发现，石家庄、邢台、邯郸三市政府网站虽然设置了“公共资源配置领域”专栏，但在专栏中没有包含全部公共资源配置领域应当包含的信息，还需要通过其他的专栏加以配合查询。而设置的“公共资源配置领域”专栏又有情况的不同：一是直接显示信息的内容，如石家庄、邢台的政府网站；二是在公共资源配置专栏下设子专栏，子专栏下不直接显示信息，而是链接相应的各局（委）或其他公共统一平台，如邯郸市的“公共资源配置领域”专栏中包含住房保障领域、国有土地使用权出让领域、矿业权出让领域、政府采购领域、公共资源交易平台、

工程建设项目招投标领域等子栏目，这些子栏目分别链接邯郸建设网、邯郸市住房保障和房产管理局、邯郸市自然资源和规划局、中国河北政府采购网、河北省公共资源交易平台等网站。此外，工程建设项目招投标领域则直接显示信息。保定市的公共资源专栏也是链接到河北省公共资源交易平台。

表4　没有“公共资源配置领域”专栏的网站政府信息查询状况

城市	子栏名称
承德	保障性住房 + 国有土地矿业使用权出让 + 政府采购 + 国有产权交易 + 工程建设项目(招投标)
张家口	保障性住房 + 征地拆迁 + 政府采购
秦皇岛	招标采购
唐山	政府采购 + 资源交易
廊坊	公共资源交易
保定	保障性住房 + 公共资源
沧州	保障性住房 + 征地拆迁 + 政府要采购
衡水	—

由表4可知，没有设置“公共资源配置领域”专栏的8市政府门户网站，在通过“重点公开领域”专栏查询公共资源配置领域政府信息时，需要从其下设的专栏获取。而由于各市政务公开平台中“重点公开领域”专栏中设置的子栏目不同，能够直接查询到的信息各有不同：有的网站比较全面，如承德市，符合公共资源配置领域要求公开的指标；多数网站显示的只有部分指标，甚至有的网站在“重点公开领域”专栏中没有设置公共资源配置领域应当公开的项目指标。点击上述涉及公共资源配置领域信息的专栏，其显示也包括两种情况：一是直接显示信息目录；二是链接到相应的政府部门网站或全省统一政务网站。

综上，公共资源配置领域的政务信息在各设区市政府门户网站——“重点公开领域”专栏中，有三种形式：一是设置“公共资源配置领域”专栏，点击后直接显示信息目录；二是设置“公共资源配置领域”专栏，再下设子专栏；三是不设“公共资源配置领域”专栏，可直接通过设置的

“保障性住房”等专栏点击查询。通过观察，三种方式各有利弊。第一种方式，直接显示信息目录，可以方便看到信息内容，但不利之处是涉及公共资源配置的所有领域的信息全部显示，显得杂乱无章，再加上有的网站不仅有市本级政府部门的信息，还有下属市区县的有关信息，更使查找无序和困难。第二种方式，因为设有“公共资源配置领域”专栏和子专栏，方便在各子专栏中查找相应领域的信息，但目前存在的问题是，点击相应的专栏如“保障性住房”后，显示的不是保障性住房信息，而是链接相应的政府部门网站页面，这样还需要再在相应的政府部门网站中查找所需信息，也存在不便的问题。第三种方式，虽然没有设置“公共资源配置领域”专栏和子专栏，可以直接通过重点领域栏目，如“保障性住房”“政府采购”等查询信息，但存在的问题是，受“重点公开领域”栏目公开项目的限制，不可能将公共资源配置领域涉及的所有方面全部列出，如有的网站只列出了“政府采购”“保障性住房”等专栏，其他领域的信息就无从直接查找，只能通过其他途径，也存在便利度不够的问题。

（三）公共资源配置领域政府信息公开情况

1. 政策规定的政府信息公开内容

《国务院办公厅关于推进公共资源配置领域政府信息公开的意见》和《河北省政府办公厅关于推进公共资源配置领域政府信息公开的实施意见》规定，公共资源配置领域政府信息公开以下重点内容。

（1）住房保障领域

在项目建设方面，主要公开城镇保障性安居工程规划建设方案、年度建设计划信息（包括建设计划任务量、计划项目信息、计划户型）、建设计划完成情况信息（包括计划任务完成进度、已开工项目基本信息、已竣工项目基本信息、配套设施建设情况）、农村危房改造相关政策措施执行情况信息（包括农村危房改造政策、对象认定过程、补助资金分配、改造结果）；在住房分配方面，主要公开保障性住房分配政策、分配对象、分配房源、分配程序、分配过程、分配结果等信息。

（2）国有土地使用权出让领域

主要公开年度土地供应计划、出让公告、成交公示、供应结果等信息。

（3）矿业权出让领域

主要公开出让公告公示、审批结果信息、项目信息等。

（4）政府采购领域

主要公开采购项目公告、采购文件、采购项目预算金额、采购结果、采购合同等信息，财政部门作出的投诉和监督检查等处理决定、对集中采购机构的考核结果、违法失信行为记录等监督处罚信息。

（5）国有产权交易领域

除涉及商业秘密外，主要公开产权交易决策及批准信息、交易项目信息、转让底价、交易价格、相关中介机构审计结果等信息。

（6）工程建设项目招标投标领域

主要公开依法必须招标项目的审批核准备案信息（含投资项目统一代码）、市场主体信用等。除涉及国家秘密、商业秘密外，招标公告（包括招标条件、项目概况与招标范围、投标人资格要求、招标文件获取、投标文件递交等）、中标候选人（包括中标候选人排序、名称、投标报价、工期、评标情况、项目负责人、个人业绩、有关证书及编号、中标候选人在投标文件中填报的资格能力条件、提出异议的渠道和方式等）、中标结果、合同订立及履行、招标投标违法行为记录公告等信息都应向社会公布。

2. 设区市政府门户网站能够直接公开的内容

通过对各设区市政府门户网站重点公开领域中所涉公共资源配置领域栏目的观察，信息能够直接公开的情况如下。

（1）石家庄市（见表5）

表5　石家庄市政府门户网站公共资源配置领域信息公开情况

栏目名称	公共资源配置	保障性住房
显示结果	信息汇总	信息汇总

“公共资源配置”栏目信息现状：①在栏目下的信息有国有土地出让、政府采购、工程建设项目招投标等信息，信息放置按时间排序，没有归类放置。②招投标公告、中标公告信息与河北省政府采购网、河北省公共资源交易平台同时发布，规范全面。③土地出让只有出让结果信息，其他信息没有在此公示。④政府采购信息采取文件包的形式，需要下载后解压才能发现。文件包中一般含有招投标公告、招标文件或合同文本。⑤在栏目中还有其他政务工作信息。

“保障性住房”栏目信息现状：栏目下设动态信息、相关政策、结果公示3个子栏目。在结果公示中2018年有如下信息：石家庄市区2018年第一批公共保障房摇号廉租房配租名单、石家庄市区2018年第一批公共保障房摇号公租房配租名单、市区2018年第二批公共保障房摇号分配、2018年第二批公共保障房分配结果。保障性住房领域应当公开的其他信息没有在此公布。

（2）承德市（见表6）

表6　承德市政府门户网站公共资源配置领域信息公开情况

栏目名称	保障性住房	国有土地矿业使用权出让	政府采购	国有产权交易	工程建设项目招投标（建筑）	工程建设项目招投标（交通）	工程建设项目招投标（发改）
显示结果	信息汇总	链接—承德市自然资源和规划局	链接—河北政府采购网（承德市）	链接—承德市公共资源交易中心	链接—河北省建设工程招投标交易管理及计算机辅助评标系统	链接—河北交通工程招投标网	网页无法访问

“保障性住房”栏目信息现状：一类是保障性住房建设及进展情况，如2018年承德市城镇保障性安居工程工作要点、全市保障性安居工程进展情况通报、2018年度保障性安居工程建设项目进展情况表等；一类是公示，如关于申请购买经济适用住房家庭资格的公示（第18批），但信息量少；

一类是政务信息。

（3）张家口市（见表7）

表7　张家口市政府门户网站公共资源配置领域信息公开情况

栏目名称	保障性住房	政府采购
显示结果	信息汇总	信息汇总

“保障性住房”栏目信息现状：栏目公开的信息全部是政务工作信息，保障性住房领域要求公开的信息没有查到。

“政府采购”栏目信息现状：集中发布政府采购项目的招标公告和中标公告。信息与河北省政府采购网、河北省公共资源交易网同时发布，内容全面规范。

（4）秦皇岛市（见表8）

表8　秦皇岛市政府门户网站公共资源配置领域信息公开情况

栏目名称	招标采购
显示结果	信息汇总

“招标采购”栏目信息现状：2018年仅有秦皇岛市卫生和计划生育委员会数字化X线摄影系统项目公开招标公告信息发布。信息与河北省政府采购网、秦皇岛市公共资源交易网同时发布，内容规范。

（5）唐山市（见表9）

表9　唐山市政府门户网站公共资源配置领域信息公开情况

栏目名称	政府采购	资源交易
显示结果	信息汇总	1. 信息汇总 2. 链接—唐山市公共资源交易信息网

“政府采购”栏目信息现状：栏目下设招标公告和中标公告子栏目。政府采购信息与河北政府采购网同时发布，信息规范全面，符合规定。

“资源交易”栏目信息现状：栏目下设工程招投标和土地出让子栏目。在工程招投标子栏目下又设招标公告和中标公示，其信息规范全面，符合规定。土地出让子栏目中的出让公告，其信息也规范全面，符合规定。

（6）廊坊市（见表10）

表10　廊坊市政府门户网站公共资源配置领域信息公开情况

栏目名称	公共资源交易
显示结果	链接—河北省公共资源交易中心(廊坊市)

（7）保定市（见表11）

表11　保定市政府门户网站公共资源配置领域信息公开情况

栏目名称	保障性住房	公共资源
显示结果	链接—保定市住房和城乡建设局	链接—河北省公共资源交易中心(保定市)

（8）沧州市（见表12）

表12　沧州市政府门户网站公共资源配置领域信息公开情况

栏目名称	保障性住房	政府采购	建设工程	产权交易	土地出让
显示结果	信息汇总	信息汇总	信息汇总	信息汇总	信息汇总

“保障性住房”栏目的信息现状：一类是保障性住房建设计划等信息，如海兴县2018年1～9月份保障性安居工程工作总结、棚户区改造提前超额完成年度任务、今年农村危房改造工程开工近九成、今年全市棚户区改造新开工8000套、沧州市2018年保障性安居工程责任目标等；一类是保障性住房分配信息，如关于四合二期经济适用住房申报家庭人员的公示（需下载）等。但信息量不大。

“政府采购”栏目信息现状：栏目下设招标公告和中标公告子栏目。政府采购信息与沧州市行政审批局网站同时发布，信息规范全面，符合规定。

“建设工程”栏目信息现状：栏目下设招标公告和中标公告子栏目。招投标公告信息与沧州市行政审批局网站同时发布，信息规范全面，符合规定。

“产权交易”栏目信息现状：产权交易信息与沧州市行政审批局网站同时发布，信息规范全面，符合规定。

“土地出让”栏目信息现状：栏目下设出让公告和成交信息子栏目。公告和成交信息与沧州市行政审批局网站同时发布，信息规范全面，符合规定。

（9）衡水市（见表13）

表13　衡水市政府门户网站公共资源配置领域信息公开情况

栏目名称	—
显示结果	—

（10）邢台市（见表14）

表14　邢台市政府门户网站公共资源配置领域信息公开情况

栏目名称	公共资源配置	公共资源交易	保障性住房
显示结果	信息汇总	信息汇总	信息汇总

“公共资源配置”栏目的信息现状：①国有土地使用权出让领域，如《邢台市国土资源局国有建设用地使用权挂牌出让公告》（邢国土告字〔2018〕9号）、邢台市医学高等专科学校办理国有建设用地使用权首次登记的公告（信息无法显示）等。②矿业权出让领域，如河北省清河县城区地热勘查项目探矿权招标出让结果公示、沙河市海图矿业有限公司（铁矿）采矿权出让收益评估报告公示等。③保障性住房领域，如邢台市4910户农村危房改造全部竣工，《关于邢台市区2018年第二批政府产权保障性住房配租申请、摇号的通告》，邢台市2018年保障性安居工程工作信息公开，邢台市区2018年度住房保障准入条件，邢台市住房保障家庭资格年审办法等。④其他类信息：一类是政府其他部门的行政许可信息，如巨鹿县行政审批局发布的医师执业变更注册公示、公共场所卫生许可公示，宁晋县市场监督管

理局（食药）行政许可信息（需下载），邢台市环境保护局巨鹿县分局发布的项目环评文件公示等；一类是政府部门政务工作信息，如市国土资源局关于法治政府建设情况的报告、市国土资源局2017年政府信息公开年度报告、巨鹿县工商局“三个强化”促进市场主体增量发展等。此栏目中国有土地矿业使用权出让领域的公告比较全面、符合规定；保障性住房信息公开地较为全面，但是上述信息很少，其他类的信息占大多数。

“公共资源交易”栏目的信息现状：①政府采购项目的公开招标、中标公告。公告信息与政府采购网一起发布，内容符合规定。②政府部门如开发区2018年度政府采购工作信息公开情况说明。③政府采购信息汇总表，如宁晋县2018年二季度政府采购招标表。④栏目显示的仅有巨鹿县财政局、开发区财政局、宁晋县的信息。

“保障性住房”栏目的信息现状：基本与“公共资源配置”栏目中的保障性住房领域信息相同。

（11）邯郸市（见表15）

表15　邯郸市政府门户网站公共资源配置领域信息公开情况

栏目名称	公共资源配置信息公开					
	住房保障领域	国有土地用权出让领域	矿业权出让领域	政府采购领域	工程建设目招投标领域	公共资源交易平台
显示结果	1. 链接—邯郸建设网 2. 链接—邯郸市住房保障和房产管理局	链接—邯郸市自然资源和规划局	链接—邯郸市自然资源和规划局	链接—中国河北政府采购网	信息汇总	链接—河北省公共资源交易中心（邯郸市）

在“工程建设项目招投标领域”栏目中显示的信息有：建设项目的招标公告、中标公告；市发改委、审批局发布的有关招投标领域的行政规章，如《邯郸市电子招标投标工作实施方案》等。建设项目的招标公告、中标公告与河北省招投标服务平台的信息一致，公开的内容符合规定。但公开的

仅是市本级的信息。

综上，对各设区市公共资源配置领域信息公开的观察，可以发现：

第一，设置公共资源配置领域专栏的信息是汇总形式的，其优点是直接、集中显示信息内容，不用再去其他网站查找信息。但存在的问题：一是信息的放置杂乱无序，各种信息集中在一个栏目中，查找单独一类信息就显得不方便。二是并不是市属所有部门和市区县相关信息的公开，观察到的只是少数部门或区县。那么，就存在是否所涉市本级6个领域的政府部门以及所有下辖市区县的相关信息都要在市政府网站公开？公开的信息是全部信息还是主要信息？各设区市对此的做法差异还是比较大的。

第二，不直接显示信息内容，而是链接到相关的市政府组成部门网站或政务服务统一网站，其优点是，链接到相关的专门网站，查找同类信息可以全面、专业。其存在的问题是，不是直接在门户网上查到的信息，还需通过链接的网站，再在相关的专栏中查找所需信息。

第三，通过观察，在门户网站直接公开的信息内容，一种是与其他网站共同发布的信息（如政府采购网、公共资源信息公开网等），其内容要素全面、规范，符合要求；一种是门户网站独自发布的信息，其内容要素有的比较全面，有的所缺多项。

对照国务院和省政府文件要求来看，信息公开内容普遍较好的有：保障性住房领域保障性住房分配政策、分配对象、分配房源、分配程序、分配结果；国有土地使用权出让领域出让公告、成交公示、供应结果；政府采购领域采购项目公告、采购文件、采购项目预算金额、采购结果、采购合同等；工程建设项目招标投标领域招标公告（包括招标条件、项目概况与招标范围、投标人资格要求、招标文件获取、投标文件递交等）、中标候选人（包括中标候选人排序、名称、投标报价、工期、评标情况、项目负责人、个人业绩、有关证书及编号、中标候选人在投标文件中填报的资格能力条件、提出异议的渠道和方式等）、中标结果等。

缺失较多的信息公开项有：城镇保障性安居工程规划建设方案、农村危房改造相关政策措施执行情况信息；使用权出让领域国有土地年度土地供应计划；政府采购领域财政部门作出的投诉和监督检查等处理决定、对集中采购机构的考核结果、违法失信行为记录等监督处罚信息；工程建设项目招投标领域合同订立及履行、招标投标违法行为记录公告等。

二　河北省设区市公共资源配置领域政府信息公开存在的主要问题

1. 政府门户网站信息公开的栏目设置不同，不利于民众集中查询信息

通过观察，各市政府门户网站的公共资源配置领域信息在重点公开领域专栏的公开，形式多种。有的设有公共资源配置领域专栏，下设子栏目；有的设有公共资源配置领域专栏，但涵盖不全需与其他专栏配合；有的不设公共资源配置领域专栏，直接在相应的专栏中查询。点击相关的领域，如“保障性住房”专栏，有的网站直接显示各种涉及保障性住房的信息；有的网站则链接到相应的部门网站，如“住房和城乡建设局”网站。公共资源配置所涉 6 个领域，按照规定所需公开的信息多种多样，而目前各市政府网站栏目的现状，广大群众在查询有关信息时做不到快捷、有效。

2. 公开栏目公开的信息存在混乱现象

在国务院办公厅和省政府办公厅的文件以及各市政府公开的实施意见或方案中，对应当公开的信息作出了明确的规定。但通过观察发现，有的网站在公共资源配置领域的信息公开栏目中，混杂其他信息，例如，领导视察情况、有关政府部门工作情况等政务新闻，甚至还出现诸如公司设立登记、政府信息公开年度报告、护士变更注册公告等信息。出现上述情况，明显是负责信息公开的人员工作态度问题，极易影响广大群众对政府信息公开工作的满意度。

3. 信息公开的内容差异较大

根据国务院办公厅和省政府办公厅的文件要求，公共资源配置领域政府信息的公开包含 6 个领域，每个领域应当公开的具体信息也有具体规定。每个设区市的实施意见或方案也对此进行了详细规定，信息公开应当基本一致。但通过观察发现，各网站公开的信息内容差异还是较大的。例如，有的

网站是只公开市本级政府部门的信息，有的是将下属市区县的信息也公布；有的网站公开的信息面较广，有的则较窄；有的网站公开仅是正式文件规定的内容，有的网站信息中含有政务工作信息；等等。信息公开的差异性不利于广大群众对政府工作的认知和理解。

4. 信息公开的便利度不够

信息的公开就是要让民众知道信息内容，接受民众的监督。首先就是应当有利于民众的查询，但通过观察发现，有些信息内容显示的是文件包，需要下载解压后才能知道内容。例如，在工程建设项目招投标领域，有的网站显示只有项目名称的压缩包，压缩包中有何内容则不得而知，必须下载解压后才能知道有没有诸如招标公告、中标结果、订立合同等。一是给广大群众查询带来不便，甚至有的群众不会解压缩包，就看不到内容；二是因为不知道压缩包中的目录，有可能下载解压后才发现没有要查询的信息。其结果都是不利于对政府工作的监督。

5. 某些网站对信息公开没有引起应有的重视

各设区市出台的实施意见或方案，都规定了政府门户网站为公共资源配置领域政府信息公开的第一公开平台，公共资源配置领域应当公开的政府信息理应能够在网站上查到，但是通过观察，某些网站并没有完全遵照实施意见或方案的规定执行。如有的网站在重点公开领域专栏中，没有设置公共资源配置领域专栏，而涉及公共资源配置领域应当公开的其他信息专栏并不全面，其结果一是查询不到需要的信息，二是必须通过其他途径查找需要的信息。有的网站在重点公开领域专栏中没有设公共资源配置领域专栏，但其他公开领域专栏的设置涉及公共资源配置领域应当公开的信息不全，其结果与上述情况相同。

三　河北省设区市公共资源配置领域政府信息公开完善建议

1. 认真落实新修订的《政府信息公开条例》，提高政府信息的规范化和标

准化程度

为了强化便民服务要求，提高政府信息公开实效，《政府信息公开条例》要求各级人民政府加强政府信息资源的规范化、标准化、信息化管理，加强互联网政府信息公开平台建设，提高政府信息公开工作的质量和效率。公共资源配置领域政府信息的公开也应当按照上述规定，规范信息公开内容、栏目的设置以及网站的建设，提高政府信息公开的质量。

2. 公共资源配置领域政府信息的公开应当与“放管服”改革结合，提高对政府信息公开工作的监督和管理

党中央、国务院高度重视转变政府职能，把“放管服”改革作为全面深化改革的重要内容，持续加以推进。公共资源配置领域政府信息都具有公有性、公益性，对经济社会发展、民生改善有直接、广泛和重要影响的公共资源分配事项，也是涉及广大群众切身利益的事项。通过政府信息公开，为群众提供全面、方便、快捷的服务是提高政府服务意识，接受社会监督的重要途径，应当通过绩效考核、引入第三方评估等方式，推动公共资源配置领域政府信息公开工作进一步有效开展。

3. 进一步提高对政府信息公开工作的认识，并加以重视

政府信息公开是现代政府的内在必然要求，是推进依法行政、打造“阳光政府”、提升政府公信力的重要举措。国务院对政府信息公开工作多次进行部署，积极推进重点领域信息公开，国务院办公厅印发的《关于推进公共资源配置领域政府信息公开的意见》（国发办〔2017〕97号），对公共资源配置领域的政府信息公开，进一步推动政府信息公开工作全面深入地开展。河北省各设区市也积极出台了具体实施意见或方案，以及认真落实政府门户网站是第一平台的措施，做好做实政府信息公开工作，在回应公众关切、有效保障人民群众依法获取政府信息方面迈出了新的步伐。

B.13
河北省中医药立法与实施情况调研报告

田宝会　田雪娇*

摘　要： 进入新时代以来，国家和地方层面的中医药立法进程提速，河北省中医药立法也进入了快速发展的新阶段，河北省中医药立法实施工作稳步推进、成绩显著，但河北省中医药立法理念、原则以及制度机制等仍有诸多需要完善之处。从《河北省中医药条例》来看，虽然其立法宗旨和适用范围比较合理、内容比较完善，但仍存在结构不合理、重复立法、对中医人才培养重视不够、对中医人才保护不足、中医药传承创新方面的规定流于形式、中医药主管部门职责划分不具体等问题，需要加以解决。河北省中医药产业法律保护中存在的问题也需要加以有效应对和解决。

关键词： 中医药　中医药立法　立法实施　立法完善

作为中国传统医学智慧的结晶，中医药蕴藏着丰富的科学内涵。它不仅为中华民族的健康发展做出了巨大贡献，也为中华传统文化的形成和发展做出了卓越贡献。党的十八大以来，中医药受到前所未有的重视，中医药立法进程随之加速，《中华人民共和国中医药法》和《河北省中医药条例》相继出台。本文主要针对河北省中医药立法现状及其实施问题进行分析论述，并提出有针对性的完善建议，这对于不断完善河北省中

---

* 田宝会，河北经贸大学法学院教授；田雪娇，河北省中医院主治医师。

医药立法具有重要的理论意义和实践价值，对于推进中医药法律保护是大有裨益的。

一　河北省中医药立法现状

进入新时代以来，国家和地方层面的中医药立法进程提速。河北省中医药立法也进入了快速发展完善的新阶段，成绩显著。

（一）中医药发展和立法的顶层设计：河北省中医药立法快速发展的时代背景

1. 中医药传统文化的继承发展受到高度重视

习近平总书记高度重视中医药传统文化的继承发展，他明确指出，中医药学是“中国古代科学的瑰宝”，要以高度的文化自信推动中医药振兴发展，推进健康中国建设。而在全面推进依法治国和全面深化改革开放的大背景下，不断加强和完善中医药立法，就成了保护中医药科技进步、促进中医药传承与创新的必然选择，也是实现中医药事业振兴发展的重大战略举措。

2.《中医药发展战略规划纲要（2016～2030年）》和《中医药发展“十三五”规划》的印发

《中医药发展战略规划纲要（2016～2030 年）》是国务院于 2016 年 2 月 22 日印发的，明确了中国中医药未来 15 年的发展方向和工作重点。不仅确定了到 2020 年和 2030 年的中医药发展目标，而且具体规定了切实提高中医医疗服务能力、大力发展中医养生保健服务、扎实推进中医药继承、着力推进中医药创新、全面提升中药产业发展水平、大力弘扬中医药文化、积极推动中医药海外发展 7 个方面共计 24 项重点任务。并规定了健全中医药法律体系、完善中医药标准体系、加大中医药政策扶持力度、加强中医药人才队伍建设等具体保障措施。

国家中医药管理局于 2016 年 8 月 11 日印发了《中医药发展“十三五”规划》，从大力发展中医医疗服务、加快发展中医养生保健服务、推进中医药继承创新、加强人才队伍建设、弘扬中医药文化、拓展中医药服务新业态、推进中药保护和发展、推进治理体系和治理能力现代化、积极推动中医药海外发展9个方面明确规定了中医药发展的重点任务，以大力扶持和推动中医药发展。

3.《中华人民共和国中医药法》的通过和施行

新中国成立后，毛泽东、周恩来等党和国家主要领导人高度重视中医药工作，党中央制定了团结中西医的正确方针和政策，中医药事业取得了显著成就。

改革开放为中医药创造了良好发展与提高的物质条件。党的中医药政策不断丰富和发展，从明确要把中医和西医摆在同等重要的地位，到确立“中西医并重”的方针，并提出实现中医药现代化。

与此同时，从宪法法律中的原则性规定到出台第一部中医药行政法规《中华人民共和国中医药条例》，有关中医药的法律制度也逐步建立和完善。国务院2003年制定的《中华人民共和国中医药条例》，极大地促进和规范了中医药事业的发展。但是，毕竟《中华人民共和国中医药条例》的立法层次较低，加上我国经济社会的不断发展，中医药事业的发展面临一系列新问题、新挑战，使得制定一部中医药法典势在必行。

2009年3月17日中共中央国务院发布《关于深化医药卫生体制改革的意见》，2009年4月21日国务院发布《关于扶持和促进中医药事业发展的若干意见》，二者都相继明确提出要加快中医药立法。经过两年多的调研和准备工作，2011年12月原卫生部向国务院报送了《中医药法（草案）》。2014年中医药法被列入国务院法制办的一档立法计划，并于2014年7～8月向社会公开征求意见。2015年12月9日国务院第115次常务会讨论通过《中华人民共和国中医药法（草案）》，提请全国人大常委会审议。

2015年12月21～27日第十二届全国人大常委会第十八次会议初次审议了《中华人民共和国中医药法（草案）》，并在人大网上公布向社会公开征求意见。2016年8月29日，全国人大法律委员会向全国人大常委会汇报《中华人民共和国中医药法（草案）》修改情况并提交二审。2016年12月

19日，全国人大法律委员会向全国人大常委会汇报《中华人民共和国中医药法（草案二次审议稿）》的修改情况并提交三审。2016年12月25日，《中华人民共和国中医药法》在第十二届全国人民代表大会常务委员会第二十五次会议上获得通过。这是中国中医药立法使上的里程碑，标志着中国中医药立法层次的提高，标志着中国中医药工作的发展开始走上制度化、规范化的轨道。

随后全国各省、自治区及直辖市纷纷制定出台地方中医药条例，河北省中医药管理立法也进入了快速发展完善的新阶段。

（二）率先立法：《河北省中医药条例》快速出台

《中华人民共和国中医药法》通过实施后，河北省中医药管理局一方面积极开展宣传中医药法的工作，另一方面根据《中华人民共和国中医药法》的原则和相关规定，集中主要精力和力量，推动《河北省发展中医条例》修订工作，并将其纳入2017年立法计划，以此作为贯彻落实中医药法的重要举措。很快，河北省就组建了由省人大教科文卫工委、法工委、省政府法制办、省中医药局共同参与的《河北省发展中医条例（修订草案）》起草工作组。经过深入调研、广泛征求各方意见，形成了《条例（修订草案）》文本，提交2017年9月24日召开的河北省十二届人大常委会第三十二次会议初次审议。

2017年11月28日，河北省十二届人大常委会第三十三次会议分组审议《河北省发展中医条例（修订草案）》，委员们对条例的名称和内容进行了审议。2017年12月1日，《河北省中医药条例》在河北省第十二届人民代表大会常务委员会第三十三次会议上审议通过，并于2018年1月1日起施行。《河北省中医药条例》是《中华人民共和国中医药法》实施后出台的第一部中医药地方性法规，标志着河北省中医药立法走在了全国前列。

（三）实施性中医药立法有条不紊

在贯彻落实《中华人民共和国中医药法》和促进新时代中医药全面创

新发展方面，河北省除了迅速开展《河北省发展中医条例》修订工作、率先制定全国首部中医药地方性法规之外，还在较短的时间内连续出台了一系列落实国家中医药发展战略、规划和计划的规范性文件，实施性立法工作积极稳妥推进。

1. 印发贯彻国家中医药发展战略规划纲要的实施方案

（1）依据与目的

2016 年 5 月 21 日，河北省人民政府印发《河北省贯彻〈中医药发展战略规划纲要（2016～2030 年）〉实施方案》，目的是贯彻落实《国务院关于印发〈中医药发展战略规划纲要（2016～2030 年）〉的通知》，加快实现由中医药大省向中医药强省跨越。

（2）主要内容

第一，确定了分两步走、全面建成中医药强省的总体目标。第一步，经过 2016 至 2020 年五年努力，实现初步建成中医药强省的目标。第二步，从 2016 年至 2030 年，实现全面建成中医药强省的奋斗目标。

第二，明确重点任务。从提高中医医疗服务能力、发展中医养生保健服务、扎实做好中医药继承工作、推进中医药创新发展、做大做强中药产业、大力弘扬中医药文化、推动京津冀中医药协同发展、积极推进中医药海外发展 8 个方面，明确了未来十年河北省实现全面建成中医药强省奋斗目标的重点任务。

第三，规定保障措施。该实施方案规定了推进中医药法治化建设、落实完善中医药扶持政策、加快中医药人才队伍建设、加强中医药信息化建设 4 项全面建成中医药强省的保障措施。每一项保障措施都十分明确具体，有明确的责任主体和具体内容，操作性很强。

2. 印发《河北省中医药发展“十三五”规划》

2016 年 11 月 10 日，河北省卫生计生委、河北省中医药管理局制定印发《河北省中医药发展“十三五”规划》，精准贯彻和落实国家中医药管理局《中医药发展“十三五”规划》《河北省国民经济和社会发展第十三个五年规划纲要》《河北省贯彻〈中医药发展战略规划纲要（2016～2030 年）〉实施方案》。其中中医药人才培养方面的一个亮点是，支持河北中医学院建设成为中医药大学。

除此以外，《河北省中医药发展“十三五”规划》提出，到2020年，每个设区市均建有1所三级甲等中医医院，所有县中医院建设成二级甲等水平医院，普遍建设“国医堂”，建设中医养生保健服务网络，实现在家门口能看京津名中医，让河北人民享受更便捷的中医药服务。

（四）自主性中医药立法更加合理

《河北省中医药条例》是贯彻落实《中华人民共和国中医药法》的实施性立法，蕴含着立足河北实际的自主性立法精神和内容。

与2000年11月27日河北省第九届人民代表大会常务委员会第十八次会议通过的《河北省发展中医条例》相比，《河北省中医药条例》无论是在立法宗旨和适用范围上还是在内容上，都更加符合中医药发展规律和河北省中医药发展的现实需要，更有利于发挥中医药保护人民健康的作用。

1. 立法理念正确

《河北省中医药条例》第一条关于立法宗旨和目的的表述，体现了正确的立法理念。

根据《河北省中医药条例》第一条规定，中医药立法首先是为了传承发展中医药事业，弘扬中医药文化；其次也是最终的立法目的，则是为了发挥中医药在卫生与健康事业中的作用，保护人民健康，这是中医药立法应有的正确立法理念。

《河北省中医药条例》的具体内容强调和凸显了中医特色和规律。无论是中药保护与发展、开展中医药服务的规定，还是有关中医人才培养、中医药传承与文化传播的规定，都突出和体现了中医药理论的指导。

2. 立法宗旨和适用范围比较合理

关于立法宗旨和适用范围，2000年通过的《河北省发展中医条例》的表述是：“为继承和发扬祖国传统医学，发展中医事业，发挥中医药在医疗卫生保健事业中的作用，保障公民的身体健康，根据国家有关法律、法规，结合本省实际，制定本条例。”“本条例适用于本省行政区域内的中医医疗、预防、保健、康复、教育、科研、对外交流与合作等活动及其管理。”

《河北省中医药条例》的表述则是：“为了传承发展中医药事业，弘扬中医药文化，发挥中医药在卫生与健康事业中的作用，保护人民健康。本条例适用于本省行政区域内的中医药医疗、预防、保健、科研、教育、产业、文化、对外交流与合作以及监督管理等活动。”

显而易见，与《河北省发展中医条例》相比，《河北省中医药条例》在立法宗旨和适用范围上，增加了对中药和中药产业，以及中医药文化传承保护的内容，更加科学合理，条文规范表述也更加完善、符合实际。

3. 立法原则全面、准确

《河北省中医药条例》第三条明确规定了遵循中医药理论和发展规律原则、继承和创新相结合原则、保持和发挥中医药特色和优势原则、运用现代科学技术促进中医药理论和实践发展原则、中西医并重原则五项原则。

这五大原则全面、准确地概括和宣示了《河北省中医药条例》的根本内容和本质特征，构成《河北省中医药条例》的神经中枢，是《河北省中医药条例》制定和实施的根本准则。

4. 立法内容比较完善

从立法名称来看，《河北省中医药条例》名实相符、更加科学。从立法内容来看，《河北省发展中医条例》主要三章是机构与人员、教育与人才培养、科研开发与交流。《河北省中医药条例》的主要三章是中医药服务、中药保护与产业发展、中医药传承与创新。

《河北省中医药条例》突出和注重对中医药服务、中药保护与产业发展、中医药传承与创新的保护和规范，不仅重心更加明确和突出，而且更加符合河北省中医药发展需要。

二　河北省中医药立法实施情况

自《中华人民共和国中医药法》和《河北省中医药条例》制定和实施以来，河北省委、省政府和河北省中医药管理局，以及各级政府、相关中医药企业，都在努力贯彻落实《中华人民共和国中医药法》和《河北省中医药条例》以及相关法律规定，积极作为，取得了显著成绩和效果。

（一）专题培训：学习“一法一条例”

2018 年 6 月 20～22 日，河北省中医药管理局联合省食药监局共同举办培训班，专题学习贯彻《中华人民共和国中医药法》《河北省中医药条例》的精神和相关规定。特别邀请国家中医药管理局、中国中医科学院中医药发展中心、省人大常委会法制工作委员会、省药品检验研究院等机关单位的专家学者，专题讲授了《中华人民共和国中医药法》及其配套制度、《河北省中医药条例》、中药饮片现状与质量控制等重点内容。全省中医药相关工作的负责同志共计 350 余人参加培训，为推进《中华人民共和国中医药法》和《河北省中医药条例》的贯彻落实做好了组织人才保障。

（二）依法管理：制定和完善《河北省中医药条例》的配套政策

河北省全面梳理现行规章制度，制定和完善《河北省中医药条例》的配套政策，尤其是完善和规范中医医师准入管理制度。

2018 年 6 月 8 日，河北省中医药管理局组织起草了《河北省中医医术确有专长人员医师资格考核注册管理实施细则（征求意见稿）》，公开向社会征求意见。2018 年 8 月 29 日，河北省卫生计生委制定了《河北省中医医术确有专长人员医师资格考核注册管理实施细则（暂行）》，在全省范围内规范以师承方式学习中医或者经多年实践、医术确有专长的人员参加医师资格考核和执业注册。

（三）依法监管：颁行《河北省中药材标准》

中药材与中药饮片的质量，不仅事关中医药事业健康发展，而且直接关乎人民群众用药安全和实效。为此，河北省药品监督管理局依据《中华人民共和国药品管理法》等法律法规，自 2014 年开始启动编写《河北省中药材标准》，经过起草、复核、审稿、校对和编纂委员会最后审议，于2019 年

5月初正式公告颁布，自2019年6月1日起实施[①]。

《河北省中药材标准》填补了河北省常用中药材与饮片的监管空白，必将有力保证用药安全，并从技术上极大地促进河北省中药材标准化、规范化、产业化、道地化发展，有效促进和实现河北省道地药材的品牌效应。

（四）“健康河北——中医药系列行动”顺利举行

河北省中医药管理局及各地相关机构通过开展以“健康中国——中医药系列行动”为主题的系列宣传活动，推动中医药法律法规宣传，扩大和提高了《中华人民共和国中医药法》《河北省中医药条例》的社会影响力。

2017年9月9日，在国家卫生计生委、国家中医药管理局和河北省政府指导和组织下，“服务百姓健康行动”全国大型义诊活动周暨中医中药中国行——中医药健康文化推进行动在涞源县启动。北京大学第一医院等医疗机构80多名专家，在认真诊病治病的同时，积极主动普及医学常识和健康知识，让群众现场体验和了解中医推拿、耳穴埋豆以及传统制药技艺、炮制技术。

2017年9月26日，为了推进健康河北建设，提升全民健康素养，河北省中医药管理局制定了《河北省中医药文化传播工作管理办法（试行）》。分别就河北省中医药文化传播的工作任务、中医药文化传播专家团管理、中医药文化传播作品评审委员会管理等内容做了具体规定和要求，有利于加大中医药文化传播力度和权威性，有利于提升中医药文化传播效果。

据安国市人民政府网站2019年5月5日发布的信息，保定市卫生健康委出台《关于印发〈“健康保定——中医药系列行动”实施方案（2019～2020年）〉的通知》[②]，要求创造性开展“保定市名中医进农村、进社区、进校园、进机关、进企业、进敬老院”“保定市百名名老中医下太行”“中医药文化科普、健康素养宣传”等系列活动，增强社会公众对中医药文化的体验感和获得感，提升中医药的亲和力、凝聚力和竞争力，扩大中医药法的影响力。

---

① 《河北日报》，2019年5月9日，转自中国新闻网，http：//www. heb. chinanews. com. cn/jiankang/20190509395465. shtml。

② 安国市人民政府网，http：//www. anguo. gov. cn/News/？cid＝10791&lmid＝2。

（五）中医药文化博物馆广受关注和支持

《河北省中医药条例》鼓励社会力量依法设立中医药博物馆的规定，适应了中医药发展的社会要求，引起社会各界广泛关注和支持。

据2017年12月20日《石家庄日报》报道，早在《河北省中医药条例》通过前，石家庄市神威药业集团总部院内的神威中医药文化博物馆就建成开馆了。这是河北省第一家由企业建设的中医药文化博物馆，具有规模较大、专业性强、数量多、品类全的特点，深受群众关注和喜爱，对于向社会大众普及中医药知识、弘扬中医药文化，具有十分重要的作用。

另据河北新闻网2018年2月9日报道，民革河北省委呼吁加快启动中医药文化博物馆建设，建议成立专门负责机构，加快构建以河北省中医药博物馆为龙头的中医药文化保护体系。调动所有中医医疗单位、中药制药企业和中药零售药店以及中医药爱好者个人参与中医药文化保护建设的积极性，在全省范围内形成保护中医药文化资源的社会氛围，为河北中医药文化的创造性转化和创新性发展奠定基础。

总之，近年来河北省中医药立法实施工作稳步推进，成绩显著。当然，也存在一些不足和薄弱环节，更有新的挑战和任务。如推进中医药行业依法行政、转变治理方式，提升中医药服务能力和水平，加快中医人才培养，依法规范医疗行为，依法保障中医人才的合法权益，依法全面推开河北省医联体建设，等等，这些工作都需要不断加强和改进。

三　河北省中医药立法的完善

（一）《河北省中医药条例》的具体问题与完善

1. 文题不符、表述不准问题

从具体章和条文表述来看，《河北省中医药条例》存在着文题不符和表述不准确问题。如中医药条例的整个立法目的就是实现中医药传承创新，第四章中医药传承与创新应是狭义的。从规定内容来看，基本属于中医药教育、科研与传播范围，与第四章中医药传承与创新的标题不相符合。建议以后修改时加以完善。

2. 中医药传承创新方面的规定流于形式

在中医药传承创新方面，《河北省中医药条例》关于中医药传承创新的规定流于形式，停留在表面。中医药传承创新，并不是建立相关高校就能解决传承问题。应通过完善高校培养模式，继承中医文化和理论。必须高度重视和充分发挥中医基础理论和中医文化内涵在中医药传承中的作用。离开中医经典和中医文化，中医药传承创新就无从谈起。

3. 传统师承或实践人才的中医医师资格取得问题

《河北省中医药条例》第十条的规定，有三个问题值得商榷。一是“由至少两名以上中医医师推荐”的合理性，一名国医大师为何没资格推荐。二是“由两名以上中医医师推荐”，这两名中医医师是否有什么资格要求，如何保证高素质推荐。三是师承或多年经验、确有专长人员是否统一标准，均仅需实践技能考核合格即可，对于青年中医人才是否可以增加理论学习及考核，以确保那些有专长的中医人才在能合法执业的同时，也加强中医基础理论的学习。

4. 中医药保健品广告应加以规范

《河北省中医药条例》第十四条只针对中医医疗广告、药品广告做出了规范性、禁止性规定和要求，没有对中医药保健品广告做出规定和要求。从社会生活实际来看，中医药保健品广告存在不少问题，有很多需要规范之处，《河北省中医药条例》应当对保健品广告加以规范。

5. 中医药人才管理和保护问题

从《河北省中医药条例》现行规定来看，对中医药人才重要求与管理、轻服务和保护。涉及中医药人才的条文和内容，以提出要求与加强管理为多，鼓励性、保障性规定不足。对如何激励现有中医药人才，保证现有中医人才不流失，以及吸引更多中医药新兴力量关注不够。

（二）完善中医药人才培养制度和机制

中医药人才应通过本科教育、研究生教育、规范化培训生、师带徒等多种途径培养。由于招生方式、招生要求不同，对于各种途径培养的中医药人才的地位、待遇等问题可以统筹协调确定。

1. 中医药本科生教育的完善

本科教育阶段，应提高中医经典古籍课程地位，考查学生背诵、理解。明确全科医学、中西医结合医学专业培养方向，与中医专业并重。明确各专业医院专科实习内容，各科专人负责，限定带教医生培养学生的人数，确保培养质量。

2. 中医药研究生教育的完善

研究生教育阶段，必须不断改善学生学习环境，包括自习室建设、图书馆建设、网络建设、宿舍建设等。明确导师培养内容，除临床学习外，规定导师每周授课课时。

对基础类、学术型、专业型不同方向的中医学硕士研究生，入学前就应明确不同的培养目标和培养模式，不能照搬西医学硕士研究生培养模式。应规范专业型研究生临床学习内容，增加其临床自主学习时间，以便总结临床经验。特别是要区分学术型和专业型不同方向中医学硕士研究生的培养目标和培养模式。学术型中医硕士研究生应重视理论研究，突出理论研究能力的培养；而专业型中医硕士研究生就要侧重培养和提高学生解决临床实际问题的能力，在广泛学习中医基础理论的基础上，要把更多时间和精力投入到临床实践中。二者要有不同的培养模式。

培养明确规定中医专业型研究生必须转科一年及其落实保障措施。毕业考核应以中医专业培养方向为标准，不能一味按照西医模式要求和考核。

3. 健全中医院住院医师培训制度与机制

中医住院医师规范化培训须由专业培训人员进行，既要重视规范化培训，也要重视专业化培训。提高住院医师规范化培训期间待遇，保障其经济待遇、社会保障和福利待遇。培训补助应由国家统一发放给培训者本人。

4. 重视和优化中医医师的中医技能培训

从河北省内的中医院发展模式来看，中医院都十分重视西医技能的培训和提高，而对中医技能的培训和提高则重视不够。一般都要求中医医师到偏重西医的大型综合医院去进修，而针对中医药治疗技术和名中医经验进修学习的较少。这些也需要中医药立法加以有效应对和规制。

（三）完善中医诊所备案管理制度

应当从尊重中医发展规律、完善中医诊所设立条件、加强事中事后监管等方面，采取相应措施加以应对，尽快完善中医诊所备案管理制度。

1. 完善中医诊所从业人员结构

要进一步规范中医诊所从业医师构成比例，完善中医诊所从业人员结构。中医诊所必须要有高年资从业人员，鼓励师带徒形式的中医诊疗和人才培养模式。

2. 加强监管，加大打击诊所证书挂靠力度

中医药主管部门要进一步加强中医诊所备案监管，对于中医诊所存在的中医药人员执业证书挂靠现象，要健全常态化监督机制，监督职责要落实到岗到人，做到及早发现、及时处理。同时，要健全执业证书挂靠诊所及相关人员的责任追究和惩罚机制，充分利用法律、行政和经济手段加大打击执业证书挂靠的力度。

（四）加强和完善中医药产业法律保护

1. 中医药产业法律保护存在的问题

河北省在中医药产业法律保护方面成绩显著，但也存在不少问题。

（1）立法尚不配套

中医药产业法律保护体系尚未形成，立法尚不配套，缺少或未及多层次立法。

（2）法律支持力度不够，制度供给不足

《中华人民共和国中医药法》和《河北省中医药条例》均无“中医药产

业”一词。《河北省中医药条例》“中药材”一词出现20次，“中药材种植”一词出现3次，“中药产业”一词出现1次。中医药产业法律保护的地方性法规、政府规章有待完备。

2. 完善中医药产业法律保护的对策

（1）完善不同层次地方立法

加强中医药产业法律保护的不同层次立法，完善中医药产业法律保护的地方性法规、政府规章立法，构建完备的多层次的中医药产业法律保护体系。加大中医药产业法律保护和制度供给力度。

（2）鼓励社会资本投资中医药产业

解决体制机制障碍，鼓励社会资本投资中医药产业，降低投资风险，落实税费优惠，提供优质服务。

（3）加强中医药产业类型化调整和规范

完善中医药产业类型化调整，分类施策、分型施策，对症下药。加强管理不规范的中医药服务和产业活动，既要规范中医诊所，也要规范中医养生保健服务。

（4）正确认识处理三大关系

第一，中医药与市场、资本、企业家的关系。应当转变观念，提升理念，积极搭建企业与中医药界的沟通平台。不是中医药没价值，而是社会没有营造中医药这个市场。

第二，中医与大众的关系。一方面，中医药传承需要依靠中医人才，甚至这是最主要的方面。另一方面，中医药传承也需要依靠全体社会大众的中医药意识觉醒、提升，以及对中医药的认同、信任与信仰。因此，要正确认识和对待中医与大众的关系，重视中医药的大众认可和大众消费。要利用中医机构和国医堂等平台，多办、办好中医类公益活动，充分发挥中医药惠民、乐民、利民的作用和优势，提升中医药产业的亲民性，搞活中医药市场。

第三，中医与科技、互联网、大数据、人工智能的关系。要高度重视中医与科技、互联网、大数据、人工智能的关系，利用科技、互联网、大数据、人工智能的特点和优势，大力发展中医药产业，为中医药事业服务。

B.14
河北省加强县乡人大工作推进基层民主法治建设的调研报告

郑晨曦*

摘　要： 加强县乡人大工作、推进基层民主法治建设，是巩固党的执政基础、加强基层国家政权建设、坚持和完善人民代表大会制度的可靠保证。本届以来，河北省人大常委会坚持问题导向，总结实践经验，提出了加强全省县乡人大工作和建设的总体要求和具体措施，在强有力的推进下，全省县乡人大组织建设得到加强，机构得到了规范统一；"人大代表之家"实现全覆盖，选民和群众进"家"反映问题，代表在"家"化解矛盾；监督工作更具实效，促进"一府一委两院"依法行政、公正司法，基层民主法治建设迈出了重要步伐。调研发现，部分地区在落实中还存在不平衡、不到位、不完善等一些不容忽视的问题，在下一步工作中，借助2019年"河北发展，人大尽责"主题实践活动，河北省人大常委会将加大工作力度，认真研究改进，推动问题早日、彻底解决。

关键词： 河北　基层民主法治建设　调研

---

* 郑晨曦，河北省人大常委会法制工作委员会法规二处副处长。

作为基层国家权力机关的县乡两级人大，是国家政权的重要基础。县乡人大工作关系到国家政权的巩固和发展，关系到基层民主法治建设，关系到国家的长治久安和繁荣昌盛。中央出台了关于加强县乡人大工作和建设的文件后，省委制定相关实施意见，就加强县乡人大工作、推进基层民主法治建设提出了明确意见和要求。省人大常委会坚定不移地推动中央和省委文件精神落地落实，本届以来，通过召开县乡人大工作和建设推进会、交流会，修改相关法规，出台指导意见，加强督导指导等一系列举措，大力推动县乡人大制度化、规范化、科学化建设，解决了一大批长期以来影响和制约县乡人大工作和建设的突出问题，全省县乡人大工作和建设呈现新气象、展现新作为，取得了实质性进展和成效，为推动全省经济社会发展和民主法治建设做出了积极的贡献。

一　着眼筑牢根基，把县乡人大组织建设作为重要基础性工作抓紧抓牢

虽然中国特色的社会主义进入了新时代，但是我们必须清醒地认识到，多年来，县乡人大工作和建设与坚持和完善人民代表大会制度的新要求，与新时代赋予人大工作的新使命，与广大人民群众对基层民主法治建设的新期待相比，还有很大的差距。具体表现在，组织建设不健全、会议制度和议事程序不完善、依法行使职权不到位、人大代表联系群众的平台和渠道不便利、代表作用发挥不充分等问题，都直接影响了基层民主法治建设，制约着国家权力机关作用的有效发挥。据统计，2017 年全省县级人大中，还有近一半未设立专门委员会，2/3 的县没有电子表决系统，常委会上还采取人工计票的方式；大部分乡镇人大主席“专职不专干”，一半以上的乡镇没有人大副主席，没有建立“人大代表之家”，选民反映问题没有平台，代表联系群众没有桥梁等，极大地影响了人民群众对基层民主法治的信任。

（一）主要做法

本届以来，面对县乡人大工作和建设这一“短板”，河北省人大常委会

坚持从政治上、大局上、战略上提出问题，从推进国家治理体系和治理能力现代化、巩固治国理政根基上思考问题，切实把思想和行动统一到中央和省委的决策部署上来，把县乡人大工作和建设作为全省人大工作的重要着力点，高站位、高标准、创制性地推动工作开展。

一是多次召开会议，强力推动。举办了全省专题学习研讨班，先后两次召开“人大代表之家”建设现场推进会和加强县乡人大工作建设经验交流会，各级人大也制定出台落实意见，研究方法举措，强化组织保障，有针对性地解决了县乡人大组织建设、工作制度、代表履职等方面的突出问题。二是制发文件，强化指导。在出台《关于加强县乡人大工作和建设的实施意见》的基础上，为强化指导，深入推进，又专门出台《指导意见》，进一步细化、实化、强化了相关规定要求和工作举措。比如，结合河北实际，在中央文件要求的“县级人大设立2个专门委员会”的基础上，明确提出可以设立4个，少数民族自治县或少数民族较多的县还可以设立民族委员会；根据中央关于“乡镇人大主席团明确人员协助工作”的要求，提出设立办公室并配备工作人员；在街道也普遍设立了人大工作机构；等等。三是完善法规，确保相关工作于法有据。及时修改《河北省县乡两级人民代表大会选举实施细则》和《河北省乡镇人民代表大会条例》，加强了县级人大组织建设，明确了乡镇人大主席团成员人数，规范了乡镇人大在闭会期间的职权和活动方式，为解决县乡人大工作中存在的突出问题和依法履职提供法律保障。四是加强督导，狠抓落实。省人大常委会把推进县乡人大工作和建设纳入重点工作，多次组成调研督导组，由常委会领导亲自带队，采取实地察看、调查问卷、召开座谈会等形式，赴各地深入督导调研，选择工作先进的市召开经验交流会，培树典型、激励先进、鞭策后进，对落实不力、工作不到位的市县予以通报，强力推动了各项工作的落实。

（二）取得成效

经过两年来的常抓不懈，久久为功，全省县乡人大组织建设补齐了短板，夯实了根基。到2019年，全省168个县（市、区）人大均设立了4个专门委员会，按照机构改革有关精神，95%的县（市、区）在2019年初又设立了社会建设委员会；常委会组成人员专职比例全省平均达到50%，比上届提高了11个百分点；安装了电子表决系统的县达到100%，90%的县（市、区）设立了“一室四委”5个工作机构，工作效率进一步提升；乡镇人大主席团建设进一步加强，全省1948个乡镇中，人大主席全部落实专职配备，90%以上的乡镇人大设立了副主席、人大办公室并明确工作人员，主席团成员由7~11人增加到9~15人；街道人大工作机构业务得到进一步健全。全省县乡人大组织建设整体前进了一大步，达到历史最好水平。

值得一提的是，省人大常委会还立足河北省农业大省、人口大省的省情实际，创制性地提出实现“人大代表之家”“人大代表联络站”乡镇街道全覆盖。经过两年来不断建设，“人大代表之家（站）”已建成4094个，实现了“全覆盖”的目标。人大代表定期或不定期走进“家”“站”，通过依法履职联系群众、服务人民、化解矛盾，更加夯实了人民代表大会制度基层基础，增强了人民群众的民主法治意识。

二　密切联系群众，发挥“人大代表之家”作用，推进基层民主法治建设

习近平总书记深刻指出：“人民代表大会制度之所以具有强大生命力和显著优越性，关键在于它深深植根于人民之中。”河北省人大常委会立足人大制度根植人民、密切联系人民群众这一出发点，把建设“人大代表之家”并发挥其作用作为加强县乡人大工作的重要抓手，作为丰富闭会期间代表活动的重要方式，作为代表联系人民群众的重要载体，作为人大工作植根人民群众的重要渠道，采取有力措施全面推进。

（一）主要做法

一是在统一规范上下功夫。制定出台了《“人大代表之家（站）”建设指导意见》，对各地“人大代表之家”“人大代表联络站”建设数量以及软

硬件设施进行了标准量化，使每一个“家（站）”都做到有场地、有标牌、有制度、有档案、有经费、有人员、有资料、有公示，推动了乡镇人大工作深入扎实开展。二是在发挥作用上下功夫。出台了发挥“人大代表之家（站）”作用指导意见，各地按照指导意见要求，统筹安排五级代表进“家（站）”活动，定期接待选民群众，组织主题活动，宣传党的路线方针政策和宪法法律，听取群众意见建议，答疑释惑、化解矛盾，发挥了解民情、反映民意、集中民智的独特作用，使代表权力真正用来为人民谋利益、谋幸福。三是在服务群众上下功夫。各地依托“人大代表之家（站）”，紧紧围绕改革发展稳定重点工作和基层民治法治建设，以及人民群众普遍反映的热点问题，充分发挥代表依法履职平台的作用，定期组织开展调研视察活动，提出了许多有价值、有实效的意见建议，转交有关部门研究办理。此外，还有的地方依托“人大代表之家（站）”，开展向选民述职活动，接受群众询问和监督等。

（二）取得成效

目前，全省各乡镇（街道）已建立“人大代表之家”4094个，不仅实现了全覆盖，在基层民主法治建设中发挥了重要作用，部分地区还尝试建立网上“代表之家”。“人大代表之家”“人大代表联络站”等人大代表活动载体的创新，有效激发了人大代表履职尽责的积极性，让代表不再会上“举举手”，会后变成“潜水手”。通过调查，广大群众纷纷表示，“过去是选民有事上门找代表，现在是代表主动下村找选民”。通过着力打造“人大代表之家”的民主法治环境，营造代表积极履职氛围，延伸人大工作“臂膀”，做实人大工作内容，增强人大工作活力，充分展现“人大代表之家”的窗口形象，使我国基层民主法治宣传教育成果得到直观体现，使人民代表大会制度本质特征和优越性在基层得到生动展现。通过加强“人大代表之家”建设，人民群众的诉求和愿望直通国家权力机关，党的主张和人民的意愿通过国家权力机关更好地统一起来，人民代表大会制度优势进一步彰显。

三　依法履职尽责，努力推动县乡人大工作呈现崭新局面

组织建设得到进一步加强，“人大代表之家”作用进一步发挥后，河北省人大常委会还抢抓机遇、乘势而为，把推动县乡人大依法行使职权、依法开展工作摆在突出位置，全面提高基层人大工作水平，真正使人大成为有权威的人民权力机关，充分发挥人民代表大会制度的优势和功效。全省县乡人大依法行使各项职权有序有力有效。

（一）主要做法

一是提高各类会议质量。县级人大常委会和乡镇人大主席团都建立和完善了会议制度，紧紧围绕本行政区域中心工作确定会议议题，并合理安排会期，有效解决了人代会因会期短而造成的重程序轻实效、重选举轻审议等问题。二是强化监督工作。县乡人大切实把宪法法律赋予的监督权用起来、用到位，做到敢于监督、正确监督、有效监督。普遍开展了听取专项工作报告、执法检查和代表视察调研活动，强化监督跟踪问效，确保每次监督都能一抓到底、取得实效。三是做好重大事项决定工作。按照省委制定下发的关于健全人大讨论决定重大事项制度、各级政府重大决策出台前向本级人大报告的实施意见，县乡人大把听取审议工作报告、审查批准计划和预算作为行使重大事项决定的重点，依法认真负责地作出决议、决定；积极探索、勇于实践，着力提高讨论决定的科学化民主化法治化水平。

（二）取得成效

经过持续努力不断推进，全省县乡人大工作整体水平明显提高。会议次数得到了明确。县级人大每年至少举行一次大会，县级人大常委会每两个月至少举行一次会议，乡镇人大一般每年举行两次大会。会议内容得到实化。人大代表依照代表法的规定优先履行代表职责，保证出席率；人大代表和常

委会委员围绕议题讨论发言，提出意见建议；认真做好审议意见的梳理和代表建议交办、督办及办理情况反馈等工作。监督方式方法进一步改进。健全了机制措施，综合运用多种手段，对“事的监督”更加精准，对“钱的监督”更加细致，对“人的监督”更加严格，为加强民主法治建设和全省人大工作进一步创新发展创造了有利条件、奠定了良好基础。

四　不断健全机制，推动全省县乡人大工作和基层民主法治建设再上新台阶

尽管河北省县乡人大工作和基层民主法治建设得到了全面加强，但我们也要清醒地看到仍存在的一些不足和差距，主要表现在：县级人大常委会组成人员的知识结构和年龄结构不够合理，常委会专职委员比例，多数县（市、区）没有达到60%；县级人大常委会人员配备不足，不同程度地存在“一人委”问题，影响了工作的正常开展；乡镇人大主席、副主席和工作人员还存在代行党政职权、分管政府工作现象，不能把主要精力真正用于人大工作，“既当运动员又当裁判员”；部分地区“人大代表之家”作用发挥不够充分；等等。

存在上述问题的原因，主要是个别地方对中央和省委关于加强县乡人大工作的重要意义认识不够充分，贯彻落实抓得还不够实、不够紧，工作推进不平衡，落实成效参差不齐等。一是相关法律政策没有用足用好。虽然各地都对中央文件和省委实施意见、指导意见进行了学习贯彻，但个别市县在推进落实上还有一定差距，没有充分用好相关政策。比如，中央和省委文件明确提出有条件的乡镇可以配备人大副主席，但在实际操作过程中，全省还有300多个乡镇没有设立专职人大副主席和主席团办公室，未明确工作人员，在一定程度上影响工作的开展。二是对人大日常工作精力投入不足。中央要求乡镇人大主席、副主席要把主要时间和精力放在人大工作上，但是部分乡镇人大主席、副主席“专人不专职”，分管工作过多，配备的工作人员变动频繁，致使业务不熟悉，影响了乡镇人大的正常工作。三是部分基层人大代

表素质有待进一步提升。部分代表简单地把“人大代表”这一职务看成荣誉，参加活动不积极，履职能力不高，一定程度上影响了“人大代表”在群众心目中的形象。

2019 年，省人大常委会决定在全省人大系统开展“河北发展、人大尽责”主题实践活动，动员全省人大系统积极行动起来，依法履职、科学履职、充分履职，服务河北改革发展大局。下一步，通过深入开展主题实践活动，彻底解决好县乡人大工作和建设中存在的突出问题，增强县乡人大工作内生动力，夯实基层民主政权基础，加强基层民主法治建设，助推新时代经济强省、美丽河北建设，进一步展现“河北发展，人大有责”的时代风貌。

B.15

新时期“枫桥经验”的河北实践：河北省开展“一乡一庭”工作调研报告

董　颖*

摘　要： 2013 年，河北省法院系统在全省探索开展一乡镇一法庭建设，成为司法资源参与基层社会治理的重要实践。“一乡一庭”工作开展以来，在不增加人员编制、不增加办公用房的情况下，与乡镇党委联动，为化解基层社会矛盾，减少诉讼案件的数量做了大量工作，产生了明显的工作成效，成为新时期河北省打造司法系统“枫桥经验”的样板。但工作推广中仍存在一定问题，应进一步改进工作，利用司法资源的优势，在河北省基层社会治理中发挥更大的作用。

关键词： “一乡一庭”　基层社会治理　多元矛盾化解机制

近年来，河北省各级政府及司法机关在基层社会治理中不断开拓新路径，其中，河北省法院系统的“一乡一庭”是正式司法资源参与基层社会治理的创新做法之一。主要做法是：在原有的中心法庭基础上，选配一名优秀法官担任新设法庭庭长，再从乡镇所在地推选若干人民陪审员参与法庭工作；不新建办公用房，依靠乡镇政府调整 1 ~ 2 间房办公，地点安排在乡镇政府院内。新设法庭的主要职能不是审判，而是履行调解、指导民调、司法确认、联系培训人民陪审员、普法宣传、参与综合治理 6 项职能。原有中心

* 董颖，河北省社会科学院法学研究所研究员，研究方向为犯罪学、社会治理。

法庭也在改革过程中拓展了这些功能。

“一乡一庭”走出了传统派出法庭建设的思维定式，弥补了巡回审判的不足，使法庭扎根于基层乡镇，创出了一条以法庭为中心的基层矛盾化解和社会治理的新路子，体现出社会治理中依靠群众、矛盾不上交、就地处理、及时化解等特点，正是“枫桥经验”的精髓。目前“一乡一庭”已实现了在全省的全覆盖，并逐步开展工作，但总体并未达到预期效果。在分析研究的基础上，课题组认为河北省应及时总结“一乡一庭”实践经验，针对存在的突出问题，提出完善“一乡一庭”的举措，努力打造新时期“枫桥经验”的河北品牌，发挥司法在多元化纠纷解决机制中的重要作用，不断提升社会治理的能力和水平。

一　“一乡一庭”推广的现状

（一）在乡镇建立法庭的初衷

法院系统原有的最基层法庭是中心法庭，中心法庭覆盖几个乡镇，群众诉讼较为不便。“一乡一庭”不同于基层法庭，不具备法庭的审判职能，是在不增加财政投入、不增加人员编制的基础上，在每一个乡镇都设立法庭，由乡政府解决办公用房，结合人民陪审员倍增计划，主要吸收人民陪审员参与纠纷调解，坚持把办案的着眼点放在疏导情绪、化解矛盾上，基层法庭基本形成了“1名庭长+N名人民陪审员+1名书记员”的运作模式。庭长的职责，是要运用自身的法律知识和政治智慧，调动这个乡镇其他有关部门来共同努力化解矛盾，传达法治的信息和声音，人民陪审员是司法调解的主力，来源于基层，对乡土人情具有充分的了解，也具有较高的威望。这样，一些简单的矛盾可以通过调解及时化解，既防止了矛盾激化，又有利于减少诉讼，减少信访案件，并及时将群体性事件化解在萌芽状态。

（二）“一乡一庭”的优势和成效

随着人们法律意识的增强，农村土地侵权、相邻关系、借贷、婚姻家庭等各种矛盾纠纷，更倾向于诉诸法律，并得到司法性的确认。提升乡村发展和治理的制度化、法治化水平，需要通过法治的手段来解决和处理。

1. 正式法律资源的优势

目前，基层政府提供了各类解纷机制，如基层司法所、派出所、村委会等。但随着工作任务日趋繁重，工作重心也有所转移，司法所无暇处理日益增多的社会矛盾。通过“一乡一庭”这一有效的平台，将基层治理资源充分地激活，使调解员、陪审员、信息员、监督员所从事的工作融合在一起，“拧成一股绳”，形成了社会矛盾纠纷的预判、预防、化解以及法治宣传教育的一体化格局。

“一乡一庭”下沉基层后，为基层治理带来了法治权威，对于民众的诉求和疑惑，能够从法律层面充分论证分析，使得以人民法庭为中心的基层治理“有底气”，民众对此也充满信心和信任。除调解纠纷，乡法庭还对通过其他渠道达成的协议进行司法确认，增强了调解协议的效力，并接受群众咨询，开展法制宣传，提升公民法律素养，推进农村法制建设和道德文明建设；培训人民陪审员，参与社会综合治理，协调联动，化解矛盾，通过简单民事案件调解，指导人民调解组织开展工作，越来越多地得到了当地群众的认可。

2. 人员的优势

基层乡镇的纠纷主要包括土地、林地、相邻关系，婚姻家庭、财产继承等，有时因双方当事人不够冷静，情绪激动酿成冲突事件，有些纠纷的起因是很小的事件，但情绪失控之下为了“争一口气”，形成诉讼反而更不利于矛盾的解决，而及时调解则产生完全不同的效果。法院派出的庭长具备专业的法律知识，人民陪审员来自各个领域，有法院系统退休工作人员、学校退休的教育工作者、乡镇退休干部以及其他热心调解纠纷、维护地方安定的人士，他们熟悉当地民情，且在当地有较高威望，懂得社情民意，善于做群众工作，使矛盾在法律框架下，参照公序良俗得以解决，容易为双方所接受。二者结合体现出了法律资源和乡土资源的有效整合，使调解协议更容易落实。如正定县北早县乡法庭陪审员祁文芝曾用一个月时间成功调解 184 户业主房产纠纷案，调解率达 92.3%，荣获河北省 2017 年度“十大法治人物”。

3. 工作成效

“一乡一庭”开展以来，各地结合本地自然条件及当地社会经济发展状况，探索了许多具有创新性的做法，取得了相应的工作成效。如承德地区围场、丰宁均属少数民族自治县，皆处在山区，地域广阔，乡镇距离城市较远，村民诉讼多有不便。自乡镇建立法庭以来，乡法庭每年平均登记纠纷案件 40 ~ 50 件，由于这些矛盾得到了及时化解，未形成诉讼，减少了基层法院人少案多的办案负担。有些村成为“无讼村”，从一个侧面反映出“一乡一庭”工作的成效。各地反映信访案件明显减少，有些乡法庭人民陪审员通过耐心细致的工作，深入乡村，化解了涉及几十人的案件，有效防止了群体事件的发生。从 2015 年 1 月至 2018 年 11 月，承德市两级法院通过“一乡一庭”机制，共调解纠纷 4170 件，指导调解纠纷 1565 件，司法确认 333 件，接受群众咨询 12019 件，开展法治宣传 1800 余件次，培训陪审员 659 次，参与社会综合治理 800 余次。廊坊安次法院收案总数首次实现负增长，从 2016 年收案数 4805 件减少至 2017 年的 4625 件，收案态势得到遏制，显现出基层法庭在化解矛盾纠纷和积极服务乡镇经济发展上的作为。2016 年以来，在全国法院收案数平均增幅 20% 的情况下，邢台市经济开发区法院收案数特别是民事案件收案数逐年下降，降幅平均达到 18%。2018 年临城县人民法院诉非衔接中心共向各法庭转交纠纷 146 件，调解成功 85 件，各乡法庭自己受理纠纷 500 余件，仅 72 件到法院立案进入诉讼程序。这都得益于邢台法院诉调对接、多元化解矛盾纠纷工作。衡水法院深层推进“登”字号改革和“一乡一庭”工作，截至 2018 年 9 月，全市法院民事、行政案件收案 20180 件，进入诉前调解系统的案件 5431 件，调撤 11000 余件（含诉前及诉内），平均调撤率为 55% 左右，邯郸市法院在 2018 年前 11 个月，诉前化解纠纷 8539 件，全市法院“一乡一庭”诉前调解 3627 件，法官指导调解 2267 件，开展宣传 588 次，参与社会综合治理 534 次，全市无诉讼乡 8 个，无诉讼村 863 个，民事案件同比下降 2.3%，大量矛盾化解在萌芽状态。2013 年以来，全省新成立 1179 个人民法庭，加上原有中心法庭 830 个，法庭扩充为 2009 个，全省实现了乡镇法庭全覆盖。同时，依托便携式数字法庭，将全省数字法庭建设成本降低80%，彻底打通法院专网“最后一公里”。截至目前，全省法院完成网上法庭全覆盖。

4.“一乡一庭”得到了乡政府的支持

积极参与基层社会治理，是人民法庭的重要职能。河北各地法庭着眼于点、立足于面，做好矛盾化解工作。同时，从大局出发，灵活运用庭审观摩、以案释法、判后答疑、公众开放日等活动，强化法律指引、教育、评价功能，增强群众的法治意识，引导群众遇事找法，从源头上强化社会治理的基础。许多法庭以灵活的方式开展法制宣传，如衡水市安平县大何庄法庭前头是农村大集，每逢赶集的日子，十里八村的乡亲都来到这里。每到这时，庭长经常带着干警在门口“支起摊子”，给村民发放普法材料，接受群众咨询，有的案件现场就得到了调解，过后还会定期回访，倾听当事人和周围群众的意见。一方面减少了信访隐患，另一方面增强了群众的法治意识以及法治共识。

“一乡一庭”工作在实践中产生了实效，因此得到了乡镇政府的支持，缓解了乡政府治理的压力，中心法庭指导工作，与司法所各自发挥作用，形成合力，调查中，有的乡党委书记认为这是“1+1>2”的效果。这项工作整合了各方力量，实现了人民调解、司法调解与行政调解的优势互补，方便了群众诉讼，为全省社会和谐稳定做出了贡献。

二　目前存在的主要问题

（一）“一乡一庭”的推广不尽如人意

尽管“一乡一庭”得到了乡镇政府的支持，在法院内部推广却不尽如人意，主要是员额制实施以后，一线办案法官人数减少，特别是实行立案登记制以后，基层法院案件成倍甚至几倍增加，普遍认为抽出一名法官督导“一乡一庭”工作存在困难。有些法院虽然在乡法庭配置了一名专业法官，却极少进行工作指导。使乡法庭预计的权威性和专业性下降。

一些乡镇法庭的设置不合理。各乡镇对法庭的重视程度不同，先设的法庭在群众中有了一定知名度，后设的法庭却缺少影响力，加之宣传不够，未充分发挥法庭应有的作用。有些业务性不强的矛盾纠纷，往往通过乡镇干部或司法所的力量处理，而矛盾突出，需以专业法律知识调解的案件，却因辖区面积大，法官人数少，确定到乡镇法庭任职的法官不能实际到乡镇法庭开展工作，使部分法庭处于有名无实的状态。有些调解成功的案件也不能进行司法确认。

（二）案多人少，人民陪审员的作用未得到充分发挥

以矛盾纠纷为主的民商事案件在一些乡村逐年上升，群众的司法诉求也不断增多。案多人少的矛盾在基层法庭较为突出。中心法庭忙于结案、送达、执行，还要承担巡回法庭开庭、诉讼调解、法律政策咨询、信访接待、指导调解和参加社会治安综合治理等任务，案件数量逐年增长。“一乡一庭”所配备的庭长具有象征意义，要求定期指导工作，但他们同时也是法院审判业务的主力，日益增多的案件数量导致办案压力加大，时间和精力明显欠缺，案多人少的矛盾突出。人民陪审员也因此得不到及时的培训，有些乡镇虽招募了一些人民陪审员，但实际工作的却只限于一两人，作用未得到充分发挥。

（三）人民陪审员的待遇未得到保障

目前，全省各地乡法庭到位工作的人员都是人民陪审员，大多是所在地有一定威望，熟悉民情，且热爱这项工作，愿为当地化解矛盾、实现和谐稳定贡献力量和智慧的人士。但单纯依靠工作热情并非长久之计，有些调解人员为了解案情，常深入乡间，在承德等山区，村与村距离遥远，交通费都由个人承担，所做工作接近公益。法庭的办公经费较少，办公设备得不到及时更新。在一些山区，中心法庭离各乡镇法庭很远，人员、车辆、经费保障存在一定的困难，法庭的法官、干警外出解决纠纷、处理案件时，经常难以得到正常的休息。聘用的人民陪审员虽然每月定额领取补贴，但日常办公开支和工伤保障等成为问题，在办案过程中如出现意外伤害，得不到合理的保障。这种局面持续下去容易打消人民陪审员的积极性。

（四）安保措施尚未健全

乡镇的法庭在审判矛盾化解的一线，经常要受理一些冲突事件，有些是应激发生，有些积怨较深，当事人对立情绪较大，可能在法庭内发生冲突，危害到法庭工作人员的安全。乡镇政府工作任务繁重，法院也不可能派出更多的力量从事安保工作，如何保证工作人员的人身安全应引起关注。

（五）制度建设尚未完善

尽管全省法院系统实现了“一乡一庭”全覆盖，但很多法庭制度建设尚不完善。人民陪审员职责，法庭工作流程，登记、考勤、调解规则不明确，在制度框架上还存在“真空”地带，对社会调解组织的业务指导、基层调解人员的业务培训、法庭工作的激励和考核机制等问题还缺少制度层面的支撑，有些法庭建立后长期处于空置状态，未能有效开展工作。

三　推动“一乡一庭”工作开展的建议

（一）加大宣传力度

群众遇到纠纷，第一时间是否会想到基层法庭，还需要高频率宣传，努力营造人人皆知的社会氛围。市县两级法院充分利用电视、广播、报纸、网络等媒体，广泛宣传“一乡一庭”工作，可在新闻媒体上设置专栏，公布基层法庭设置地址、驻庭法官及人民陪审员等相关信息，方便群众诉请。如承德丰宁满族自治县印制了“一乡一庭便民手册”，清晰地显示了以中心法庭为主导，人民陪审员为骨干，村级“民调主任”为主体的民事调解组织网络。依靠乡（镇）、村社会力量化解民事纠纷，积极参与社会治安综合治理，加强与人民陪审员、民调员的联络。

（二）法院内部统一认识

使这项工作真正落实，还要在法院内部做起。各级法院应转变观念，从社会治理的角度重视“一乡一庭”工作。将案件及时化解在萌芽状态，防止矛盾激化，也有利于减少诉讼案件。一是提高思想认识。将设立乡人民法庭放在基层社会治理的大背景下来认识。二是转变工作思路。基层法庭的庭长因自身工作繁忙，难以驻守在法庭，可通过互联网对人民陪审员进行远程指导。三是通过诉调对接，对一些案件进行分流，针对不同性质的纠纷，及时邀请相关专业人员和人民调解员参与调解，使之成为纠纷解决的平台、集散地和调节站，做到“案畅其流”，对乡、村两级调解组织的调解案件进行调解指导，同时对符合条件的案件提出法官建议，引导当事人申请司法确认，提高当事人对人民调解的认可度。使一些案件通过人民调解 + 司法确认的形式得到解决。四是提高政治站位，积极主动作为，将化解基层社会矛盾与审判工作同等对待，促进乡镇法庭工作的规范化。应鼓励根据不同地区的特点创新工作机制。如有的基层法院通过在中心法庭加设诉前调解室，最终形成“一乡一庭”诉前调解乡镇全覆盖的大格局。并按照正规化要求，统一档案标准，建立了与县法院的“云视讯”互通系统，收到了良好的效果。

（三）改善人民陪审员的待遇

人民陪审员是“一乡一庭”工作的主要力量。人民陪审员的待遇及办公条件的保障应引起重视，只有这样才能保证工作的稳定性，走上良性运转的轨道。目前，人民陪审员每月可领取固定的补贴，但普遍比较微薄，法院应积极协调乡党委、政府等部门拓宽资金渠道，增加人民陪审员的收入，同时配备交通工具，或解决办案交通费，并对完成化解基层社会矛盾工作出色的人民陪审员给予适当的奖励，包括物质方面与精神方面的奖励，以形成激励机制。应完善事前应对机制，对可能出现的安全问题有一定预判。完善电子监控设施的配备，并与乡镇政府联动，配合一定的安保力量，发现安全问题及时干预，也可结合实际，设置安检门、摄像头、报警装备、警用器械等安保设施，确保法庭工作正常运转。防止人身伤害事件的发生。

（四）发挥司法资源的优势，保证正式司法人员到位

“一乡一庭”要求做到“法庭有位、法官有影，法治有声”。乡镇法庭选派一名正式司法人员担任庭长，对“一乡一庭”工作的开展具有重要意义。尽管这名庭长不一定长期驻守在法庭，但代表着正式司法力量。可运用自身的法律知识，运用法律手段指导纠纷的解决。由于各基层法院办案任务较重，这名庭长可考虑吸收未入员额的法官来担任。另外，为使人员配置更合理，不能满足于暂时的息事宁人，而应从长远出发，引进具有专业知识的人员，如尚未就业的法律专业毕业生充实到法庭中来，一方面可以积累经验，了解社会，另一方面，也可参与法律宣传、法律咨询，为基层社会矛盾化解增添新的有生力量。

（五）加强对人民陪审员的培训

“一乡一庭”的工作主体是人民陪审员，因此人民陪审员的遴选和培训非常重要。要把好陪审员入门关口，确保在当地有一定影响、令群众信服、诚信公道并热心化解基层矛盾纠纷的人士参与到“一乡一庭”工作之中。人民陪审员的培训要注重长期性，抓住重点，主要可从以下方面入手：一是定期组织辖区内的人民陪审员进行法律知识的培训，发放书籍，特别是有关土地、物权、继承、治安管理处罚法等方面的知识，同时培训相应的法律技能；二是利用互联网手段，鼓励人民陪审员利用线上手段学习法律知识，可在法院网中开辟学习专栏，除法律条文学习，还可将典型案例上传网上，吸引陪审员分析和讨论；三是从长远出发，培养人民陪审员的法治思维，使矛盾和纠纷的化解在法治轨道上进行。如正定法院建立了“巡回指导小组包庭调处案件”制度，在完善原有的庭长负责“一乡一庭”工作的基础上，抽调多年工作在民事一线、调解经验丰富的3名未入额法官，组建3人“巡回指导小组”，每人分包3个“一乡一庭”，负责该法庭的诉调业务及婚姻

家庭类案件，每周至少巡回两次，保障用车，发现问题，及时解决。这不仅显示出对“一乡一庭”工作的高度重视，也有利于带动人民陪审员提高业务素质，在实践中达到培训的目的。

（六）加强力量整合，努力打造“枫桥经验”的河北品牌

社会经济深入发展，利益格局不断深化，新类型矛盾纠纷层出不穷，仅靠法院单一的诉讼机制来应对纷繁复杂的社会纠纷和冲突，显然不足以缓解社会矛盾。全面加强多元化纠纷解决机制，是法院系统坚持发展“枫桥经验”的时代使命。

“一乡一庭”得到了乡党委的大力支持。除了发挥司法资源的优势，基层法庭还应在乡党委的统一领导下，协调司法、村两委、人民调解员等各方力量，凝聚调解合力，发挥各自的优势和作用，取长补短，多渠道化解矛盾纠纷，融入基层网格化管理。应充分利用信息技术手段，实现法院内部资源共享，完善诉调对接，并实现跨区域、跨领域、跨部门配置资源，形成互联、共治的格局，并大力推进与政府管理、公共服务等部门的数据资源整合和集成应用。在很多法院，法官与诉调对接部门、调解组织、律师组建了微信工作群、QQ 群、微信公众号，频繁的交流沟通培养出一支有力的特邀调解员队伍，探索出“人民调解 + 行业调解 + 行政调解”“法官指导调解 + 律师参与调解”“特邀调解 + 联合调解”这样的“3 + 2 + 2”联动调解模式。实现法院诉调对接中心与行业调解组织、司法所、乡镇办、社区（村居）调委会的无缝对接，引入各种社会资源，不断丰富非诉讼纠纷解决方式，其目的就是将法院诉讼化解纠纷的职能延伸到调解全过程，让大量的纠纷化解于诉前。法院将“登”字号案件送到“一乡一庭”后，与司法所调解人员共同办理，全力合力化解矛盾纠纷。双方在处置民事纠纷中共同研判、定期指导、信息互通的基础上，实现人民调解和诉讼调解的有效衔接，有效提升人民调解组织化解矛盾的能力，切实发挥基层调解组织在维护社会稳定中的“第一道防线”作用，做到小事不出村、大事不出镇、矛盾不上交，减少诉讼，节约司法成本，使“一乡一庭”成为新时期“枫桥经验”在司法领域的样板。

B.16
河北省乡规民约调研报告

蔡欣欣　曹 哲*

摘　要： 乡规民约是乡民共同意志的重要体现，在构建共建共治共享的社会治理新格局、推动创新农村基层社会治理的新模式、助力构建社会矛盾风险防范化解的新体系等方面发挥着重要作用。制定和实施适应新时代要求的乡规民约，不仅是提升农村群众道德水平、培育文明乡风的关键举措，更是实现社会善治的重要方式和有效载体。河北省积极推动乡规民约的实践探索，完善乡规民约制度建设，加强贫困地区文明建设，激活乡规民约重要作用，创新实施不同类型乡规民约。在实践当中涌现出以邯郸市永年区、承德市兴隆县上庄为代表的落实乡规民约的典型案例。针对乡规民约实践中存在的问题，本报告提出如下对策：把握时代性，为乡规民约注入新内涵；掌握规律性，以乡规民约滋养法律文化；重视传播性，结合优秀家训家风建设；突出关键性，以精神扶贫增强脱贫动力；用好激励性，推广乡风文明评比活动；强化可测性，科学实施乡风文明考核；发挥专业性，完善乡村法律顾问服务。

关键词： 河北省　乡规民约　社会治理　乡风文明

* 蔡欣欣，河北省社会科学院法学研究所副研究员，主要研究方向为经济法、行政法；曹哲，南开大学马克思主义学院博士研究生，主要研究方向为马克思主义中国化研究。

党的十八届四中全会作出全面推进依法治国的伟大决定，并强调把乡规民约摆在社会治理的重要位置。党的十九大进一步指出，要健全乡村治理体系，注重自治、法治、德治相结合，推进社会主义核心价值观在人们情感认同和行为习惯方面的转化，深入挖掘中华优秀传统文化，并结合时代要求继承创新其蕴含的思想观念、人文精神和道德规范。2018 年 12 月，民政部、中央组织部、中央政法委等 7 部门联合颁布了《关于做好村规民约和居民公约工作的指导意见》，规定了全国所有的村、社区到2020 年时，需普遍制定或修订形成务实管用的村规民约、居民公约，推动健全党组织领导下自治、法治、德治“三治”相结合的现代基层社会治理机制的工作目标，充分发挥村规民约与居民公约的积极作用，推动形成多维度依法治理，不断提升城乡社区治理能力和治理水平。2019 年 5 月，中央全面深化改革委员会第八次会议审议通过了《关于进一步推进移风易俗建设文明乡风的指导意见》，指出进一步推进移风易俗、建设文明乡风是实施乡村振兴战略的重要组成部分。要有效发挥村民自治重要作用，创新工作措施和方法，因地制宜推进移风易俗，遏制陈规陋习，提高乡村社会文明程度。概而言之，新时代，以习近平同志为核心的党中央在致力于推进依法治国的同时，高度重视发挥乡规民约在基层社会治理中的重要作用。习近平总书记多次就发挥乡规民约作用、推进移风易俗、建设文明乡风等作出重要指示。

一　乡规民约在新时代河北省乡村振兴中的价值简述

在中国古代社会的法规之外，因由调整乡村社会、乡里、乡民之需而逐渐产生出自治规约，即是“村规民约”或“乡规民约”。在中国几千年的文明长河中，乡规民约联通了国家法与民间社会规约，在调整和规范社会关系、维护社会秩序等方面发挥了举足轻重的作用，具有独特的价值。可以说，乡规民约是中国传统法律文化的瑰宝。乡规民约立约明确，强调正风厚俗、以全良善、以禁非为、和息止讼、以讲律法、不违法律等立约目的，表征着我国自古有之的德礼法治文化传统。无论采用何种方式产生的乡规民约，都坚持了共议、公议、商定、公定等公共性立约原则，体现了乡民的共同意志，具有乡村社会的契约性质。新时代农村群众道德水平的提升、文明乡风的培育、社会善治的实现都要求我们必须重视乡规民约，有效发挥其功用。乡规民约之于新时代河北省乡村振兴的价值，主要体现在以下几方面。

（一）以群众为中心，构建共建共治共享的社会治理新格局

人民群众是基层社会治理的力量源泉。为了群众、依靠群众是乡规民约的基点，也是其不断演变发展的基础。在新时代，乡规民约要真正起到约束村民行为、保障群众利益、为群众办实事解难事等积极作用，必须尊重群众的主体地位，以人民群众的新需要为导向。在制定和修订村规民约时，把中华传统治理智慧与现代治理理念相结合，通过动员群众、依靠群众、组织群众、凝聚群众，实现群众共同参与，培育群众自主意识，提升群众自治能力，推动形成社会共识。这样才能有效发挥乡规民约“村级小宪法”的作用，群众才能积极参与农村社会治理，打牢农村社会治理的基础，丰富基层群众的自治实践，在基层形成共建共治共享的治理格局。

（二）以善治为目标，推动创新农村基层社会治理的新模式

德治是中国数千年的历史传统，德育是中华文化的生命禀赋。乡规民约在坚持自治的同时，充分发挥了道德建设的教化作用，符合村民朴素的道德观和普遍的价值取向。乡规民约与法治相结合，指明了新时代基层社会治理的创新发展新方向。可以说，乡规民约强化了自治的基础作用，促进了村务管理的民主规范，健全并促进了各方参与、民事民议、民事民办、民享民管的新型社会治理体系。制定和修订村规民约，推进传统的乡规民约向现代转型，可以发挥中华优秀传统文化的现代功用，培育和践行社会主义核心价值观，通过乡贤的力量、生活礼俗的教化，化解民忧、维护民利，引导人们的行为，规范社会秩序，把社会稳定建立在较高的道德水准之上。

（三）以预防为基点，助力构建社会矛盾风险防范化解的新体系

社会矛盾大多是由利益冲突所引发，预防化解的关键是要促进社会公平正义、增进人民福祉。乡规民约的立约规约，重在预防。制定和修订乡规民约的过程是防患于未然、前瞻治理、前端控制、前期处置的过程，旨在基层社会治理中调和各方面的利益冲突，进而推动改革发展成果更多更公平惠及所有群众。乡规民约是让群众参与、成果由群众获得、成效让群众评判的有效形式，可以在潜移默化中引导其成员在法治的轨道上主张权利、解决纠纷。在现代社会治理体系中，乡规民约发挥其独特作用，在源头上把问题化解在摇篮里，解决在基层，阻断风险传导的链条，有效防止矛盾风险的产生，真正实现“小事不出村、大事不出镇、矛盾不上交”，促进百姓和顺、城乡和美、社会和谐。

二　近年来河北省乡规民约的实践探索

河北省认真学习习近平总书记关于乡规民约的一系列讲话精神，深入贯彻党中央国务院关于乡规民约的有关政策，结合河北实际，出台了一系列与乡规民约有关的政策制度，扎实推动乡规民约的实践探索，取得了一定的成效，可以概括为如下几方面。

（一）重视乡风文明，完善乡规民约制度建设

2018 年 2 月，河北省委、省政府印发实施了《关于实施乡村振兴战略的意见》，规定建立并完善发展乡规民约，培育和发展红白理事会、志愿者队伍、新乡贤队伍等，组织开展“美丽庭院”、“最美家庭”、好妻子好儿女好公婆、星级文明户等评比创建活动，引导农民讲文明、树新风。改革婚丧嫁娶，破除大操大办、厚葬薄养、人情攀比等陋习，倡导勤俭节约的文明新风尚。探索建立道德的激励约束机制，发挥乡规民约的规范作用，推广建设“道德评审会”“道德红黑榜”等新型德治平台，引导农民自我管理、自我

教育、自我服务、自我提高，实现向上向善、孝老爱幼、重义守信、勤俭持家、邻里和谐、干群融洽。同年 11 月，河北省委、省政府印发实施了《河北省乡村振兴战略规划（2018～2022 年）》，指出为发挥好乡风文明的保障作用，要大力弘扬燕赵优秀传统文化，挖掘乡村熟人社会所蕴含的道德规范，推进农村思想道德建设和公共文化建设，培育文明乡风、良好家风、淳朴民风，为实现乡村振兴凝聚强大的精神文明力量。

（二）着力脱贫攻坚，加强贫困地区文明建设

近年来，河北省不断创新机制体制，激发贫困地区及贫困人口的发展活力，打破贫困地区发展瓶颈。如发挥农村守望相助的传统和优势，提高农村社区服务能力，设立村级孝心基金，开展邻里互助。加强贫困村移风易俗、乡风和村规民约等文明建设。逐步建立健全基本公共服务、志愿互助服务、市场化服务衔接互补、惠及全农村居民的社区服务体系，提升贫困地区农村社区公共服务共建能力和共享水平。整合贫困地区村级组织活动场所等现有设施和资源，完善村民中心功能，拓展学前教育、妇女互助和养老、婚丧服务。配套建设集多种功能于一体的综合性服务设施，提高社区管理信息化服务水平，方便贫困农户办事和创业。利用“互联网＋”拓宽和深化综合信息服务功能，构建线上与线下相结合的贫困村农村社区服务新模式。以深化文明村镇创建为载体，以“四扶一补”（扶志、扶智、扶德、扶业和补短板）为重点，按照“四个干”抓落实机制，推动精神文明战线的资源和力量转向脱贫攻坚，聚焦主战场、展现新作为。

（三）挖掘文化资源，激活乡规民约重要作用

河北省拥有丰厚的乡规民约文化遗产资源。河北省现存的碑刻大部分与乡规民约相关。例如，河北省井陉县于家石头村民俗博物馆有 30 多块刻有历代乡规民约的石碑，如护林碑、节水碑、禁赌碑等，规范着当时村民们的日常生活；在邯郸市涉县偏城镇畔峪村关帝庙墙上，有清代禁赌博碑，记述了赌博的危害性，并记载了村民专门设置过巡赌人禁赌；邯郸市武安徘徊镇

泽布峧村有清朝道光年间的乡规民约碑，规定禁止向河沟内倾倒垃圾，违者罚款；邢台市临城南程村有清朝光绪年间的晓谕事照碑，规定水井为全村公有，任何人不准污秽；保定市满城翟家佐村北的莲花山上有清朝康熙年间的护林告示碑，告示民众保护山林果树；邯郸市磁县北贾壁乡新华村有清朝同治年间的古石碑，碑文篆刻了通过乡规民约来告诫村民保护环境的历史事实。在我国历史上，乡规民约以公意为基础，产生于最基层，与百姓的生活密切相关，成为百姓遵守的道德准则。充分挖掘这些优势资源，以参观展览、故事解读、创作题材等方式实现创造性转化创新性发展，不仅能够激发群众的认同感，涵养文明乡风，而且可以助力乡村经济社会发展。

（四）鼓励基层创新，实施不同类型乡规民约

“百里不同风，千里不同俗。”由于自然禀赋、经济基础、文化传统等不同，不同乡村的发展水平、民风习俗等实际情况可谓大不相同。因此，鼓励基层创新，必须考虑不同乡村的差异性特殊性，在此基础上探索实施不同类型乡规民约。近年来，河北省在鼓励基层创新、推动乡村实施不同类型乡规民约方面取得了明显的成效，涌现出一些典型事例。例如，邢台市邢台县南石门镇以全面修订乡规民约为抓手，以优化农村社会综合发展环境为宗旨，持续推进乡村振兴战略落地落实，将乡规民约制度化，把农村自治系统化，强化村民自治举措，规范村民生产生活秩序，不断优化村民综合素质，巩固法治社会建设成果。在修订乡规民约时，将文明户创建、星级家庭户评选、好儿媳和好妯娌评比等活动补充到乡规民约的相关条款中，指导精神文明建设，引导村民崇尚遵纪守法、邻里和睦、科技致富等健康向上的道德风尚。该镇23个重点村在实施厕所改造过程中，改建方式、施工方案、建设工程由村民表决后纳入乡规民约的村庄管理相关条款，村民相互监督执行，改造任务按期完成，村庄面貌焕然一新。又如，秦皇岛市北戴河新区计划生育协会着力推动计划生育乡规民约工作落到实处。该区计生协主要采取了“四项措施”：指导到位，确保新制定的乡规民约具有可操作性；严格程序，

确保新制定的《计划生育村规民约》合理合规；内容充实，确保计生家庭责、权、利的统一；验收评比，确保《计划生育村规民约》扎实推进。通过深入细致工作，正确引导各村处理好责任、义务与权利的关系，赢得群众的广泛支持。再如，唐山市路北区纪委监委在基层党风廉政建设工作中，引导百姓依据党的方针政策和国家法律法规，充分发挥百姓自治，制定乡规民约，提倡红白喜事简办，推动移风易俗，树立廉洁乡风。针对农村“红白喜事”大操大办的现象，乡规民约进行了严格规定，凡是党员干部，必须提前到乡镇纪委报备，签订《廉洁从俭承诺书》，进行提醒谈话。凡是普通群众，到村红白理事会报备，按乡规民约执行，由各村纪检员监督。乡规民约在自我约束、自我服务、自我监督的村民自治活动中发挥了教育引导和约束惩戒作用，以村民自治的积极性主动性助推了基层党风廉政建设工作。

三　河北省基层乡规民约典型案例

（一）邯郸市永年区典型案例

治理有效是乡村振兴的基础。近年来，邯郸市永年区聚焦乡村治理体系和治理能力建设，在全区推动乡规民约的制定和实施，探索自治法治德治的有机融合、同向发力，实现乡村社会和谐有序。其一，推动移风易俗，树立文明乡风。邯郸市永年区为了整治天价彩礼、铺张浪费、邻里占地纠纷等突出问题，在2018年初制定并实施了乡规民约，并对村务管理、村务管理、村民自我管理、红白喜事、住房建设、环境卫生、文明新风等方面做了明确规定。经过一年多的治理实践，之前存在多年的陈风陋习得到有效整治，各村风清气明，邻里和谐，矛盾纠纷、上访告状的事明显减少，居住环境卫生条件有效改善，村民们认同乡规民约，并将其作为调节关系、实现自治的准则。邯郸市永年区不断总结这项工作的好经验好做法，并将乡规民约作为改善乡村治理的重要措施。其二，围绕中心工作，提升组织建设。邯郸市永年区西苏乡将乡规民约作为夯实基层党组织的“助推器”，以乡规民约来助力提升基层党组织领导能力，激发群众参与自治的热情，在共商共量之中促进乡村中心工作的开展。其三，选树道德榜样，引领道德风尚。邯郸市永年区在推动乡规民约的工作中，既注重解决乡村群众的现实问题，又注意规范乡村群众的思想行为，引导提升乡村群众的道德水准。邯郸市永年区将推行乡规民约同开展文明建设相结合，通过评选“最美永年人”、新时代“道德楷模”等表彰活动来引导乡村群众“见贤思齐，见不贤而内自省”，以此来推动改变家风，转变社风、民风，大力弘扬社会主义核心价值观，彰显中华优秀传统文化的时代价值。总而言之，乡规民约已成为当地社会秩序维护的重要防线，成为乡村群众自治的重要手段，促进了良好党风乡风民风的形成和巩固。

（二）承德市兴隆县上庄典型案例

看得见的山和水，听得见的“乡愁”，以读诗、诵诗、写诗怡养性情，以家规家训、格言警句育人立德。承德市兴隆县上庄位于燕山深处，这里森林茂密，溪水潺潺，自然生态环境良好。如今，上庄已成为享誉中国文坛的“诗上庄”“作家村”。其一，诗歌陶铸于上庄村民的日常生活。在这个仅有500多人的小山村里，写诗、读诗已成为一种风尚，从孩童到老人，读诗、背诗、写诗成了村民生活的常态，优秀诗歌的文化养分正在潜移默化地滋养着村民们的心田。新华社曾这样评价“诗上庄”：农民“诗意地栖居”不再是神话。这里建有农家书屋、诗人之家、诗上庄编辑部、诗歌馆、诗歌广场、书画院以及古今中外名诗碑林、诗墙。上庄因诗而声名远播，越来越多的国内外游客来到这里，与“山水相约”“与诗歌相会”。其二，以家规家训实现育人立德。家规、家训是治家教子、修身处世的行为规范与行为准则。一首首家规、家训、名言警句，使廉文化深深融入了诗上庄。如今的“诗上庄”，家家有家训，户户有藏书。在上庄村每一家的客厅墙上，均悬挂着诗人墨客为他们题写的家训警句，连不识字的乡亲也能背诵。为方便村民们学习传统文化，村里为每家每户编发了《诗上庄传统文化读本》。其三，打造誉满中外的诗歌文化名片。“诗上庄”在青山绿水的衬托下，以独特的文化背景和文化氛围，广受社会关注。近年来，上庄制定了乡规民约，建立了文化艺术团，组织了“好婆婆好儿媳”评选活动。同时，依托独特的诗歌文化优势，上庄大力发展文化旅游产业，探索包括基层党组织、旅游公司、合作社和农户等在内的协调联动的富民惠民新机制，已完成省级贫困村的脱贫任务，越来越展现出村庄振兴的美好前景。

四　河北省乡规民约实践存在的问题和对策

当前乡规民约的建设，虽已取得较大效果，但在它的制定与运行环节仍存在一些问题。例如，由于对乡规民约独特法律文化资源的理解不深，对其现代价值的挖掘不足，导致乡规民约的方式单一、行政化色彩较浓、文本篇幅较长、条款内容边缘化。有的乡规民约的可守性不足，缺乏健全的实施保障机制和措施，制约了乡规民约的有效性，不能充分发挥在治乡之规、理村之约方面的效力。为了解决上述问题，应引导乡村创新和传承乡规民约，从中吸取法治“营养”，探索乡村振兴有效治理的可推广方案，缓解乡村社会矛盾，净化乡村社会风气，提高乡村社会道德风尚，真正发挥好乡规民约的作用。具体来讲，应从以下几个方面来加强乡规民约实践工作。

（一）把握时代性，为乡规民约注入新内涵

尽管乡规民约经历了漫长的历史发展过程，绵延不断，但在当下，伦理认同、价值取向等已经发生了许多变化，需要摒弃其中的糟粕，应该审时度势立足农村社会的全面发展，嫁接法治观念，重新确立在新环境中不断产生的各类道德要求，尤其需要体现社会主义核心价值观的内容和要求。近年来，在基层诞生的乡规民约，既有传统文化基因的传承，又充分体现了乡里村民集体道德观念和行为规范。例如，农村垃圾迅速增加，而其处理速度与城市无法相比。如何让绿色重回农村，是当代乡规民约的重要内涵。在这方面，河北省晋州市北捏盘村修订的乡规民约有一章就专门对村容村貌做出了

明确规定：不准乱倒垃圾，所有家畜、家禽必须圈养，主要是街道的路面上不能和灰和泼水，除粮食外，不允许晾晒其他东西。又如，近年来乡村赌博的花样不断翻新，为了解决这一陋习，乡村要及时在乡规民约中增加禁赌新内容。再如，当下的农村土地问题，与历史上的截然不同，这要求乡规民约扩充体现新内涵，在新时代乡村振兴中充分发挥其作用。

（二）掌握规律性，以乡规民约滋养法律文化

与传统的乡村相比，现代乡村已有质的变化。在传统与现代化浪潮的双重夹击下，需要汲取乡规民约这一传统法律文化资源精髓，对其进行创造性转化，在其创新性发展过程中，需要尊重与把握乡规民约独特的法律文化价值和它的生成规律，挖掘培育运用乡村本土资源，通过自然合理的方法，融入社会主义核心价值观内涵。必须考虑到乡村社会的实际情况，切实建立起“不违道德”“不逾法律”，并且可仪、可则、可范、可守的乡规民约体系，弥补国家制定法的欠缺。只有这样做，才能够真正发挥乡规民约对现代农村“良法善治”的独特功能和作用，最终将法治观念和思维融入农村发展中，让“法治成俗”和“德礼为风”成为现代农村的时代风貌，谱写乡规民约创新转化的新篇章。

（三）重视传播性，结合优秀家训家风建设

家训是每一个家庭的训诫，优秀家训在塑造良好家风、构建和谐家庭关系等方面有着非常重要的作用。传统文化中的优秀家训，现如今在当代社会中发挥着重要作用；在传承和弘扬传统文化中，优秀家训是最具普及性、实效性，也是最接地气的。乡规民约规定了百姓间的伦理道德，并认同乡村社会的风俗，是乡村伦理道德建设的一杆秤。通过乡规民约传播优良家训，熏陶家庭，可实现正向的社会效应。推动家训传播、家风建设，领导干部要起到榜样引领作用，可通过干部议家训、写家训、创家训、晒家训等多种方式，依托电视频道、两微一端，推送干部家风家训的故事，弘扬家风家规文化。借鉴“最美家庭讲好家训”巡讲活动经验，组建省、市、县、镇、村

各级巡讲员队伍，深入城乡各处，讲述“最美家庭”的故事，传播好家风和好家训。在地方主流媒体开设了家训专栏，在全社会发起征格言、传美德、议家风、晒家训的活动。

（四）突出关键性，以精神扶贫增强脱贫动力

推动乡规民约建设的突出短板在农村贫困地区。因此，应加强精神扶贫与文化扶贫，一方面增强脱贫动力，另一方面以乡规民约的建设来提升农村贫困地区群众的文化素养。贯彻落实好河北省委宣传部、河北省文明办于2018年12月印发的《关于深入开展精神扶贫文化扶贫工作的实施意见》，把握精神扶贫、文化扶贫的内涵实质，以深化文明村镇创建为载体，以“四扶一补”（扶志、扶智、扶德、扶业和补短板）为重点，按照“四个干”抓落实机制，推动精神文明战线的资源和力量转向脱贫攻坚，更好地聚焦主战场、展现新作为。特别是要做好以下几方面工作。一是增动力，着力在激发贫困群众脱贫致富的信心志气上下功夫。以开展新时代文明实践活动为新的契机和有力抓手，深化理论政策宣讲，开展思想政治教育，引领农民群众加强对习近平新时代中国特色社会主义思想的政治认同、思想认同及情感认同；选树、宣传脱贫致富、自力脱贫典型，树立“勤劳致富光荣”的脱贫社会导向，激发贫困群众脱贫致富奔小康的内在动力，引导他们靠辛勤劳动改变贫困现状。二是提素质，着力在增强贫困群众的造血能力上下功夫。推动强化媒体扶智功能，开办为农服务栏目，传播科技知识和致富信息；推动整合基层宣传文化阵地资源，让贫困地区群众读书看报有去处、学习技能有场所；要组织好专业志愿者到贫困地区，开展扶智专业志愿服务；要把乡村学校、少年宫作为扶贫扶智的重要平台，启迪心智、普及科技、培养技能，圆孩子成长梦、圆家庭致富梦。三是树新风，着力在营造脱贫防贫的良好风尚上下功夫。开展科学精神的宣传教育，加强法治宣传教育，着力破除农民群众的愚昧落后思想，防止因陷入“黄赌毒”、迷信活动而受穷返贫；推动建立健全道德评议会、红白理事会、乡规民约，推进移风易俗，防止因婚丧事大操大办和“人情债”“天价彩礼”等致贫返贫；组织“十星级

文明户”“好婆婆”“好媳妇”评比评选，增强家庭成员间的赡养和扶养老人的责任意识，建设文明家风；开展“邻里守望”志愿服务活动，推动乡邻之间互助；广泛开展献爱心活动，动员引导各类志愿服务组织和志愿者到贫困地区、贫困家庭面对面帮扶，形成团结一致打赢脱贫攻坚战、共创美好生活的社会氛围；组织文明校园、文明单位发挥“文明辐射源”作用，帮扶结对的贫困地区中小学校和村镇开展文明创建。四是补短板，着力在加大文化服务力度上下功夫。协调开展送戏下乡、送演出下乡，增强对贫困地区的文化产品供给；推动加快公共文化设施建设，逐步实现贫困地区公共文化服务标准化均等化；丰富贫困地区群众的文化生活，满足群众文化的需求；推动加强贫困地区文化市场监管，在贫困地区保持良好文化生态。

（五）用好激励性，推广乡风文明评比活动

倡导新时代乡村和谐风尚，培育文明乡风。组织开展好婆婆、好媳妇、好儿女、最佳红白理事会等评选活动。发挥好妇联、村民自治委员会、共青团、驻村干部等作用，在各个村开展“美丽庭院”“十星级文明户”“洁齐美家庭”等一系列创建评比活动，通过正向激励形成比、学、赶、帮的良好氛围。通过向农户发放环境整治倡议书等方式，动员村民积极践行爱护环境、整治环境，让村民维持庭院整洁、栅栏整齐，积极参与并负责起修整林台、树木管护、美化香花、道路卫生、畜禽管养、边沟清理、设施管护等，提升农户保护环境人人有责的意识，增加农户对文明乡风建设的获得感。

（六）强化可测性，科学实施乡风文明考核

按照《河北省实施乡村振兴战略实绩考核暂行办法》《河北省村庄美化暨建立完善村规民约提高村民文明素养三年行动计划（2018～2020年）》的有关要求，科学实施乡风文明等有关工作的实绩考核。在乡风文明方面，着重考核县级及以上文明村镇占比、乡风文明示范一条街建设覆盖率、“十星级文明户”以及“五好文明家庭”评选开展率。在有效治理方面，着重考核红白理事会、道德评议会、乡规民约、农村志愿者队伍、新乡贤骨干队伍

建设覆盖率。在村庄美化方面，着重考核村庄美化完成情况。总之，可以将乡规民约涉及的丰富内容，融入乡风文明考核当中。

（七）发挥专业性，完善乡村法律顾问服务

早在2014年，河北省就开始在全省实施村（居）法律顾问制度，从律师、人民调解员、公证员、基层法律服务工作者等从业群体中遴选优秀人员，来担任村（居）委会的法律顾问，广泛开展法治宣传，参与村民调解，提供法律咨询和法律援助，并开展延伸性的法律服务，协助村（居）委会订立、修改、完善乡规民约和相关管理规定等，到2015年6月，河北省5.3万个村（居）均聘请或安排有法律顾问，覆盖率达100%。当前，在实施乡村振兴战略过程中，要注重法律顾问及法律专家的作用，因地制宜地帮助各个乡村挖掘乡村治理的传统优势，修订完善乡规民约，提供专业而精准的法律咨询及法律援助服务。

参考文献

陈原：《乡规民约家训，传承文化基因》，《人民日报》2017年2月9日。

李继伟：《河北磁县发现清代“环保”碑　距今已有150余年》，新华网，http://www.xinhuanet.com//local/2018-10/08/c_1123528061.htm。

郝凌峰：《一纸乡规民约的共治力量——河北省邯郸市永年区推动乡村善治纪事》，《农民日报》2019年5月16日。

李建成、陈宝云：《小山村里也有“诗和远方”——兴隆县上庄村“以诗兴村”的调查》，《河北日报》2019年2月25日。

薛惠娟：《河北省实现村（居）法律顾问全覆盖》，河北新闻网，http://hebei.hebnews.cn/2015-06/30/content_4871519.htm。

B.17
2018年度河北省检察公信力测评报告

尹孟良*

摘　要： 检察公信力的高低优劣不仅直接反映检察工作的质量和水平、关乎检察事业的荣辱成败，而且会影响整个司法公信力和法治建设水平。2014 年以来，河北省检察院在全国率先连续五年开展了检察公信力测评，通过不断探索实践，在检察公信力测评指标体系研究、测评工作机制建设和测评成果应用等方面取得良好成效。2018 年度测评报告对全省测评数据进行了全面、客观分析，总结了公信力建设规律，发现问题并就进一步提升检察公信力提出了完善建议。

关键词： 检察公信力　测评　数据分析　对策建议

2018 年，河北省人民检察院委托河北省统计局社情民意调查中心、河北大学、北京零点公司作为第三方调查咨询机构，进行 2018 年度河北检察公信力测评，为检察机关工作改进和完善提供数据参考。

一　测评情况说明

检察公信力测评旨在通过了解、分析社会公众和特定主体对检察工作的认可度、满意度、信任度及意见建议，综合评价检察机关司法办案水平

* 尹孟良，河北省人民检察院三级检察官助理。

和队伍建设状况，以促进检察机关公信力建设。2018 年测评采用电话访问、网络调查和面访调查相结合的方式。电话访问、网络访问的对象为全省 11 个设区市城乡各类群体。面访调查的对象为全省 11 个设区市的律师、法官、警察、司法行政人员、法学专家、当事人等。2018 年测评样本总量为 15739 个，其中电话访问样本 7700 个，网络访问样本 4589 个，面访调查样本 3450 个。

2018 年测评调查的内容主要包括两项：第一部分为核心指标，包括司法办案和队伍建设两个一级指标以及客观公正、规范文明等 10 个二级指标（见表 1）；第二部分为年度热点主题，包括检察公益诉讼、未成年检察、公共关系。

表 1　检察公信力测评指标体系

一级指标	二级指标
司法办案	客观公正
	规范文明
	及时高效
	监督有效
	服务大局
	公开便民
队伍建设	清正廉洁
	素能过硬
	责任担当
	纪律严明

二　检察公信力测评数据分析

（一）检察公信力综合测评结果

根据检察公信力测评调查结果，2018 年河北省检察公信力测评综合得分为87.08分（社会公众测评结果×80%+特定主体测评结果×20%），总体水平较高。从其构成指标得分看，特定主体评价指标得分为94.20分，社会公众评价指标得分为85.30分（见表2）。

表2　检察公信力测评结果

检察公信力综合测评结果	社会公众测评结果	特定主体测评结果
87.08	85.30	94.20

（二）特定主体测评结果

1. 特定主体评价指标测评情况

从一级评价指标看，司法办案和队伍建设两个指标分值分别为60分、40分。11个市中司法办案得分最高的为邢台市；队伍建设得分最高的是廊坊市（见表3）。

表3　特定主体评价指标测评情况

一级指标	满分分值	石家庄	唐山	秦皇岛	邯郸	邢台	保定	张家口	承德	沧州	廊坊	衡水
司法办案	60.00	56.79	55.45	55.06	57.36	57.79	55.56	56.45	57.03	57.25	57.72	56.06
队伍建设	40.00	37.95	37.32	35.59	37.96	38.56	36.81	37.77	38.1	38.41	38.82	36.4
评价得分	100.00	94.74	92.77	90.65	95.32	96.35	92.47	94.22	95.13	95.66	96.54	92.4

2. 特定主体中不同身份者评价情况

特定主体中对测评指标评价分值最高的是法官，为96.25分，其后依次是警察95.92分、律师95.68分、司法行政人员93.71分、当事人91.93分、法学专家89.90分（见图1）。

3. 特定主体对当地检察机关工作水平的看法

（1）特定主体对河北检察工作在全国所处水平的评价。测评卷中设置

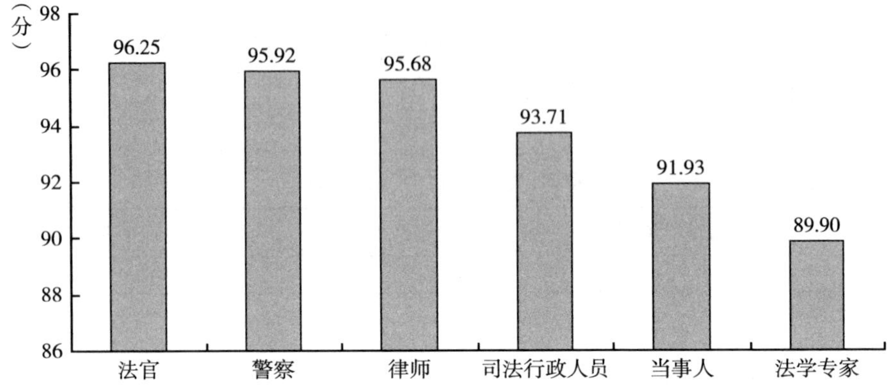

图1　特定主体中不同身份者评价情况

问题：您认为当地检察工作在全国处于什么水平？在接受访问的3450人中，有1791人认为河北省检察工作在全国处于上游水平，占访问人数的51.91%；1055人认为河北省检察工作在全国处于中游水平，占访问人数的30.58%；100人认为河北省检察工作在全国处于下游水平，占访问人数的2.9%；504人回答不清楚，占访问人数的14.61%。

（2）特定主体对检察工作在本地政法工作中所处水平的评价。测评卷中设置问题：您认为检察工作在当地政法工作中处于什么水平？在接受访问的特定主体中，回答处于上游水平比重最高的地区是廊坊，占访问人数的82.92%，之后依次是沧州（77.67%）、邯郸（77.13%）、邢台（73.94%）、承德（67.66%）、张家口（59.96%）、唐山（57.63%）、石家庄（56.25%）、保定（55.83%）、衡水（55.14%）、秦皇岛（53.85%）。

（三）社会公众测评结果（电话访问）

1. 各市测评结果

根据检察公信力测评综合得分计算办法，按照对每个指标的测评得分分别乘以该指标相应权重求和的公式，计算得到各市检察公信力得分（见表4）。

表 4　各市测评结果

单位：分

地市	司法办案						队伍建设				总得分
	客观公正度	规范文明度	及时高效度	监督有效度	服务大局度	公开便民度	清正廉洁度	素能过硬度	责任担当度	纪律严明度	
石家庄市	88.44	87.58	81.32	86.68	88.83	77.86	81.81	81.27	83.57	82.35	84.77
唐山市	87.90	89.53	82.41	86.45	88.62	80.00	81.65	80.62	83.53	84.69	85.11
秦皇岛市	88.94	89.62	84.53	87.38	89.51	80.32	83.73	82.90	85.25	85.14	86.31
邯郸市	88.45	88.60	82.71	86.47	89.96	78.25	81.98	80.90	83.91	84.72	85.30
邢台市	90.07	89.73	84.84	86.10	89.25	79.26	82.62	81.37	82.54	85.48	85.93
保定市	87.61	89.40	83.25	87.24	88.63	79.63	82.09	80.25	83.72	83.53	85.07
张家口市	87.21	86.82	81.12	84.66	86.96	77.74	81.09	78.65	82.15	82.96	83.66
承德市	89.10	91.22	84.42	87.90	89.50	80.50	82.74	80.92	83.36	86.10	86.21
沧州市	89.13	89.08	83.38	88.45	89.64	80.27	82.69	81.93	84.73	86.01	86.16
廊坊市	87.48	88.74	81.43	86.08	87.35	77.43	80.76	79.55	82.32	84.45	84.29
衡水市	91.35	89.97	85.73	89.11	89.54	80.12	84.03	84.66	86.72	86.70	87.50
各市平均	88.70	89.12	83.20	86.96	88.89	79.22	82.29	81.18	83.80	84.74	85.30
权重(%)	20	10	5	10	10	5	15	10	5	10	—

2. 采用社会公众直接打分方法计算的各市检察公信力评价情况

当问及“如果满分是100分，请问您给当地检察院的工作打多少分?”时，各市检察公信力得分平均为82.70分，直接打分与通过对各指标赋权计算的各市平均综合得分85.30分相比，平均低2.60分，同时各市普遍都有所降低。相差最多的是廊坊，最少的是石家庄，分别相差3.47分和2.14分。在排名上秦皇岛、邢台、保定、承德、沧州和衡水6个设区市没有变化，石家庄上升3位，张家口上升1位，唐山下降2位，邯郸和廊坊各下降1位。这表明直接打分与综合测评两种方法相比，各市在得分上相差不大，在排名上除石家庄市和唐山市外变化也不大。

3. 各指标测评结果

（1）客观公正。当被问及“当地检察院办案公正吗?”时，全部受访者中，回答“公正”的占64.95%、“一般”的占26.00%、“不公正”的占5.09%、“说不清”的占3.96%。经测算，各市客观公正度测评平均得分为88.70分。

（2）规范文明。当被问及“当地检察院能否尊重和保障当事人和律师的合法权益?”时，全部受访者中，回答“能”的占65.51%、“一般”的占23.96%、“说不清”的占5.35%、“不能”的占5.18%。经测算，各市规范文明度测评平均得分为89.12分。

（3）及时高效。当被问及“当地检察院处理老百姓的诉求及时吗?”时，全部受访者中，回答“及时”的占53.96%、“一般”的占31.42%、“不及时”的占11.40%、“说不清”的占3.22%。经测算，各市及时高效度测评平均得分为83.20分。

（4）监督有效。当被问及“如果当地公安机关抓错了人，检察院会监督纠正吗?”时，全部受访者中，回答“会”的占62.65%、“一般”的占29.71%、“不会”的占6.68%、“说不清”的占0.96%。经测算，各市监督有效度测评平均得分为86.96分。

（5）服务大局。当被问及“当地检察院在生态保护、食品药品安全等公共利益维护方面做得怎么样?”时，全部受访者中，回答“好”的占63.26%、“一般”的占29.62%、“说不清”的占4.19%、“不好”的占2.92%。经测算，各市服务大局度测评平均得分为88.89分。

（6）公开便民。当被问及“您用过或知道12309检察服务平台吗?”时，全部受访者中，回答“知道没用过”的占40.81%、“用过”的占39.94%、“不知道”的占11.57%、“说不清”的占7.69%。经测算，各市公开便民度测评平均得分为79.22分。

（7）清正廉洁。当被问及“当地检察人员廉洁程度怎么样?”时，全部受访者中，回答“高”的占47.09%、“一般”的占38.06%、“不高”的占8.66%、“说不清”的占6.18%。经测算，各市清正廉洁度测评平均得分为82.29分。

（8）素质过硬。当被问及“当地检察人员的办案能力怎么样?”时，全部受访者中，回答“强”的占47.48%、“一般”的占37.30%、“不强”的占11.58%、“说不清”的占3.64%。经测算，各市素质过硬度测评平均得分为81.18分。

（9）责任担当。当被问及“当地检察院在‘扫黑除恶’中作用发挥得怎么样?”时，全部受访者中，回答“好”的占54.05%、“一般”的占29.62%、“不好”的占10.66%、“说不清”的占5.66%。经测算，各市责任担当度测评平均得分为83.80分。

（10）纪律严明。当被问及“据您了解，当地检察人员今年有没有违法乱纪的情况?”时，全部受访者中，回答“没有”的占43.60%、“没听说”的占30.97%、“说不清”的占20.77%、“有”的占4.66%。经测算，各市纪律严明度测评平均得分为84.74分。

（四）社会公众测评结果（网络调查）

1. 测评结果分析

从此次调查结果来看，2018年河北省检察公信力总体满意度得分为83.2分。两个一级指标的得分分别为86.0分（司法办案）和78.9分（队伍建设），司法办案指标的得分比队伍建设指标高7.1分。10个二级指标中规范文明指标得分最高（89.7分），纪律严明指标得分最低（67.8分），最高分与最低分的分差为21.9分，差距较大。除纪律严明和公开便民指标外，其他8个二级指标的得分均在80分以上（见表5）。

表5　测评结果

指标层级	指标名称	得分
总体得分		83.2
一级指标	司法办案	86.0
	队伍建设	78.9
二级指标	客观公正	89.5
	规范文明	89.7
	及时高效	82.6
	监督有力	89.2
	服务大局	81.9
	公开便民	69.4
	清正廉洁	81.6

续表

指标层级	指标名称	得分
二级指标	素能过硬	82.1
	责任担当	86.9
	纪律严明	67.8

2. 司法办案指标测评结果分析

检察公信力从“人”和“事”两方面概括检察机关的全面活动，而司法办案是影响检察公信力的最基本要素——“事”。司法办案的二级指标包括客观公正、规范文明、及时高效、监督有效、服务大局和公开便民6个指标。它们的权重分值分别为20分、10分、5分、10分、10分和5分。

在2018年河北省检察公信力测评中，司法办案指标的得分为86.0分。在6个二级指标中，规范文明得分最高，为89.7分；公开便民得分最低，为69.4分。6个二级指标中，除了公开便民，均在80分以上（见表6）。

表6 司法办案指标测评结果

指标名称	得分
客观公正	89.5
规范文明	89.7
及时高效	82.6
监督有效	89.2
服务大局	81.9
公开便民	69.4

3. 队伍建设指标测评结果分析

建设法治中国，离不开一支高素质的政法队伍。检察队伍建设是检察工作的根本，在检察事业发展中居于基础性、战略性地位。队伍建设指标共包含4个二级指标：清正廉洁、素能过硬、责任担当、纪律严明，它们分值分别为15分、10分、5分和10分。换算成百分制以后，2018年河北检察公信力测评一级指标队伍建设的得分为80.0分。在4个二级指标中，责任担当的得分最高，为 86.9 分；纪律严明的得分最低，为 72.2 分。4 个指标中，除了纪律严明，均在 80 分以上（见表 7）。

表 7　队伍建设指标测评结果

指标名称	得分
清正廉洁	81.6
素能过硬	82.1
责任担当	86.9
纪律严明	72.2

三　检察公信力测评主要结论及发现的问题

按照检察公信力测评设定的指标内容，通过对测评样本的梳理、统计和分析，可以得出以下结论。

（一）检察公信力总体水平较高且呈上升趋势

测评显示，2018 年检察公信力测评综合得分为 87.08 分，总体水平较高。从其构成指标得分看，特定主体测评指标得分为 94.20 分，社会公众测评指标得分为 85.30 分，与前几年相比，河北省检察公信力呈上升趋势（见图 2）。

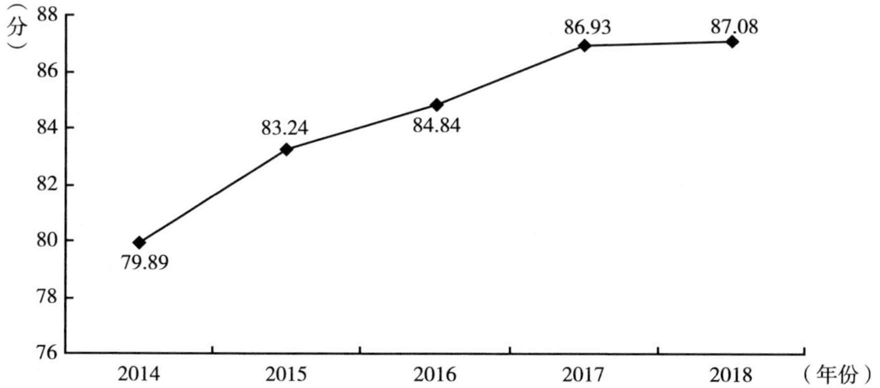

图 2　检察公信力总体发展趋势

（二）特定主体中的不同身份者对检察公信力评价差异较大

在特定主体中，法学专家对检察公信力的评价得分为89.90分，明显低于平均得分94.20分，与法官、警察等其他身份者评价得分差距也较大（见图3）。

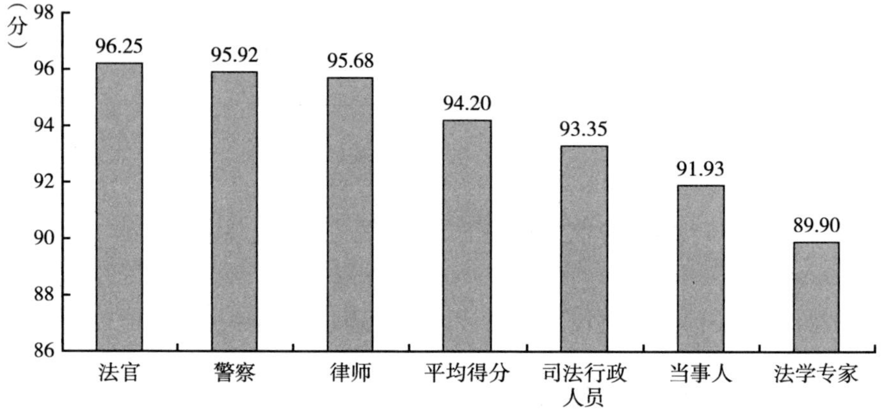

图3　不同身份者对检察公信力评价

（三）大多数公众信任检察院但沟通交流工作仍有不足

1. 在出现检察院的负面信息时，近60%的公众信任检察院

为了解公众对河北省检察机关的信任度，问卷设置“如果某个微博大V发布了当地检察院的一个负面信息（如办案不公），当地检察院后续进行了正式回应和澄清，请问您的态度更接近于以下哪一项?”的问题。数据结果显示，当公众面对负面信息时，选择“更相信当地检察院”的占比为59.8%，而选择“更愿意相信微博大V”的占比为13.3%，相信检察院的人远远多于相信微博大V的人，这说明河北省检察机关的可信度较高，在群众中始终保持很高的威信。但值得注意的是，依旧有11.5%的公众选择“两者都不相信”。

2. 大多数社会公众认为检察院要更积极回应群众的疑问或诉求

测评中在检察机关在与公众沟通、交流等互动方面，设置了一个问题："在与当地群众沟通、交流等互动方面，您认为当地检察院在以下哪些方面还有待进一步提升?"该题为多选题，设置了多个选项供公众选择。数据结果显示，对于需要提升的方面占比最高的三项为"更积极回应群众的疑问或诉求""提升办案、管理等各项工作的透明度"和"开展更多形式的群众宣传、互动活动"，该三项占比分别为63.7%、63.6%和51.8%。总体来看，公众对河北检察工作的改进期望度较高，河北省检察机关需要结合本地的实际情况，充分满足人民群众的期望和需求。

（四）公众了解检察公益诉讼的占比较低

1. 大部分公众知道但不了解检察公益诉讼的具体内容

为了了解公众对公益诉讼的知晓程度，直接询问公众"对'检察公益诉讼制度'（即：针对一些侵害社会公共利益的行为，由检察机关提起公益诉讼）了解吗?"数据结果显示，23.8%的公众表示"比较了解，看过一些专门的报道或新闻"，"知道但不了解详细信息"的占比最高（59.5%），占比最低的为"完全没听说过"（16.7%）。

2. 公众高度关注食品药品安全、生态环境和资源保护

从调查结果看，公众更关注与个人生活息息相关的内容。公众认为需要加大检察公益诉讼工作力度的前两项分别为"食品药品安全"（82.4%）和"生态环境和资源保护"（74.5%），占比均超过70%；其次是"国有资产保护""国有土地使用权出让"，占比各为49.0%、42.9%，也保持了较高的关注度；认为"没有需要进一步加大工作力度的领域"的占比仅有2.8%。

3. 公众认为检察公益诉讼工作效率需要提高

针对检察公益诉讼工作，测评中征求了公众的意见或建议。直接询问公众"就您了解的情况来看，当地检察机关在开展公益诉讼工作方面，还存在哪些困难或难点?"数据结果显示，在检察公益诉讼工作方面，有3486位

公众给出了建议，具体来看，公众认为检察公益诉讼工作面临的困难主要在于“办事效率低、办事能力不足、人员不够”“官官相护、地方保护伞、利益团体等因素阻挠检察工作”“社会认知度低，需要加强宣传”“不够公开透明”“民众、各相关部门不够配合检察工作”等。

（五）公众认为未成年人检察工作做得较好

1. 河北省检察机关维护未成年人合法权益取得积极成效

从调查结果来看，公众认为河北省检察机关对未成年人检察工作做得最好的方面是“维护未成年人合法权益”（59.9%），其次是“依法惩治侵害未成年人犯罪”（56.9%）。对于“依法惩治侵害未成年人犯罪”、“保护救助未成年被害人”、“教育挽救涉罪未成年人”及“维护未成年人合法权益”，认为工作开展较好的占比均在50%以上。同时，认为“预防未成年人犯罪”工作开展不好的占比最高，达到了7.9%，其次为“教育挽救涉罪未成年人”（5.7%）。总体来看，河北省检察机关未成年检察工作取得了令群众满意的成绩，但在“预防未成年人犯罪”方面还需要付出更大的努力。

2. 公众认为检察机关需加强宣传教育，提高未成年人法律意识

测评中，除了让公众评价未成年人检察工作，还征求了公众对该方面工作的建议和意见。设置问题“在减少未成年人犯罪方面，您认为当地检察机关还有哪些需要进一步加强的工作?”分析结果显示，3669名受访公众给出了建议及意见，其中有64.5%的公众认为应该“加强宣传教育，加强引导，提高未成年人法律意识”，可见公众认为河北省检察机关在该方面的工作亟须加强。除此之外，还有“加大司法力度、加大惩罚力度”“加强监督管理，加强与学校合作”“加强未成年人犯罪预防工作”“加强对未成年人的关心和保护”“重视对未成年人的心理疏导、多做思想工作”等方面的意见和建议。

四　进一步提升检察公信力的对策建议

测评显示，河北省检察公信力综合评价良好且呈稳步上升趋势。这说

明，人民群众对河北省检察工作的认知度、认同度、信任度都有了新的提升。但是，测评中也发现仍有不足之处，需要检察机关在今后的工作中去改进与完善。

（一）深入推进检务公开工作

司法公开是促进司法公正、提升司法公信力的基本要求。从测评情况看，社会对检察机关检务公开工作期待很高，说明检察机关的检务公开工作还需要进一步提升。在检务公开方面，首先要拓宽公开渠道，有效整合门户网站、案件信息公开网、微信公众号等平台，提供“一站式”服务，方便当事人和社会公众快捷地获知相关信息。其次要强化释法说理，特别是对社会比较关注的案件要进行充分的解释和论证。要着力提高检察官的释法说理能力、应变能力，将法律解释透彻，让群众能够接受、信服。再次要规范律师接待，加强与律师的沟通，保障律师依法执业的权利，为律师履行职责提供便利条件和制度保障，维护检察机关良好的司法形象。

（二）进一步加强对外宣传工作

从测评情况看，越是熟悉检察工作的受访者、越是与检察机关有接触的受访者、对检察公信力的评价分值就越高。因此，检察机关必须让社会公众更多得了解检察机关以及检察工作。但检察机关的职能性质和职能范围又决定了检察机关与社会公众的接触程度远不及公安、法院等单位广泛和深入，因此检察机关应高度重视搭建与社会沟通的桥梁，着力做好对外宣传工作。

（三）着力规范司法办案行为

测评显示，检察人员在司法办案中的一些不规范行为直接影响社会公众对检察机关的印象。检察人员在办案过程中要注重增强程序正义观念，在办案的各个环节中注重案件细节，确保证据确实充分且都是通过合法程序获得。同时要着力深化司法规范化建设，坚持问题导向，针对各个司法办案岗位、环节存在的不规范问题，进行坚决整治和有效防范。

（四）切实加大检察业务培训力度

司法办案能力是检察机关权威性、影响力和信誉度的基础，因而也是影响检察公信力的核心因素。检察人员司法办案能力的高低，在很大程度上又取决于检察人员的业务水平。为提升检察机关司法办案水平，必须加大对检察人员的业务培训力度，着力提高全省检察人员的司法能力和办案质量，为进一步提升检察公信力奠定坚实基础。

（五）坚持用个案公正推动检察公信力提升

个案公正是打开检察公信力信心之门的钥匙。检察机关司法办案的整体公正是通过一个个各具特色的个案公正叠加累积起来的。人民群众对司法公正的感受，也是通过发生在自己身上或者身边的一个个鲜活的案件而逐渐形成的。正如习近平总书记对政法机关所要求的那样，努力让人民群众在每一个司法案件中感受到公平正义。因此，实现个案公正，对提升检察公信力至关重要。检察机关在办案过程中必须重视每一个细节，要通过每一个具体的案件去实现法律的正义。检察机关对当事人所作出的每一个法律决定都必须让其从内心上感到信服，在案件事实的法理问题和证据认定取舍上要做到详细解读，使当事人心悦诚服地接受、认同检察机关的决定。

（六）进一步完善内外部监督制约机制

一方面要不断完善外部监督制约机制。坚持定期向人大、政协报告检察工作开展情况，主动接受公安机关、人民法院和律师在诉讼中的监督制约，自觉接受社会监督和舆论监督。另一方面要不断强化内部监督制约机制。要把各项检察工作都置于监督之下，切实把监督制约的措施落实到检察权运行的各个环节，着力推进检务督察工作，完善案件质量评查、司法过错责任追究等机制，做到严格、公正、文明、廉洁司法，从而有效保障检察公信力。

（七）进一步加强检察队伍建设

社会公众对检察机关的评价主要来源于对每个检察人员具体司法办案行为的认知和评价。因此，强化检察队伍建设，打造一支廉洁高效的检察队伍是支撑检察公信力的关键所在。首先，要深化法治理念教育，提高思想认识。教育和引导全体检察干警牢固树立政治意识、大局意识、核心意识、看齐意识，增强司法规范的自觉性和责任感，做自觉践行和弘扬法治精神的表率。其次，要加强纪律作风建设，落实好党风廉政建设责任制，进一步提高检察干警严于律己、自律于检的思想认识，落实党风廉政建设，确保检察队伍不出问题。

B.18 2018年河北营商环境评价报告

李　靖*

摘　要： 2018年11月，河北省社会科学院营商环境课题组对全省11个地市以及省直服装商会、农业商会，湖南、山东、浙江、四川、安徽等商会的168家企业进行了问卷调查。研判了《河北省优化营商环境条例》出台后企业的主客观感受，以及从企业的视角观测2018年河北省营商环境在微观领域的变化，并提出了对策建议。

关键词： 河北　营商环境　问卷调查

一　调查企业的概况

2018年参与调查的企业基本覆盖了一二三产业（见表1）。调查企业产业特征以劳动密集型为主，同时资本密集型和技术密集型企业占比达53.9%（见表2）。民营企业处于社会主义市场经济的“神经末梢”，它们对营商环境的感知最为敏感和生动。因此2018年营商环境调查以民营企业为主，占比达到97.0%。

表1　2018年调查企业所属行业

单位：家，%

所属行业	企业数量	所占比例
农、林、牧、渔业	12	7.3
采掘业	1	0.6

* 李靖，河北省社会科学院法学研究所副所长、副研究员。主要研究方向为行政法、法治评估。

续表

所属行业	企业数量	所占比例
装备制造业	19	11.5
建筑、房地产	26	15.8
金融业	6	3.6
社会服务(卫生、教育、文体、娱乐等)	18	10.9
商贸物流业	27	16.4
高新技术企业	22	13.3
住宿和餐饮	10	6.1
其他	24	14.5

表2　2018年调查企业的产业特征及企业性质

单位：家，%

项目	类别	数量	比例
产业特征	劳动密集型	76	46.1
	资本密集型	35	21.2
	技术密集型	54	32.7
企业性质	民营	160	97.0
	央企	2	1.2
	合资	3	1.8
	外资	0	0.0

二　2018年调查结果分析

根据河北省营商环境的实际状况，结合《河北省优化营商环境条例》的相关规定，调查问卷内容共分为了六个部分：一是“放管服”改革；二是政策政务环境；三是双创环境；四是财税及融资；五是产权制度与权益保护；六是总体评价。下面从六个部分就两年调查问卷情况作对比分析。

（一）“放管服”改革

1. 审批事项办理便捷程度对比

共选取了企业普遍关注的规划、土地、建设、项目投资、环保、消防等审批事项。数据显示2018年六个审批事项选择“很便捷”和“便捷”的企业比例较高的是项目投资和消防手续办理。选择“比较烦琐”的比例较高的是环保手续、建设手续（见表3）。河北省持续推进“放管服”工作，但在一些领域还有较大提升空间。

表3　2018年下列审批事项的便捷程度

单位：%

事项	很便捷	便捷	一般	比较烦琐	空白
规划手续	12.5	27.4	25.0	15.5	19.6
土地手续	13.1	26.8	23.2	16.1	20.8
建设手续	12.5	26.2	23.2	17.9	20.2
项目投资	18.5	26.2	21.4	12.5	21.4
消防手续	13.1	29.2	25.0	15.5	17.3
环保手续	12.5	29.2	22.0	22.0	14.3

2. 当地政务服务平台方便办事创业效果

数据显示，企业认为服务平台效率提高、服务方便的比例占55.4%，超过半数；但认为形式和程序上方便，效率提升不够明显的比例占22%，认为做到了制度上墙，但实际运行情况不尽如人意的占4.2%。这在一定程度上反映出政务服务平台的实际运行效果还远未达到市场主体期望值（见表4）。

表4　2018年政务服务平台效果

单位：%

序号	评价选项	占比
1	效率提高、服务方便	55.4
2	形式和程序上方便，效率提升不够明显	22.0
3	只是受理窗口，没有从根本上改变“前店后厂”的管理模式，各项审批还要在职能部门逐级上报完成	10.1
4	做到了制度上墙，但实际运行情况不尽如人意，感觉变化不大，效果不明显	4.2
5	空白	8.3

（二）政府服务环境

1. 对政府政策透明度与稳定性评价

数据显示，2018 年认为惠企政策发布渠道集中公开，通过网站可实时查询的比例为 50.6%；认为一些优惠政策透明度不高，政府引导不够的比例为 23.2%；认为政策透明度尚可，但连续性不够的比例为 14.9%；认为政策不够透明，执行效果打折扣的比例为 6.5%。企业对政府政策透明度与稳定性上的期待与实际仍有较大差距（见表 5）。

表 5　2018 年政策透明度与稳定性的评价

单位：%

序号	评价项	占比
1	惠企政策发布渠道集中公开，通过政府相关网站等途径可以实时查询	50.6
2	一些优惠政策透明度不高，政府引导不够	23.2
3	政策透明度尚可，但连续性不够	14.9
4	政策不够透明，在执行中难落实，效果打折	6.5
5	空白	4.8

2. 依法行政方面存在的问题

数据表明，2018 年选择“办事效率不高，少数执法人员素质偏低”的比例较高，达到了 43.6%，表明该问题较为突出。选择“部分单位和人员利用职权吃拿卡要”以及“执法中滥用自由裁量权”的比例较低，分别为 8.3% 和 5.4%。表明近年来依法行政在这两个方面有所缓解（见表 6）。

表 6　2018 年依法行政存在问题

单位：%

序号	评价项	占比
1	依法行政意识不强、有法不依	9.8
2	办事效率不高，少数执法人员素质偏低	43.6
3	部分单位和人员利用职权吃拿卡要	8.3
4	行政执法不公正、程序不规范	10.8
5	一些执法机关专注罚款，存在以罚代管、只罚不管等现象	22.1
6	执法中滥用自由裁量权	5.4

（三）创新创业环境

1. “办事不求人”的法治环境

认为整体上“已经营造出办事不求人法治环境”以及“已经初步营造了办事不求人法治环境”的比例达到77.4%。但同时认为“在办理项目审批、各类许可时处处得求人，那些规范和程序形同虚设”以及“比较悲观，还有较远的距离”的比例为17.3%。法治环境是地方营商环境中的“软环境”，与企业的产权及权益保护、科技成果转化等密切相关，企业对于法治环境有着较高的期待值（见表7）。

表7　2018年法治环境的评价

单位：%

序号	评价项	占比
1	各级政府及部门向社会公开了“权力清单”“责任清单”，已经营造出办事不求人的法治环境	33.9
2	各级纪检监察部门能够做到严格执纪监督，各种寻租行为得到有效遏制，已经初步营造了办事不求人的法治环境	43.5
3	在办理项目审批、各类许可时处处得求人，那些规范和程序形同虚设	6.0
4	比较悲观，还有较远的距离	11.3
5	空白	5.4

（四）财税及融资

1. 税费占企业利润的比重有所下降

选择税费占企业利润达50%以上的比例较低，这表明减税效果较为明显。同时企业选择占30%～40%的比例较高，这个比例对于企业来说还是负担较重，希望国家的减税政策能落到实处（见表8）。

2. 纳税便利程度有待提升

认为操作简便、程序合理的比例占67.3%，同时认为程序烦琐、耗时耗力，时间成本高的比例为23.8%（见表9）。2018年以来税务进行了较大改革，包括税务系统升级、国地税联合稽查、社保由税务部门征管等，一些企业还未适应。随着税改的深入，相信纳税便利度会得到提升。

表 8　2018 年税费比重

单位：%

序号	占比	占比
1	50%以上	5.4
2	40%～50%	13.1
3	30%～40%	29.2
4	20%～30%	22.6
5	20%以下	23.2
6	空白	6.5

表 9　2018 年纳税便利程度

单位：%

序号	纳税的便利程度	占比
1	操作简便、程序合理	67.3
2	程序烦琐、耗时耗力，时间成本高	23.8
3	存在吃拿卡要等现象	2.4
4	服务意识和态度差	3.6
5	空白	3.0

（五）产权制度与权益保护

1. 涉企收费突出环节仍未有较大改观

在反映涉企收费问题上，认为“五险一金缴费基数大、费率高”的比例最高，达 54.8%；其次是“行政事业性收费多”。相比较而言，选择“涉企政府性基金多”和“政府性保证金多”的比例较低（见表 10）。

表 10　2018 年涉企收费情况

单位：%

序号	涉企收费突出集中的问题	占比
1	五险一金缴费基数大、费率高	54.8
2	行政事业性收费多	17.3

续表

序号	涉企收费突出集中的问题	占比
3	涉企政府性基金多	3.0
4	行政审批前置服务项目收费多	6.0
5	政府性保证金多	4.8
6	空白	14.3

2. 企业权益受侵害向部门投诉不畅

数据显示，有近半数（46.4%）的企业表示未投诉过，不了解投诉渠道。而投诉过，问题得到及时解决的比例只有25.6%。投诉过，受理但没有得到解决，也没有给出解决时限的占13.7%。这表明很多企业不了解也不重视向部门投诉这个解决问题的渠道，政府的投诉渠道未发挥出应有的作用（见表11）。

表11　2018年企业向部门投诉情况

单位：%

序号	权益受侵害向部门投诉情况	占比
1	投诉过，问题得到了及时的解决	25.6
2	投诉过，受理但没有得到解决，也没有给出解决时限	13.7
3	投诉过，但未被受理	3.6
4	未投诉过，不了解投诉渠道	46.4
5	空白	10.7

（六）总体评价

2018年对当地营商环境评价“很好”和“较好”的比例为69.6%，接近七成。认为营商环境一般的占比30.4%。这表明企业对营商环境的期待较高，而营商环境的优化并非一朝一夕，是一项需长期坚持的重点工作（见表12）。

表 12　2018 年当地营商环境情况

单位：%

序号	当地营商环境	占比
1	很好	22.0
2	较好	47.6
3	一般	30.4
4	较差	0.0
5	空白	0.0

三　调研反映问题的原因分析

从整体而言，2018 年河北省在改善营商环境各方面取得了实效，但与市场主体的期望和呼声相比较，还存在着较明显的差距。我们认为主要有几个方面的原因。

第一，企业家感受与经济运行密切相关。面对复杂多变的国内外形势，2018 年以来河北省经济增速在低位徘徊，投资增速持续下滑，消费增速降至 23 年来最低点。2018 年底规模以上工业停产企业近 2000 家，过半是民营企业。很多企业承受巨大的生存压力。

第二，河北省“放管服”改革推动经济发展有了一定突破，但在利用大数据和网络提升政府效能，在激发内生动力的制度建设，在一线执法和服务人员的服务意识和能力等方面，存在形式大于内容、外包装大于内核等问题。政策在降低制度成本、要素成本、交易成本三个方面，还有较大提升空间。

第三，对民营企业的政策从制定到落实落地，还缺乏精准发力。还未形成支持民营企业发展的基础性完整制度体系。例如民营企业的工作协调机制、权益维护机制、对民营企业的统计监管机制等。政策制定缺乏深入系统的调查研究，回应企业关切不及时，企业参与相关政策制定的渠道和路径还不是很顺畅。

四 相关建议

第一，世界银行连续发布的年度营商环境报告，在全球影响力最为广泛和巨大，为衡量一个国家或地区营商环境好坏提供了一种评价方法和指标体系。2018 年已有 60 多个经济体运用世界银行指标进行改革。各地政府进行的 3180 项监管改革中，有 920 项改革皆由该报告促进。《世界银行营商环境》对标评估城市是北京和上海。2018 年两个城市对照世界银行报告评估指标分别制定了优化营商环境的工作方案，优化营商环境作为改革开放再出发的突破任务，对标国际最高标准，着力打造国际化、法治化营商环境。

河北虽不是世行营商环境评估的调查对象，但目前也有很多由学校或科研机构发起的营商环境第三方评估。我们建议，以世行营商环境评估指标为主，加入河北省经济社会发展的实际情况，构建河北省营商环境评估指标体系，连续开展河北省营商环境第三方评估。该评估的主要作用体现在：①构建现代化营商环境治理体系。形成以市场为导向的评价体系，提升河北省营商环境治理的科学性，形成持续有效治理的长效机制。②通过评估发现和查找河北省营商环境存在的软硬件方面短板，找到问题根源，提出解决思路和路径。③《河北省优化营商环境条例》出台后对营商环境进行评估。排名位次不是评估的目的，最重要的通过政府与社会良性互动促进评估成果的延伸转化，由智库提出完善制度规范、健全工作流程的建议，成为据以制定解决方案和优化营商环境的行动计划。

第二，推进“放管服”改革的深广度，做好营商环境的加减法。习近平主席在博鳌亚洲论坛 2018 年年会主旨演讲中指出：“投资环境就像空气，空气清新才能吸引更多外资。”这则比喻释放出的强烈信号是吸引外资从政策优惠向环境改善转变。环境改善不是指某一项政策，而是发挥制度和政策合力。具体建议包括：①深化政务流程再造，提升政务效率与透明度，大力降低制度交易成本。行政审批流程包括两个方面，一个是面对市场主体的，这是审批对外的流程；一个是内部流程，这个流程能不能实现透明和提效提质，是实现行政审批科学化的根本和关键。②建立与企业家常态化的沟通渠道和定期性的咨询制度，有利于政府制定营商环境制度和政策时把握更为精准。③围绕中小企业做好基础性系列制度建设，包括协调、监管、奖励等。④建议在政府绩效考核中，采用政府服务大数据分析或第三方获得感测评等方式，提升群众反响在考核中的分值和比重。因为对营商环境的评价，重点是倾听市场主体声音，接受群众监督。只有市场主体实实在在获益才是对营商环境的最好评价。

第三，把产权制度改革作为优化河北省营商环境的重要切入点。20 世纪 90 年代，浙江乡镇企业通过产权制度改革，解决产权不清的弊端，使民营经济走在全国前列。产权制度是社会主义市场经济的基石，2016 年 11 月中共中央国务院发布《关于完善产权保护制度依法保护产权的意见》，指出有恒产者有恒心，加强产权保护，根本之策是产权保护法治化。

目前，产权保护的重点在于知识产权成果转化、科技企业知识产权保护、混合所有制中产权平等保护等。解决好技术输出端和企业使用端的问题，打通“起步一公里”和“最后一公里”。产权保护不力，意味着鼓励创新政策打折扣。对产权的保护，尊重企业家的创新精神和实干精神，才能从根本上实现科技创新，才能真正推动高质量发展。把知识产权纳入京津冀协同发展等国家重大战略部署，全方位推进京津冀区域知识产权保护、服务、人才培养、国际合作一体化，建立区域共治机制。

案例分析

Reports of Case Studies

B.19

行政审批改革中“容缺预受理+并行并联审批”机制研究

——以河北省邯郸市为样本

马一超　白长俊*

摘　要： 行政审批如何更加高效便民、行政审批改革如何破解部分审批事项“时间长”“效率低”的问题，是一个关乎民生和经济社会发展的大课题。河北省邯郸市行政审批改革中“容缺预受理+并行并联审批”的实践探索已初具成效，大幅度缩短了审批时间，提高了办事效率，赢得了行政相对人的认可和肯定，可称为“邯郸实践”。可以以“邯郸实践”为基础，

* 马一超，中共河北省委党校（河北行政学院）政治和法律教研部副教授、河北法治智库专家、浙江工业大学文化与法制研究中心特约研究员暨法治河北研究中心执行主任；白长俊，邯郸市行政审批局党组书记、局长。

加强顶层设计，适时出台地方性法规和规章，科学界定“预受理”与“受理”之间的区别与有机衔接，扩大实行的广度和深度，使这一实践探索成为坚持“以人民为中心发展思想”和“改革只有进行时”“重大改革于法有据”的全省乃至全国的范例。

关键词： 行政审批 预受理 法治 机制

习近平总书记指出：“纠正‘四风’不能止步，作风建设永远在路上。各地区各部门都要摆摆表现，找找差距，抓住主要矛盾，特别要针对表态多调门高、行动少落实差等突出问题，拿出过硬措施，扎扎实实地改。”党的十八大以后，我国行政审批制度改革在各方面取得了可喜的成绩，很大程度上扭转了“脸难看”“办事难”的情况，人民群众的满意度日益提高，但是在一些地方，行政审批仍然存在一定的问题，突出表现在“时间长”“效率低”。有的地方行政相对人办一个户主是自己的户口本，从村跑到镇，从镇跑到县，从派出所跑国土所，从国土所跑国土局，又从国土局再跑回派出所，耗时长达一个月；有的地方一个投资项目，要经过 20 个委、办、局，53 个处、室、中心、站，100 个审批环节，盖 108 个章，缴纳 36 项行政收费，需 799 个审批工作日；有的地方一个产业项目需要经 20 道审批环节，涉及 8 个部门及省市县三级政府、工业园区，完成项目审批时间长达 700 天。审批时间过长容易影响一些地方政府在老百姓心目中的公信力，也足以将一个“朝阳项目”拖成“夕阳产业”，行政审批耗时长、效率低的问题，迫切需要进行机制革新。行政审批改革中“容缺预受理+并行并联审批”机制就是创新行政审批运作方式、回应行政相对人新期待的一次实践探索。

一　坚持以人民为中心——行政审批改革"邯郸实践"的内涵与价值

坚持以人民为中心，是以习近平同志为核心的党中央治国理政的鲜明品格和根本政治立场。习近平总书记在十九大报告中指出："转变政府职能，深化简政放权，创新监管方式，增强政府公信力和执行力，建设人民满意的服务型政府。"对地方党政部门和领导干部来讲，落实以人民为中心的发展思想，是重要的政治责任、政治能力，也是重要的政治考验。

河北省邯郸市实行的投资建设审批"容缺预受理+并行并联审批"机制，立足于高效便民，是坚持和落实以人民为中心发展思想的一次探索和实践。"容缺预受理+并行并联审批"机制，是指对基本条件具备、主要申请材料齐全且符合法定形式，但次要申请材料不齐全的行政审批事项，经行政相对人作出书面承诺，即予以预受理，提前并采取并行并联模式启动审查程序的机制。

从近两年的实施效果看，邯郸市关于"容缺预受理+并行并联审批"制度的探索已初具成效，大幅度缩短了审批时间，提高了办事效率，改善了营商环境，赢得了行政相对人的认可和肯定。这一新模式实现了从"审批集成"到"服务增值"，蹚出了行政审批改革中独具特色的"邯郸实践"。对这一实践探索的总结，能够为该机制进一步发展完善提供有力的理论支撑，并有可能为全省乃至全国的行政审批改革提供有益的借鉴。

二　坚持全面深化改革——行政审批改革"邯郸实践"的经验与启示

习近平总书记指出："始终牢记改革只有进行时、没有完成时。""'苟利于民，不必法古；苟周于事，不必循俗'。变革创新是推动人类社会向前发展的根本动力。谁排斥变革，谁拒绝创新，谁就会落后于时代，谁就会被历史淘汰。”邯郸市“容缺预受理+并行并联审批”这一实践探索，正是在全面深化改革这个大的时代背景下进行的。从实践效果看，该机制能够节省时间、提高效率并激发市场活力，是地方政府有效改善营商环境、主动服务经济社会发展的重要措施。

（一）“邯郸实践”的改革背景

深化行政审批制度改革是持续深入做好“放管服”工作的重要抓手，是转变政府职能、提高政府效能、促进经济社会又好又快发展的重要举措。项目建设作为经济发展“生命线”，对保障民生，促进就业有着不可替代的支撑作用。有些重大项目投资建设时间紧迫，主要审批要件具备，暂缺部分申报材料，按照“申请材料齐全且符合法定形式后再受理”的标准，暂缺任何材料都不可进入受理环节。2017 年 3 月 9 日邯郸市行政审批局成立以来，为解决投资建设项目审批在施工许可阶段和竣工验收阶段，存在涉及的审查事项多、申请材料多、程序复杂等问题，坚持积极探索、主动作为，在广泛调研的基础上，推出“容缺预受理+并行并联审批”模式，使审批工作变被动落实为主动推进，变缓慢拖沓为雷厉风行，变墨守成规为靠前服务，努力为办事群众和企业打开一条高效便捷的审批“快速路”，受到了国务院领导同志的充分肯定。

（二）“邯郸实践”的主要做法

“容缺预受理+并行并联审批”是指建设项目申请要件尚未齐全，但关键要件已经具备且符合要求的，即予以预受理，提前并采取并行并联模式启动审查程序。同时，一次性告知项目建设单位所缺的申请要件，将行政审批局审查过程所需时限，融入项目建设单位补充申报材料的过程当中。目前，该举措使用范围已由最初试运行的 28 个审批事项拓展至 55 个审批事项，未来还会进一步拓展使用范围（见图 1）。

1. 制定“可容缺”标准

组织相关业务处室依据法律法规，拉出清单，详细列明受理要件和容缺

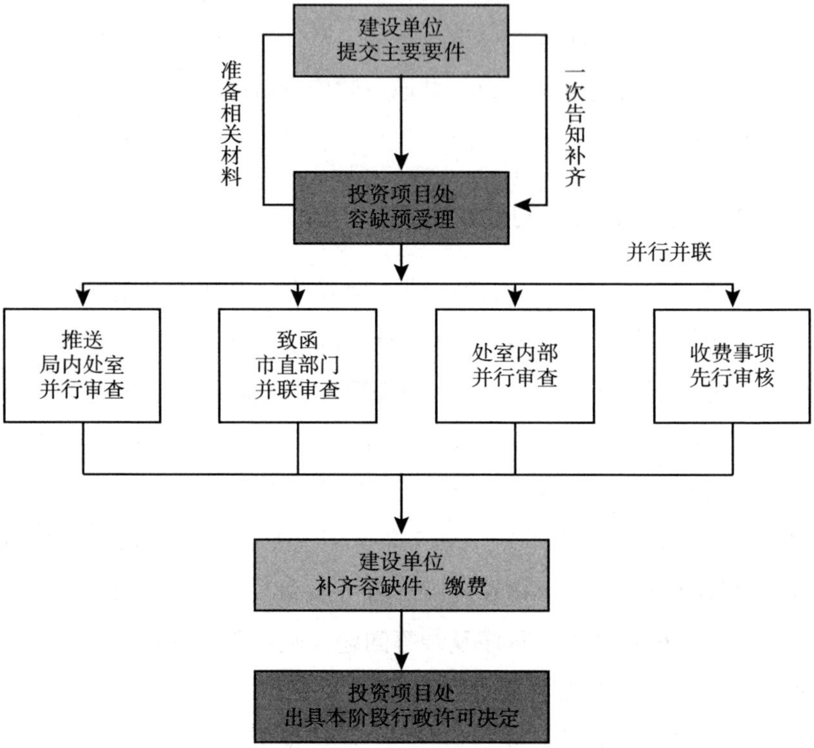

图1　容缺预受理+并行并联

材料、容缺事项。其中施工许可阶段主要受理要件为用地批准手续、建设工程规划许可证、全套施工图和施工图审查报告4项，其他如城市环境卫生设施规划设计方案审查、城市夜景亮化设施方案审核、防空地下室建设审批等16项为容缺材料和容缺事项；竣工验收阶段主要受理要件为建设工程验收报告、建设工程质量监督报告2项，其他如建设工程抗震设防专项验收、教育配套设施验收等16项为容缺材料和容缺事项。在列出要件清单的同时，还对容缺材料和容缺事项的规范性进行了详细标注说明。

2. 创设“可继续”流程

制定详细的容缺预受理审核操作流程图。首先，建设单位在提交主要要件后，邯郸市行政审批局即可容缺预受理本阶段审查申请；随后，将本阶段容缺审查事项和相关申请材料告知建设单位，建设单位按照告知内容积极准备相关材料；容缺预受理申请后，即启动审查程序，对涉及本阶段的行政审批局审查事项、收费事项不分前置后置并行受理，同步办理。在审查过程中发现的问题和整改意见及时通知建设单位整改；对涉及规划、消防、文物、绿化、国家安全等非行政审批局审批事项，致函相关部门对建设项目进行并联审批，并要求限时反馈审查意见。

3. 实现“可发证”条件

以施工许可证为例，在该证核发前，建设单位需将环卫设施、节能、质安监手续、人防、装饰装修等 16 项需要的资料补齐。在竣工验收备案证明书核发前，需将文物、人防、保障房、环卫设施、夜景亮化等 16 项验收资料补齐，组卷规范，相关部门同步办理，审查合格后在项目并立案审批表上签署审查及验收意见，审查合格后，建设单位相关容缺材料补充齐全，现场踏勘符合要求，应缴费用全部缴清，即可核发相关证件。

在具体实施中，邯郸市行政审批局一方面坚持围绕中心、服从大局，认真贯彻中央和省市推进“放管服”改革有关要求，确保上级“规定动作”落实到位，实现依法审批；另一方面发挥审批事项集中的优势，投资建设项目审批容缺预受理制度，积极探索“自选动作”，为投资项目建设打造“绿色通道”。例如，邯郸市政府投资项目东区新建六条道路工程，在 2017 年 4 月 11 日上报可研报告时，其上一阶段的项目建议书批复将于 6 月底到期，如果在此期限前无法批复可研报告，则项目建议书将过期无效。并且，此项目还缺少部分前置文件。项目单位办理前置文件再批复可研共需要约 80 个工作日，已经超过建议书批复期限。为此，经认真研究，对此项目实行“容缺预受理 + 并行并联审批”，将社会稳定风险评估、用地预审意见与可研报告同时办理，项目数据处室内部共享沟通，不让项目单位跑腿，最终完成用地预审和可研报告同时研究同时批复，比原来办理时间缩短了约 30 个工作日，于 2017 年 6 月底前顺利办结了可研批复。再以办理施工许可证为例，按照原程序，在取得工程规划许可证后，需 15 个部门审查 26 个事项，共计 161 个工作日，提交 109 个申请材料。现在采取容缺预受理制，对划转至该市行政审批局的22个事项与施工许可打包申请，同时办理，在企业提供全套施工图和审图报告后，即予以预受理，涉及的事项不分前后视为具备，同时审查。如邯郸学院特教楼、龙仕梧桐苑等项目，在完成招投标备案手续后，实行容缺预受理，两个项目分别从2017年5月8日、5月11日申请，到5月28日，5月31日审查合格仅用了20个自然日。再如邯郸市保障性住房建设投资有限公司通过“容缺预受理+并行并联审批”，20天就拿到了民乐苑保障房项目建筑工程施工许可证，为早日开工节省了22天时间，大幅压缩了办理时限，受到企业和群众的极大欢迎。

（三）“邯郸实践”的经验启示

1. 审批事项相对集中是改革的前提

任何改革创新经验都不是凭空出现、偶然产生的，正是因为大力推行行政许可权相对集中改革，组建行政审批局，才实现从本质上整合分散资源，再造审批流程，构建了从“量变”到“质变”的完整审批链条，为探索推出“容缺预受理+并行并联审批”模式创造了前提条件。邯郸市行政审批局成立以来，审批总时限由法定时限的6848天（工作日）压减至2056天，压减时限4792天，压减比例70%。不仅大幅提升了行政效率、降低了社会成本，更为企业群众提供了更为人性化的便捷服务。

2. 转变服务理念是改革的核心

政府职能的转变首先是服务理念的转变。企业群众的“关注点”和“期盼点”应当始终是开展工作的“着力点”和“突破点”，“容缺预受理+并行并联审批”的核心就是“提前服务”，就是审批部门在企业群众材料不齐时便“提前介入”，边审核要件，边帮助其补齐补正所缺材料，将行政审批局审查过程所需时限和项目建设单位补充申报材料所需时限“合二为一”，待所有要件补齐后，审查工作有可能已经完成，随即可以发证。这样，把行政审批局的审批时间降到最低，甚至为零，大幅提高了工作效率，为建设项目节省了大量宝贵的时间。

3. 依法依规是改革的保障

推进“放管服”改革不能急于求成，也不能一味冒进，必须在坚持依法依规的基础上删繁就简、砥砺创新。从法律规范来看，“容缺预受理”更加合乎法制规则。所谓容缺预受理，核心就在一个“预”字，既不同于容缺受理，更区别于容缺办理，就是对投资项目中基本要件具备、主要材料齐全、暂缺部分申报材料的情况下，提前进行“预受理”审查，这样既能实现高质高效，又可保证依法依规，在不突破法律规则底线的基础上，实现了服务效能的放大和提升。

三　坚持重大改革于法有据——行政审批改革“邯郸实践”的完善与发展

习近平总书记强调，凡属重大改革都要于法有据。在整个改革过程中，都要高度重视运用法治思维和法治方式，发挥法治的引领和推动作用，加强对相关立法工作的协调，确保在法治轨道上推进改革。邯郸市行政审批改革中“容缺预受理＋并行并联审批”这一实践探索要坚持法治思维，严格遵守法律，做到重大改革于法有据。可以从以下几个方面予以完善与发展。

（一）适时出台地方性法规和政府规章，对关键概念和内容进行界定

1. 科学界定“预受理”与“受理”的区别与有机衔接

《行政许可法》第六条规定：“实施行政许可，应当遵循便民的原则，提高办事效率，提供优质服务。”投资建设审批“容缺预受理＋并行并联审批”机制是符合行政许可法高效便民原则的。

《行政许可法》第三十二条规定：“申请事项属于本行政机关职权范围，申请材料齐全、符合法定形式，或者申请人按照本行政机关的要求提交全部补正申请材料的，应当受理行政许可申请。”“申请材料不齐全或者不符合法定形式的，应当当场或者在五日内一次告知申请人需要补正的全部内容，

逾期不告知的，自收到申请材料之日起即为受理。”为了贯彻落实行政许可法，可以适时出台地方性法规和规章，以立法形式科学界定“预受理”与“受理”的区别与有机衔接，同时明确并联并审的法律依据，做到重大改革于法有据。这一界定的科学性与逻辑性，或许会影响全省乃至全国行政审批改革的进程。

2. 科学规范“关键材料”与“非关键材料”的内容

邯郸市行政审批局出台了《邯郸市行政审批局投资建设项目审批容缺预受理制度（试行）》，在投资建设项目审批“容缺预受理”过程中，科学规范每一项行政许可的主要申请材料与次要申请材料，以方便当事人申请行政许可，这是十分有益的做法。在总结经验的基础上，应当适时出台地方性法规和规章，科学规范“关键材料”与“非关键材料”的内容，使得这一关键内容具有更高的法律效力和社会公信力。

（二）完善事中、事后监督监管环节，加强对政府部门和行政相对人的双重监督

在“容缺预受理+并行并联审批”机制运行过程中，为确保审批事项“容缺预受理”不会沦为“违规办理”，应加强对行政相对人的监管监督，出台配套机制作为保障。比如，将失信行政相对人纳入信用黑名单，予以公示或惩戒，避免“容缺预受理”机制被钻空子。比如，建立承诺制，规定逾期未提供或提供的材料不真实、不完整或达不到国家法律法规要求的，行政相对人承诺撤回申请，由此造成的法律责任和相关损失由其自行承担等。

完善“容缺预受理”制度，同时要加强对政府部门的监督，有关监督机关要对“容缺预受理”工作实行全程监督，检查、督促各服务环节的办理情况。

（三）坚持以人民为中心，进一步拓展机制实施的广度和深度

从目前来看，该机制的实施区域主要在市、县一级，实施范围主要针对涉及建设投资项目的行政许可。下一步，“容缺预受理+并行并联审批”机

制可以向省一级延伸，主要服务对象应由建设投资项目向商事登记、群众个人办理事项转变，进一步拓展机制实施的广度和深度。

结 语

行政审批改革的“邯郸实践”，是在全面深化改革这一大的时代背景下进行的，坚持了以人民为中心的发展思想，一定程度上破解了部分行政审批事项“时间长”“效率低”的问题。下一步，要以习近平新时代中国特色社会主义思想为指引，坚持“始终牢记改革只有进行时、没有完成时”“重大改革于法有据”，对这一机制进行完善和发展，力争使行政审批改革的“邯郸实践”成为全省乃至全国的范例。

B.20

新时代“枫桥经验”在河北创新发展情况研究报告

——以河北省法院系统创新工作为视角

高 娟*

摘 要： 本文从分析新时代“枫桥经验”的核心意蕴出发，解读了“枫桥经验”的主要特性，并从中得到启迪，探讨了河北法院传承发展“枫桥经验”的具体实践和价值理念，通过从具体到抽象的思考过程，在中华司法文明的延续中开拓前进，以期不断推动纠纷化解工作不断向前发展。

关键词： “枫桥经验” 人民司法 人民法庭改革

“枫桥经验”① 是对中国古代传统优秀文化的继承与发展，纵观其多年的发展历程，看到了其蕴含的强大力量，本身所具有的开放性使其在传承中不断创新发展。1963 年，毛主席对“枫桥经验”大力宣传和推广，批示“要各地效仿，经过试点，推广去做”。为了继承和发扬党的群众路线的优良传统，2013 年，习近平同志就坚持和发展“枫桥经验”作出重要指示，强调要把“枫桥经验”坚持好、发展好，把党的群众路线坚持好、贯彻好。在 50 多年的发展历程中，全国各地结合时代的新要求，立足本地实践创特色，推动“枫桥经验”实现创新性发展。

---

* 高娟，涿州市人民法院，西北政法大学法学博士研究生。

① 浙江省诸暨市枫桥区对“四类分子”坚持少捕人、矛盾不上交，依靠群众就地改造的做法，被称为“枫桥经验”。

一 “枫桥经验”的核心意蕴

“枫桥经验”的出发点和落脚点皆是为了人民和服务人民，这也是我国在多年的革命和建设实践探索中形成的“人民司法”思想的体现，以人民为中心是“枫桥经验”的核心和精髓。“枫桥经验”的核心要义是：为了群众、相信群众、发动群众和依靠群众，实现“小事不出村，大事不出镇，矛盾不上交，就地化解”的社会治理目标。“枫桥经验”的核心意蕴不仅具有政治性，而且具有人民性、民主性。

（一）政治性

“枫桥经验”的政治性就是坚持党的领导，坚持党委对纠纷化解工作思想上、组织上、方针政策上的领导，因为这是基层社会治理工作沿着正确方向前进的保证，是发挥保护人民、维护国家安全、服务经济社会改革发展的前提。诞生于20世纪60年代的“枫桥经验”，是党领导人民创造的一整套行之有效的社会治理方案，党组织、党员通过发动群众，引导社会组织参与基层治理，拓展了纠纷化解渠道，丰富了纠纷化解形式。如诸暨市提出了“党政领导、综治协调、公众参与、社会协同、法治保障”模式，凸显了党的领导作用的重要性。“枫桥经验”的实践证实，只有在党的领导下开展社会纠纷的预防和化解工作，才能把握正确的政治方向，分清敌我矛盾和人民内部矛盾的界限，对于人民内部矛盾运用协商民主的方式正确处理，这也是坚持中国特色社会主义法治道路的具体体现。

（二）人民性

毛主席说“为什么人的问题，是一个根本问题，原则问题”①，“枫桥经验”的中心任务就是从人民的需要和根本利益出发，解决为群众以及如何

① 《在延安文艺座谈会上的讲话》，《毛泽东选集》（第三卷），1991，第857页。

为群众的问题。就像董必武同志强调的，“人民司法工作者必须站稳人民的立场，全心全意地运用人民司法这个武器；尽可能地采取最便利于人民的方法解决人民所要求解决的问题”①。走群众路线无论是对于司法工作，还是对于群众自身都具有重要的作用，“枫桥经验”注重调解工作，调解解决人民内部矛盾，这对群众生活生产具有积极的价值。实践中，“枫桥经验”的核心理念就是依靠和发动群众，就地解决纠纷，坚持矛盾不上交。“枫桥经验”坚持群众观点，与群众联系，为人民服务，保障社会秩序，维护人民的正当权益，不断创新便民纠纷解决机制，体现的是从群众的立场去思考，用群众的方法化解纠纷。

（三）民主性

“枫桥经验”的实践中，非常注重密切联系群众，坚持民主作风和合作原则。建立了群众参与司法机制，扩大人民参与司法的范围，走司法的民主化、社会化、大众化之路，建立共建共治工作机制。人民的内部矛盾需要多部门联合解决，需要依靠人民的力量去解决，需要与社会各界携手共进，简单的纠纷可以由人民调解组织等机构解决，实践表明，在社会矛盾纠纷综合治理的背景下，协商协同合作是我们的必然选择。正如汪世荣教授所言，“多元主体、多元参与、多元文化、多元价值、多元规则、多元评价是‘枫桥经验’的显著特点，发挥各类社会主体、所有社会成员的积极性、主动性、创造性，形成合作共治的科学治理体系，切实提高治理能力，是基层社会治理现代化的必然要求”②。

二　新时代“枫桥经验”在河北的创新发展

“枫桥经验”在河北法院的实践具有多样性，无论是立案环节还是审判

① 《董必武法学文集》，法律出版社，2001，第153、154页。

② 汪世荣：《提升基层社会治理能力的“枫桥经验”实证研究》，《法律适用》2018年第17期。

环节，抑或是执行、司法救助等环节，司法的各个领域皆有体现，本文选择一个侧面，即河北人民法庭改革[①]。河北作为华北人民政府所在地和华北人民法院的诞生地，在依靠群众、发动群众解决矛盾纠纷方面具有良好的传统，如今，我们在继承传统的基础上再创新、再发展。卫彦明院长来到河北高院之后重点抓的改革项目之一就是人民法庭改革，他多次深入基层调研，发现标准化的法庭建设面临困境，法庭建设需要蹚出一条新路，需要回答为什么改、为谁改、怎么改的问题，这是现实之问，是时代之问，也是历史之问。

（一）为什么要进行人民法庭改革

河北人民法庭改革旨在创新完善人民法庭职能，通过法庭的多元设置，依靠人民群众以调解等非诉方式化解矛盾，促进解纷主体多元化和解纷机制多样化，实现法庭工作的制度化、规范化，实现司法的民主化、社会化、大众化。"总体来说，核心点就是不成讼，规矩要定好，责任要到位，法庭要向规范化发展。"[②]

1. 历史之思

古代司法实践中，受先秦诸子百家的无讼法律思想的熏陶，纠纷一般在基层解决，不出乡、不出里，倡导多元调解，有民间调解、官府调解和官府指令民间调解。在革命战争时期，董必武同志强调结合具体实际，继承中国传统文化，建立人民调解制度，县级法院建立巡回法庭，便利群众解决纠纷。从河北的历史来看，人民调解工作有深厚的渊源，经过长期探索，形成了一套相对完整的运行模式和理论体系。20 世纪 50 年代，最高人民法院副院长马锡五同志曾在廊坊的永清县别古庄法庭进行调研，总结调解经验，为近年"廊坊经验"的形成奠定了重要基础，"廊坊经验"的模式也被最高人民法院推广至全国。河北人民法庭改革的总目标是不成讼，那么解决纠纷的

① 也称为"一乡一庭"建设，因要在每一个乡镇设立一个人民法庭，顾名思义"一乡一庭"。
② 摘自《卫彦明院长在全省法院新任人民法庭庭长和新任人民陪审员培训班开班式上的讲话》，2015 年 4 月 13 日，根据录音整理。

主要方式就是调解，它是对中国传统法律文化、“人民司法”思想和“枫桥经验”的继承和发展，在支持人民调解组织、便利办案便利群众、维护基层社会稳定、完善基层社会治理等方面发挥着重要作用。

2. 现实之思

河北省委书记王东峰同志指出：“河北是京畿要地，区位特殊，责任重大，是首都的政治“护城河”，河北的稳定和安全直接关乎首都的稳定和安全。”[①] 从河北的地理区位讲，河北省有1300多条道路通向北京，特殊的地理位置和便利的交通条件使涉诉进京上访人数居高不下。把大量矛盾和纠纷通过非诉方式解决在基层、化解在萌芽状态对维护稳定很关键，需要加大调解力度，借助外力妥善化解。从人民法庭自身的角度讲，人民法庭就在人民群众之中，具有面向一线的天然优势，是将纠纷化解在源头的重要力量。然而法庭的发展也面临瓶颈，近年来，标准化法庭建设呈收缩态势，截至2014年，河北1900多个乡镇，还剩780多个法庭，有的法庭管辖3个乡镇，离人民群众远了；有的法庭“名存实亡”，职能弱化，不能很好地发挥作用，法庭建设需要在标准化的基础上另辟蹊径。从基层的司法需求现状讲，一些乡镇由于未设置法庭，造成法院司法调解的“短腿”，所以，在每一个乡镇设置人民法庭势在必行，这是现实的需要。

3. 法理之思

人民法庭改革涉及司法资源配置、公民司法权利保护等重大问题，具有宪法上的意义。法庭改革确立了合宪性观念，以宪法为指引，不超越宪法的空间与界限，不违反宪法精神、原则和规范。改革的目的在于合情合理合法地解决纠纷、保障人权，通过发挥人民陪审员的作用，保障群众参与权，在坚持司法公正优先，兼顾司法效率的宪法原则下，改革司法运作模式，实现公平、正义、民主，这是宪法精神在法庭建设中的集中体现。社会主义的政体决定了司法的人民性，即司法应当为了人民、依靠人民、服务人民。毛主席指出，“全心全意为人民服务，一刻也不脱离群众；一切从人民利益出

① 王东峰：《全面提高防范化解重大风险的能力》，《求是》2019年2月16日。

发，而不是从个人或小集团的利益出发”①。人民法庭改革坚持“从群众中来，到群众中去”，以司法的“人民性”为指导思想，依靠人民群众的力量解决矛盾纠纷，整合调解的资源与优势，向社会化发展，充分发扬民主，建立社会矛盾纠纷协商解决机制。

（二）如何进行人民法庭改革

在全面依法治国和司法体制改革的大背景下，人民法庭的机构设置和职能定位需要重新审视。卫彦明院长结合河北实际以及多年的工作经验，形成了人民法庭改革的思想和具体路径。自 2014 年开启了具有可复制性的实践探索，经过努力，在原有 830 个中心法庭的基础上，全省新成立 1179 个人民法庭，在河北的每一个乡镇都设置了人民法庭，法院的组织工作不仅覆盖到了乡镇这一级，还延伸到了村，将司法服务工作传递到了神经末梢，送到了群众家门口。

1. 法庭职能的重塑

在职能定位方面，侧重于运用非诉讼手段化解社会矛盾，新建的人民法庭职能和以往的中心法庭不同，主要履行六大职能。一是司法调解。新设立的人民法庭在职能任务上，不同于以往的中心法庭，主要发挥诉非衔接平台的作用，主要是对纠纷进行诉前调解，调解不成，再转入立案。二是指导调解。指导人民调解组织开展调解工作，发动社会力量化解矛盾纠纷。三是参与基层社会治理。与所在地的党委、政府及派出所、司法所、民间调解组织密切联系，与基层综治中心无缝衔接，参与综合治理。四是进行法治宣传。促进公民法律素养提升，教育公民遵纪守法。五是司法确认。对经调解达成的调解协议进行司法确认，赋予其强制执行力。六是充分发挥人民陪审员的作用。家事、邻里等一般民事纠纷先由人民陪审员进行诉前调解或司法调解，就地化解纠纷。人民法庭履行六大职能的目标就是争取不成讼，乡镇一般的矛盾纠纷和传统的民事案件，及时处置、及时化解，使矛盾不出村、不

① 参见《毛泽东选集》（第三卷），人民出版社，1991，第 1094 页。

出镇。①

2. 运行模式的创新

与法庭新的职能相匹配，新建的法庭在人员配备以及工作模式上与中心法庭不同。在机构设置方面。坚持“两便”原则和“三个面向”思想②，在不增加编制的情况下由基层法院指派一名善于做群众工作的法官担任人民法庭庭长，员额制改革过程中，不愿入额或没有入额的法官，也可以充实到人民法庭任庭长。庭长负责整体工作，每个法庭选任几名当地人民陪审员参与法庭工作，人民陪审员协助庭长进行法律咨询与调解，形成办案和对外联系的工作平台。在工作模式方面。实行庭长负责制，庭长每周定期到法庭开展工作，庭长的职责是运用自身的法律知识和政治智慧，调动乡镇其他有关部门来共同努力化解矛盾。合议庭由一名法官和两名人民陪审员组成。法庭日常事务由人民陪审员处理，一般由两名人民陪审员值班，因为他了解这个乡镇的历史传承、乡规民约和独特的文化元素，他们处理矛盾更方便。在办公场所方面，设置灵活，不盖新房，将乡镇政府的1～2间办公室作为办公场所。群众有一个形象的比喻：“一副碗筷，吃住乡镇；一间屋子，不添负担；一张桌子，就地办案。”

3. 工作机制的创新

河北法院以理性和务实的态度，从省情、社情出发，转变观念，创新工作方法，以人民法庭改革为抓手，运用信息技术打造互联网+诉非衔接的人民法庭工作新机制，③ 使法庭建设走向现代化、规范化，以此推进社会治理法治化、现代化。

一是打造智慧型发展模式。建设创新型的多元化纠纷解决机制，开辟新路径，创新工作机制和拓展多元化纠纷解决机制建设的发展空间。矛盾纠纷

---

① 参见卫彦明《矛盾纠纷多元化解的河北创新实践》，《人民法院报》2016年8月3日，第5版。

② 三个面向：面向群众、面向农村、面向基层。

③ 参见卫彦明《打造互联网+诉非衔接的人民法庭工作新机制——基于邢台经验的考察》，《中国审判》2016年第15期。

解决的供给端和需求端协同发力，加快了多元化纠纷解决机制升级换代，与社会力量共同创造了新的有效和可持续的矛盾化解机制。以互联网为核心的多元化纠纷解决机制建设已扬帆起航，将驶向更广阔的天地。着力打造互联网+诉非衔接的人民法庭工作新机制，加强在线调解平台和智慧诉讼服务中心建设，依靠党委政府支持，建立了互联网+诉非衔接平台，开发了云调解服务平台V3.1管理系统和人民法庭专用办公办案软件系统。打通互联网和法院专网，实现纠纷受理、分流、调解、跟踪等全流程覆盖。提供在线调解、在线申请司法确认。线上与线下相结合，给多元化纠纷解决机制建设带来革命性变化，技术创新与应用创新协同共进，推动多元化纠纷解决机制改革迈上新台阶。建立“在线”工作日志，群众咨询、社会综合治理、法治宣传、指导调解纠纷等工作情况全程留痕，形成诉非衔接的大数据库，诉非衔接工作实现了数据化，掌握整个“一乡一庭”涉及的相关工作情况，在数据分析的基础上，可以精确研判“一乡一庭”工作机制的效果，有针对性地作出调整，采取有效举措更好地为民服务，为党委政府提供决策性的参考意见。如邢台法院利用互联网+诉非衔接工作平台，纵向上，以市中院、基层法院、人民法庭为中心轴形成主线，在横向上，市中院、基层法院、人民法庭分别与市、县和乡综治单位对接，形成“一纵三横”的诉调对接网络体系。法官可以在网络平台上指导调解、宣传法治、在线司法确认。村里的人民调解员可以在网络平台上实时接收案件信息，开展调解工作。当事人可在网络平台上实时查看案件调解进展情况，学习法律常识，实现了“线上世界”和“线下世界”纠纷化解一体化。自互联网+诉非衔接平台运行以来，截至2018年11月，邢台全市法院委托乡镇和综治单位进行调解的案件共13044件，有2524件案件达成调解协议，1240件案件进行了司法确认，共撤诉4010件案件，人民群众对法庭工作的满意度达到99.8%。

二是打造互动型解纷模式。“孤举者难起，众行者易趋。”实践表明，在社会矛盾纠纷综合治理的背景下，法院难以做到独善其身，通过互联网建立高效的联动机制，实现跨网络互通、跨终端连接融合，与综治中心、人民调解组织、行业性调解组织等机构的信息平台对接，使得各方的联动更加紧密、便捷、畅通，形成唱和如一、官商协调、环环相扣、紧密衔接的格局。法院作为解决纠纷的专门机关，对推动多元化纠纷解决机制建设的责任也就更大，在发挥引领、推动、保障作用方面理应也能够有所作为。把握创新和新技术革命的历史性机遇，提升源头化解纠纷的能力，把社会力量聚集到一起，努力做到理念上有共识、机制上有保障、行动上有计划。无论是委派调解机制、委托调解机制、在线调解机制等各种机制，还是司法确认程序、小额督促程序等各种程序，皆因有效的联动机制而更加紧密、便捷、畅通，加速了互联互通的进程，提升了诉非衔接工作的协调性和平衡性。如保定市安国法院建立了人民法庭与基层派出所和乡村调委会“三位一体”的联动机制，实现全市村落全覆盖，诉讼与诉前调解全面联动，形成全过程、全方位、多元化的矛盾纠纷化解联动机制。又如，邯郸市中级人民法院打造“一委一庭三中心”平台[①]，在19个县（区）实现了“一委三中心”和人民法庭对接。县群众工作委员会统一负责“一委一庭三中心”的运行管理，县法院负责业务指导。县法院在每个乡（镇）法庭配备一名庭长指导诉调对接，进行现场调解，或者通过综治视频联网以及小鱼易联系统在网上进行调解。最高人民法院院长周强到邯郸法院调研，邱县的人民法庭在“一委一庭三中心”的纠纷多元化解工作得到周强院长的充分肯定。2018年的前11个月，邯郸的“一委一庭三中心”平台通过诉前化解纠纷8539件，全市法院人民法庭诉前调解案件3627件，法官指导调解的案件有2267件，开展宣传达到588次，参与基层社会综合治理达到534次，全市有8个乡镇实现无诉讼，无诉讼村达到863个，全市的民事案件同比下降了2.3%。

三是打造开放型合作模式。建立基层社会解决纠纷的命运共同体，以人民法庭的互联网+诉非衔接平台为中心向外辐射，与综治中心、派出所、司

① “一委一庭三中心”：“一委”是指群众工作委员会，“一庭”是指人民法庭，“三中心”是指群众工作中心、社会治安综合治理中心、矛盾纠纷排查调解中心。工作模式为：“一委三中心”和人民法庭对接，形成“一委一庭三中心”平台，“一委三中心”工作人员和人民法庭的司法辅助人员合署办公，共同研究问题，共同调处矛盾，形成工作合力。

法所、人民调解组织等单位对接，建立了解纷网络，形成信息平台集群，实现信息互联互通。建设包容型多元化纠纷解决机制，实现多方参与，将诉非衔接工作置于社会综合治理的大格局中进行思考，进行有益尝试，是“互联网+”时代发展的必然要求。如今，社会组织参与社会治理的积极性逐渐提高，诉讼外的和解、调解、仲裁等都可以运用到矛盾纠纷的化解中，如廊坊的“温馨调解”、司法服务中心、志愿调解协会和购买调解服务机制，石家庄的“特约诉讼调解员”制度，秦皇岛海港区长城法庭的“诉前培训”制度等都极具特色。邢台县法院推行“群众议事，法官讲法”活动，受到群众的称赞。青龙法院从社会上聘请的舆情调查员、民调助理员、信访协理员、人民陪审员和廉政监督员，成为矛盾源头化解的主力军。积极扩大各方参与，把非诉纠纷解决方式引入诉非衔接平台，营造全社会人人参与、人人受益的共赢局面。多元化纠纷解决机制本身具有开放性，拓展诉非衔接平台的对接领域，将更多的解纷资源凝聚到诉非衔接平台，由封闭走向开放，让各种解纷机制积极参与，形成各取所长、多元共治、各尽其能的局面，构建了系统化的纠纷解决体系。如南和法院依托互联网平台，与全县综治中心的1201名网格员建立了纠纷排查调处网络。阳原县法院将县内264个行政重点村的村干部或家族族长聘任为便民诉讼联络员，法庭庭长每月定期向联络员了解基层矛盾隐患，将重大不安定因素及时向乡镇、县党委、政府提出建议，避免事态扩大或重大不稳定事件发生。全县362个行政村中，有154个行政村实现无诉讼，其中大田洼乡所辖18个行政村中的东谷它、小井头、葡萄湾、朝阳沟、高家背等13个村连续三年无诉讼。各级法院与物业、行政、金融、保险、道路交通事故等部门达成诉调对接协议，签署了合作备忘录。社会矛盾纠纷的化解不能由法院一家唱独角戏，而是社会各方共创的协奏曲，只有共同致力于和谐社会的建设和社会秩序的重构，才能推进国家治理体系和治理能力的现代化。

四是打造量化管理模式。建立科学的诉调对接绩效考核机制，立案前纠纷化解情况分类逐项统计，录入诉调对接信息管理平台，计入诉调对接工作量，作为考核依据。诉前调解的绩效考核权重优于一般案件，对于实现无讼乡镇的法庭给予立功受奖。如邢台法院，由人民法院参与评价其他综治部门化解纠纷的绩效，将该评价结果纳入了党委对各综治部门的年度考核中，通过考评体系的完善增强其他综治部门参与纠纷化解的积极性和主动性。邯郸大名县法院将诉调对接工作纳入了乡镇的综治考核体系，提升了工作质效，人民法庭在诉前化解的案件数量约占全院诉前化解案件的80%。

五是充分发挥人民陪审员的作用。自2013年起，全省的人民陪审员由4771名增加至15047名，这给法院增添了更多的有生力量。在纠纷处理过程中，人民陪审员被赋予了与审判员同等的权力。在家事纠纷解决中，实行由1名法官、2名陪审员和X名书记员共同协作的团队模式，可以发挥人民陪审员在诉前调解中的独特优势，最大限度地把矛盾纠纷化解在诉讼之前。人民陪审员在当地选任，熟悉本地社会生活情况，就在人民群众中间产生，具有密切联系群众的优势，邀请人民陪审员参与调解工作可以最大限度地化解纠纷，不仅能够打开当事人之间的“法结”，也可以打开当事人之间的“心结”，有利于案结事了。如石家庄裕华区法院的人民陪审员改革推行由1名审判员、2名陪审员和1名书记员组成合议庭的模式，陪审员化解大量的家事纠纷，案件的结案率迅速上升。又如张家口康保县法院发挥陪审员在法律咨询、办案调解和法制宣传等方面的作用，89名熟悉民情、了解民意、品德好、作风正派的人民陪审员，参与化解了大量纠纷案件，人民陪审员参与调解的案件，实现了零上访。人民陪审员在调解中将法理、情理、事理结合起来，增强当事人的法律意识，成为以案说法、宣传法治的主力军。

六是建立专业化调解机制。针对不同的矛盾纠纷类型建立相应的专职调解员队伍，并进行专业化的技能培训。在医疗卫生、金融证券、征地拆迁、保险等行业建立专业化调解平台，建立法院与专业调解平台的联动机制，将不同行业领域的专家吸纳到调解队伍中，请专家为化解劳动争议、婚姻家庭、交通事故等纠纷提出专业性建议。工作流程上，在诉前进行案件分流，对适于调解的案件，向专业化调解组织和专门调解团队分流，进行委托调解或者委派调解。如衡水市法院建立了专业化的调解组织，建立了家事案件调解中心和交通事故案件调解中心，与仲裁、土管、妇联、卫生、民政、交警等部门建立了协作关系，合力调解处理纠纷。如石家庄市桥西区法院与物业纠纷调委会、交通事故调委会、保险协会、消费纠纷调委会、市妇联等机构建立了对接机制，共同解决特定类型纠纷。在辖区 9 家医院建立“医患纠纷调解室”，形成法院、医院和人民调解委员会“三位一体”的联调联动机制，效果明显，大部分的医患纠纷在进入诉讼之前化解。

三 河北人民法庭改革实践的价值追寻

河北的人民法庭改革“做到了每个乡镇‘法庭有位、法治有声、法官有影’，法治的触角、法治的声音传递到每个乡镇、每个村”。[①] 把乡镇法庭打造成河北的“枫桥经验”，在推进基层社会治理现代化中体现了民主、法治、公平、效率的价值观。

（一）在政治层面，服务党和国家工作大局

人民法庭改革的价值目标是推动党中央的方针政策在基层落地生根。如以党的十九大精神为指引，在法庭建设中注重社会治理共建共治共享，推进基层社会治理现代化和法治化；遵循社会主义核心价值观，综合运用法理、情理、事理解决邻里及家事纠纷。另外是巩固基层政权，维护政权安全，对于人民内部矛盾运用法治和德治相结合的方式解决，对于敌我矛盾运用专政的手段解决。人民法庭在党委的领导下，围绕中心，服务大局，为改革、发展、稳定提供司法服务和保障，更好地发挥司法在基层社会治理中的引导、保障作用，服务乡村振兴战略实施。

（二）在法律层面，推动社会主义民主与法治建设

人民法庭吸收大量人民陪审员化解纠纷，引导人民群众有序参与司法，

① 参考《卫彦明院长在全省法院新任人民法庭庭长和新任人民陪审员培训班开班式上的讲话》，2015 年 4 月 13 日，根据录音整理。

群众在前面说理，法官在后面说法，形成司法的专业化与民主化相结合的模式，推动社会民主与法治的进程。人民法庭工作机制具有开放性，法庭与综治中心、派出所、司法所、人民调解组织建立协商性解决机制，注重合作和协商，以“对话”和“沟通”为基本结构，强调解决纠纷的自主性，体现纠纷解决中协商性民主。司法民主是司法公正的保证，法治追求公正与效率的统一，法庭改革为了实现公正与效率，建立了分层递进的纠纷解决机制，一般简单的家事邻里矛盾由人民调解员和陪审员在立案之前调解解决，就像董必武同志所说的“根据政策、法律，尽可能用调解、说服、批评教育的方法解决”。[①] 任建新同志认为，“群众依法自己解决自己的纠纷，把大量的矛盾化解在基层，消灭在萌芽状态。大大地减少了刑事犯罪，增强人民内部的团结，对于社会治安综合治理起到第一道防线的作用”[②]。任建新同志指出，人民调解工作吸收人民群众参加，是实现司法群众化、民主化的有效步骤之一，是依靠群众办案的有效办法，调解能使办案迅速而正确，在短期内大量处理案件，加强人民内部团结。[③] 调解不成的矛盾，进入立案阶段通过诊断案件难易程度，再次进行繁简分流，简单地运用简易程序快速解决，复杂案件进入诉讼程序，这样可以实现简案快办、繁案精审，在保证效率的同时维护公正。2018 年，全省法院通过诉前化解矛盾纠纷 6 万余件，邢台、张家口、邯郸、唐山、沧州等法院的一审民事案件新收案件量呈现同比下降趋势。河北法院的人民法庭矛盾纠纷多元化解机制成为“枫桥经验”的升级版。

（三）在社会层面，追求基层社会治理现代化和法治化

党的十九大提出要“打造共建共治共享的社会治理格局”。董必武同志也非常注重多部门联合解决矛盾，他说：“一个地方不发生问题，不是只靠

① 《董必武法学文集》，法律出版社，2001，第 539 页。

② 《一项平凡而又十分光荣的事业》，任建新在第三次全国人民调解暨表彰会议上的讲话。

③ 参见《政法工作五十年——任建新文选》，《加强调解工作　实现司法群众化》，人民法院出版社，2005，第 12 ~ 17 页。

法院，法院可以起一部分作用，如通过审判活动教育群众，法制宣传，陪审员在群众中起作用等，但单靠公安或者三机关同样是做不到的。”[①] 任建新同志曾指出：“我们一定要发扬专门机关工作与群众路线相结合的优良传统，并不断创造依靠和发动群众的新经验，丰富和发展社会治安综合治理工作的新内容，使之在维护城乡社会治安中发挥更大的作用。”[②] 实践表明，在社会矛盾纠纷综合治理的背景下，法院难以做到独善其身，协同合作是我们的必然选择。所以，人民法庭改革将诉非衔接工作置于社会综合治理的大格局中进行思考，进行有益尝试，以人民为中心，追求善治，积极探索解决如何便利人民群众诉讼，如何使人民调解、司法调解、行政调解联动等问题，重新调整人民法庭功能，加强预防和化解社会矛盾机制建设，推动社会治理重心向基层下移，加强和创新社会治理，发挥群众组织作用，走专群结合之路，正确处理人民内部矛盾，促进了社会和谐，[③] 推动了基层社会治理的法治化和现代化。

---

① 董必武：《当前司法工作的几个问题（一九五八年四月）》，《党的文献》1996 年第 2 期，第 69 页。

② 《政法工作五十年——任建新文选》，《整治农村治安要处理好四个关系》（1994 年 6 月 11 日），人民法院出版社，2005，第 443 页。

③ 新建法庭在化解矛盾、维护社会和谐方面效果明显，例如，承德兴隆一个新建法庭的镇书记说：“这个法庭太好了，成立了几个月，71 个案件到了法庭，结果化解了 70 个，这给我们解决了大问题。”

B.21

河北省人民法庭建设与改革创新研究报告

——以石家庄市赞皇县为主要视角

王 伟 祁晶晶*

摘 要： 基层稳，天下安。新时期基层社会纠纷进入司法领域后的有效解决，凸显出对人民法庭功能的强烈需求。近年来的司法实践表明，人民法庭在解决基层社会纠纷方面特别是多元化解机制中发挥着无可替代的作用，塑造并形成基层法院“重心下移”的审判资源配置格局，加强司法审判与基层社会的融合与互动，确立人民法庭的基础性地位，成为新时代司法体制改革的重大任务。从2014年起，河北省在全省推动实施一乡（镇）一庭建设，之后成为近年来河北地区各级法院推进人民法庭改革的一项重大举措，已取得重大成效。针对人民法庭发展中出现的问题，提出了进一步改革完善的一系列举措。

关键词： 河北法庭 乡（镇）法庭 成效 举措

平安中国建设，首要的任务是基层的安宁祥和。构建多元化纠纷解决机制，司法调解与司法审判被选择作为乡土社会纠纷的解决方式之一，能更好地发挥教育、评价、示范、指引作用。承接司法调解与司法审判等职能的人

---

* 王伟，河北省赞皇县人民法院院长；祁晶晶，河北省赞皇县人民法院法官助理。

民法庭可谓是一支活跃在基层、战斗在艰苦地方的司法战线的排头兵。但现实情况是，长期以来，一些人民法庭在法院内部格局中，被固化于拾遗补阙的边缘性地位，被贴上了“边远地区、交通不便、信息闭塞、力量薄弱、设施简陋、方式随意”等标签。中心法庭生存现状也不容乐观，现状与职能不相匹配，中心法庭改革势在必行。为加强基层政权，从早、从小、从源头入手全面化解社会矛盾纠纷，实现维稳到创稳的新尝试，从 2014 年起，河北省高级人民法院在全省实施一乡（镇）一庭建设。一乡（镇）一庭建设本身即为河北省人民法庭改革的最大动作。但在一乡（镇）一庭推行过程中亦存在不尽如人意的地方。笔者认为，河北地区中心法庭应以一乡（镇）一庭大力推行为契机，加快改革完善步伐，二者共同发力，构建基层法院人民法庭繁荣发展的新格局。

一　河北省人民法庭的地位与作用

（一）人民法庭背景与地位

伴随着我国政治、经济和社会的发展变化，人民法庭制度经历了从无到有、恢复与重建、发展与转型的发展历程。1998 年召开的全国法院人民法庭工作会议，提出了人民法庭向规模化、规范化、制度化建设的要求。当时的主导思想就是人民法庭建设本着巩固、充实、规范、提高的思路，最高法院和住建部也出台了《人民法庭建设标准》。之后，各地人民法院对不符合要求的法庭进行了调整和撤并。全国人民法庭的数量从 1998 年底的 17411 个减少到 2013 年底的 10162 个，共撤并了 7249 个人民法庭。原有的中心法庭模式是好的，是相对规范的，使审判资源的配备更加合理。

但是，当前农村城镇化进程不断加快，各种矛盾纠纷处于多发期，人民群众对运用法治手段解决纠纷的需求越来越迫切，对司法服务的水平和质量要求越来越高。中心法庭的布局形式，已不利于人民法院司法服务职能的延伸，也给人民群众就地解决问题带来诸多不便。人民法院在工作重心下移、就地解决问题、把矛盾化解在基层、参与社会管理、综合治理等方面缺乏机构上的支撑。而且一些中心法庭建得越来越豪华，法院在人、财、物方面的负担也越来越重。农村的老百姓说：现在经济社会发展了，法院却离我们越来越远了。

河北省创造性地提出了推进“一乡（镇）一庭”建设的新思路，在现有中心法庭的基础上和基层法院现有人员编制内，实现每个乡（镇）设立一个人民法庭的目标，并且做到每个乡镇“法庭有位、法治有声、法官有影”，把司法的触角延伸到服务群众的“最后一公里”。目前，市区法院暂不要求设置“一乡（镇）一庭”，“一乡（镇）一庭”主要存在于县法院中。

（二）人民法庭的作用

“一乡（镇）一庭”在职能任务、法庭规模上不同于传统意义上的中心法庭。“一乡（镇）一庭”不对案件作出具体裁判，其主要承担以下六项职责：①对一般案件进行调解，调解不成，将案件移送中心法庭或基层人民法院审理；②依法指导人民调解委员会开展工作，充分利用社会力量化解矛盾纠纷；③积极参与社会综合治理，为维护社会稳定提供司法保障；④进行法制宣传教育，促进公民法律素养提升；⑤对经人民调解委员会达成的调解协议进行司法确认；⑥负责人民陪审员的联络工作，并对人民陪审员进行业务指导和培训。对比可知，原有的中心法庭还承担司法审判的职能，除此之外，二者工作任务基本相同。

二　河北省人民法庭建设已取得成效

《最高人民法院关于全面加强人民法庭工作的决定》（法发〔2005〕16号）规定，人民法庭的设置、变更和撤销，由基层人民法院根据实际需要提出方案，上报高级人民法院批准。可见，高级法院具有设置“一乡

（镇）一庭”的权限。截至目前，河北省 11 个设区市的中院所辖基层法院及辛集市、定州市法院即已大部完成“一乡（镇）一庭”建设，共设立“一乡（镇）一庭”1179 个。实施“一乡（镇）一庭”工作规划，既是践行群众路线、回应基层人民群众司法需求、密切法官与人民群众联系的新探索，又是加强基层政权，从早、从小、从源头入手全面化解社会矛盾纠纷，实现维稳到创稳的新尝试。原有的中心法庭较为分散，“一乡（镇）一庭”建设使基层法院的司法功能及影响力全面而均衡地覆盖于县域之内，缩短了老百姓与基层法院之间的空间距离。司法辖域相对限缩有利于基层社会公众接近司法并有效利用和分享司法资源，有利于“熟人社会”司法审判环境与氛围的形成。原有的中心法庭与新设立的“一乡（镇）一庭”，共同构成了河北地区基层法院的人民法庭。

（一）法庭基础设施建设得到改善

“一双筷子，吃住乡镇；一张桌子，就地办案；一间屋子，没有负担；一乡一庭，稳固基层。”这是河北省很多老百姓对人民法庭的新评价。河北省多数基层法院能够按照省法院的要求，认真贯彻落实“一乡（镇）一庭”规划，做到领导重视、措施得力、制度落实、效果明显。除个别法院外，绝大多数基层法院协调了乡（镇）机关的 1 ~ 2 间办公室作为人民法庭的办公场所，电脑、网络等基本设施齐全，有醒目的法庭标志，达到了看标识即知人民法庭的效果。法庭人员公示栏、相关制度已经建立且已上墙，法官或人民陪审员在岗履职并设有台账。截至目前，石家庄市新设立的人民法庭共计接待来访群众 1700 余人次，进行普法宣传 187 次，指导调解案件 804 件，法庭调解撤诉案件 884 件，进行司法确认 46 件。

各基层法院根据乡（镇）人民法庭的职责和本院具体情况，明确新设乡（镇）人民法庭的受案范围和工作流程，并将该内容悬挂上墙，以便来访人员查看。新设立的乡（镇）人民法庭均建立法庭人员公示栏，内容包括庭长和人民陪审员的姓名、照片及职责等。

以石家庄市赞皇县法院为例。新设的 6 个人民法庭已全部落实法庭标识，法庭人员公示栏已经上墙，驻庭人员在岗履职，人民法庭工作台账、相关制度已全部落实，与各村已全部建立联络员制度。2019 年以来，指导调解委员会调解案件 12 件，指导乡、村调解员调解案件 23 件，与司法所联动案件 15 件，调撤案件 8 件，普法宣传 5 次，接待来访 46 次。效果背后的问题也是客观的，例如人民法庭庭长的职级待遇问题未解决，新设法庭庭长均由审判员担任。笔者实地考察了黄北坪人民法庭和南邢郭人民法庭。均有一间自己的独立办公场所，桌椅齐全且配有办公电脑、网络，有醒目的法庭标志及人员标志牌，法庭职责、工作制度及联络员制度均已上墙，各有人民陪审员 2 名在岗履职。

石家庄市辖县“一乡（镇）一庭”工作开展得比较好的是高邑、正定、深泽、新乐、无极和灵寿 6 个基层法院。高邑法院高度重视“一乡（镇）一庭”建设工作，新设的 5 个人民法庭都有独立的办公场所，桌椅、电脑等办公设施齐全，法庭标志规范、统一，相关制度和公示栏均已上墙，法庭工作人员在岗履职，各类台账记录详细、工整。为加大“一乡（镇）一庭”工作的宣传力度，高邑法院在当地报纸上刊登了成立人民法庭的公告，在高邑电视台利用滚动字幕对人民法庭的职能、法官驻庭时间和联系方式进行了宣传和公示，并在中韩人民法庭召开了新闻发布会。《河北法制报》在头版头条刊登了《法官来到群众身边》，介绍了高邑法院“一乡（镇）一庭”工作开展情况。正定、元氏、深泽三县法院的法庭编制已获当地编办的批准，高邑、新乐、无极三县法院的法庭编制也正在审批中。

（二）队伍素质得到提高

河北在全省农村地区新设立的乡镇法庭，不增加基层法院编制，只选配一名政治强、业务精、善于做群众工作的优秀法官担任法庭庭长，再从乡镇所在地推选若干人民陪审员参与法庭工作。在这个制度构架中，河北的人民陪审员 4700 多人猛增至近 1.4 万人，人数与全省法官数基本持平。他们大多为当地民调员、村干部和德高望重的乡民。其待遇通过误工补贴、财政列支等方式予以保障。在诉讼、调解等司法程序中，陪审员的工作充分体现司法民主性。他们除随机被抽取为合议庭成员外，还在法官指导下，利用对当地社情民意、文化风俗、乡规民约熟悉的优势，灵活整合乡土资源，充分协调各种关系，诉前调解抚养、离婚、赡养、继承等常发性纠纷。乡镇法庭庭长为法院和中心法庭指派的优秀法官，他们在保证正常办案的前提下，每周定期或有事时到法庭进行指导。

石家庄市86个人民法庭共有法官和其他工作人员237人。其中，法官177人，占全市基层法院法官总数（1060人）的16.7%；书记员43人，占全市基层法院书记员总数（119人）的36%。另外，有法官助理13人、司法警察4人。在法庭工作的177名法官中，有研究生学历13人、本科学历148人、专科学历14人、高中及以下学历2人。通过在人民法庭组织开展庭审观摩、裁判文书评比等业务技能竞赛活动，着力提高基层法官的职业素养、庭审驾驭能力、法律适用能力和裁判文书制作能力，涌现出了一批优秀法庭干警。2018年有5名人民法庭的干警获得了“十佳办案能手”“十佳调解能手”等荣誉称号。有5个人民法庭荣立集体三等功。近几年，赞皇县法院新录用的人员全部充实到基层法庭。龙门法庭、院头法庭、野草湾法庭分别增加了新进人员，其中2名硕士研究生，1名双学士学位毕业生。他们学历高、素质高，理论功底深厚，精力充沛，工作热情高，促进了基层法庭工作的开展。

（三）司法为民措施得到落实，形成互动型的解纷模式

河北省基层法院人民法庭坚持协同联动，打造互动型的解纷模式。一是利用互联网技术建立高效的在线联动机制。人民法庭的互联网+诉非衔接平台与综治中心、人民调解组织、行业性调解组织等机构的信息平台对接，形成信息平台集群，如法庭与人民调解员的“民调通”移动终端对接，可以实时动态了解村里发生的纠纷，第一时间排查矛盾。二是建立分层递进的纠纷解决机制。婚姻家庭、相邻关系等简单民事纠纷能调解的尽量在诉前化解，委托各类调解组织进行调解，进行第一次繁简分流。调解成功，可以到

法院申请司法确认，调解不成的移送立案，简单案件进入快速办理机制，或者适用速裁程序，或者适用简易程序，进行第二次繁简分流。涞水法院的案件收案率不增反降，最主要的原因就是诉前矛盾化解做得好，大量纠纷进法院之前都解决了，出现了“无讼村”。三是建立专业化调解机制。针对纠纷类型建立专职调解员队伍，进行专业化培训。邀请不同行业“专家”，共同化解婚姻家庭、劳动争议、交通事故等纠纷。石家庄市桥西区法院与交通事故调委会、物业纠纷调委会、消费纠纷调委会、保险协会、市妇联等机构建立对接机制，共同解决特定类型纠纷。在辖区 9 家医院建立“医患纠纷调解室”，形成法院、医院、人民调解委员会“三位一体”的联调联动机制，大部分医患纠纷在诉前化解。

石家庄市人民法庭根据各自辖区工作特点，认真践行司法为民宗旨。一是开展巡回审判。各法庭都立足于基层，实施便民诉讼活动，如赞皇县法院要求各法庭每月必须到巡回审判点开庭，并邀请村干部、司法协理员、群众旁听并协助做调解和释法明理工作，强化了办案的社会效果。二是积极指导各乡镇（街道）人民调解组织开展工作，努力在源头上化解对抗情绪，最大限度地把矛盾纠纷解决在基层。三是开设“假日法庭”。为那些因工作和其他原因无法在工作日参加诉讼的当事人，专门在休息日开庭审理和调解案件。四是设立诉讼“绿色通道”。对追索赡养费、抚养费、抚恤金、劳动报酬、人身损害赔偿等案件，优先立案，优先审理，以最快最合理的方式解决矛盾纠纷，保护弱势群体的合法权益。五是建立速调对接机制。如桥西法院振头法庭成立了医患纠纷调解室，快速解决矛盾纠纷。人民法庭通过充分发挥审判职能作用，扎根基层，深入田间地头、社区街道，密切了与人民群众的关系，架起了一座人民法院与人民群众联系的桥梁，为社会的和谐稳定做出了积极贡献。

（四）积极开展专业化审判

目前，中心法庭审理的案子基本都是独任审判，都是简易程序。“一乡一庭”作出的调解书、司法确认书等法律文书都是按照普通程序，由法庭庭长和人民陪审员组成合议庭完成，即体现了司法民主的元素，又体现了“严于用权”的要求。因此，设立“一乡一庭”的同时，也健全了保障和监督机制。

人民法庭的庭长由基层人民法院的法官担任，除中心法庭外，其他法庭的工作人员主要由人民陪审员担任，主要职责是协助乡镇党委、政府和基层组织通过诉外程序化解民间纠纷，提供法律帮助，对于不能诉外化解的纠纷，及时引导进入法律程序，防止矛盾激化。部分人民法庭根据当地案件特点，拓展思路，积极尝试开展专业化审判，取得了很好的效果。石家庄市裕华区法院 2009 年成立了婚姻家庭专业法庭（槐底法庭），该法庭运用“婚姻考验期制度”“离婚风险提示制度”“专业力量辅助调解制度”“人身保护令制度”等审理新模式，结合中国传统文化和伦理道德，深层次、人性化地解决婚姻家庭纠纷，有效解决了婚姻家庭案件审判中的难题。2011 年以来，槐底法庭调解撤诉率达到了 90% 以上，服判息诉率达到了 99%，实现了法律效果和社会效果的有机统一。

（五）提升了群众满意度，减轻了党委政府压力

纠纷是指社会主体之间的一种利益对抗状态。作为人民法庭新生力量的“一乡（镇）一庭”立足“六大职能”，化解了大量社会矛盾纠纷。截至目前，河北人民法庭共调解案件 20788 件，指导人民调解组织调解纠纷 9716 件，司法确认 1932 件，乡村普法宣传 3956 次，在推进基层社会治理法治化上发挥了积极作用，有力地维护了基层社会的和谐稳定。

人民法庭的设立，使得人民法院的触角可以直接深入每一个村、街，法官直接工作、生活在老百姓当中，接地气、人情熟、反应快。“春江水暖鸭先知”，在社会矛盾的初始形成时期，人民法庭就能够及时感知并深入掌握纠纷的形成和化解规律，纠纷化解、指导民调、法制宣传等各个方面的职能作用，人民法庭就能够得到更加有效的发挥。这样，乡镇法庭就可以利用自身的职业特长，一方面直接参与矛盾的化解，另一方面可以更加有效地对民调组织、人民陪审员以及行政调解组织进行业务指导，从而提升其他

纠纷解决主体化解纠纷的能力，这样就可以把大量的社会矛盾直接化解在萌芽状态，在减少诉讼、上诉、申诉等各个环节均实现良性循环。不仅如此，乡镇法庭在基层维稳等整个社会管理体系中还可以发挥更大的不可替代的作用。

以石家庄赞皇县为例。人民法庭设立后，尤其是“一乡（镇）一庭”开展工作以来赢得社会各界的广泛认可，老百姓说：乡里有了法庭，谁家有了矛盾纠纷解决起来方便了。乡镇干部、村干部更觉得法庭大大减轻了他们的压力，大量的矛盾纠纷及时得到化解，一些信访老户纷纷回归了正常生活。于乡镇干部、村干部而言，大量矛盾纠纷包括一些信访老户频繁上访的问题，在中心法庭与“一乡（镇）一庭”及时得到化解，大大减轻了他们的工作量。此举更使每周定期到乡镇接访的县领导工作量大幅度降低。石家庄市赞皇县张楞乡王乡长讲：“现在乡里有了法庭，老百姓开始接受最朴素的法制教育，矛盾在基层得到化解，我们底气足了，信访压力没有那么大了，乡里设立法庭太有必要了，可以腾出更多时间和精力搞经济了。”“中心法庭”“一乡（镇）一庭”接地气、受欢迎。

三 改革人民法庭的必要性与重要性

我国司法系统的改革是一个不断试错与自我纠正的过程。纵观人民法庭发展历程，人民法庭的司法改革模式一直在正规化与非正规化、扩张与收缩之间拉锯式反复。河北省人民法庭在改革发展过程中取得了一定成绩，但也出现了以下问题，如人民法庭作用发挥得还不够充分、人民法庭庭长还未真正有效地发挥作用、人民陪审员制度落实不到位等。

基层不稳，地动山摇。基层社会纠纷的有效解决凸显出对人民法庭功能的强烈需求。司法实践表明，人民法庭在解决基层社会纠纷方面发挥着无可替代的重要作用。应当确立人民法庭在基层法院审判工作中的基础性地位，塑造并形成基层法院“重心下移”的审判资源配置格局，加强司法审判与基层社会的融合与互动，全面提升基层法院审判工作的实际成效。习近平总书记曾说，当好省委书记，就要走遍辖区内的每一个区县；当好市委书记，就要走遍辖区内的每一个乡镇；当好县委书记，就要走遍辖区内的每一个村庄。同理，县法院若想实现司法辖区内安乐祥和，就要借助“一乡（镇）一庭”的推行，将司法触角延伸到每一个自然村。由此，在“一乡（镇）一庭”的基础上，倘仍有余力，可以更进一步，尝试在村或社区建立调解室或法官咨询窗口。

四　河北省人民法庭改革的创新路径

（一）处理好调判关系，充分发挥人民法庭的基础性作用

充分发挥调解在化解基层民事纠纷中的独特作用，对适宜调解的民事纠纷要依法先行调解。积极总结不同类型案件的特点，在法律规定框架内，恰当借助乡规民约，尊重善良风俗和社情民意，创新调解工作方法，力求从根源上彻底化解矛盾。坚决纠正强迫调解、久调不决等损害当事人合法权益，以及下达强制性调撤指标等违背审判规律的错误做法。大力提高人民法庭裁判文书质量，注重通过正确适用法律、加强释法说理，发挥司法裁判的道德指引功能，彰显规则、维护秩序、弘扬美德。

（二）加强党建工作，选好法庭庭长

坚持“支部建在庭上”，实现党的组织和党的工作全覆盖。有 3 名以上党员的人民法庭应成立党支部，党员不足 3 名的人民法庭可成立联合党支部。人民法庭党支部的组织关系隶属所在基层人民法院。强化人民法庭党支部的组织功能，严格党内生活，充分发挥党支部对干警的教育、管理、监督职能，注重运用信息网络、新媒体开展党建工作。火车跑得快，全靠车头带。人民法庭职能能否落实，关键在于法庭庭长。法官最重要的就是要有高尚的人格魅力和道德良知，要有一种内在的精神魅力或人格魅力来支撑自己，影响和感化社会。法庭庭长配备时更要严把质量关，选取

管理能力强、业务水平高的同志担任，法庭庭长更需政治素质好、良知品行好。

与此同时，不能只让马儿跑，不让马吃草，亦要提高人民法庭庭长的经济待遇与政治待遇。经济待遇方面，目前河北省给人民法庭庭长发放了相应的基层补助。政治待遇方面，譬如审判委员会委员，人民法庭庭长也应当占有一定比例。河北法院系统根据河北省机构编制委员会办公室《关于基层法院派出人民法庭庭长高配为副科的通知》（冀机编〔2006〕47 号）精神，法庭庭长职级全部按副科级配备，下大力度解决了基层法院一大部分干警的政治待遇，目前包括原有的中心法庭庭长在内，已有近 500 名法庭庭长按照文件精神落实了副科级，提升了法庭庭长的职业尊荣感。当然，这项工作还需协调相关的组织人事部门，继续加大力度落实。石家庄地区正定、元氏、深泽三县法院的法庭编制已获当地编办的批准，高邑、新乐、无极三个法院的法庭编制也正在审批中。

（三）落实人民陪审员倍增计划，完善人民陪审制度

作为“家门口的法院”，人民法庭较少仪式化的审理方式，很大程度上减少了基层群众参与诉讼的心理障碍，消除了老百姓对于“法官”“诉讼”等概念的陌生感甚至畏惧感，有利于他们从容地走进法院，较为平和地在法庭这一特定空间和场景中表达自己的诉求与主张。司法的可接近性无疑能够得到很大程度的提升。石家庄地区的人民陪审员数量基本能达到最低要求，但人民陪审员陪审案件的比例不高。落实人民陪审员倍增计划，结合人民法庭工作特点，扩大基层群众入选比例，扩大参审案件范围。规范人民陪审员参与审理案件的确定方式和流程，认真落实“随机抽取”原则，改变长期驻庭做法。强化人民陪审员岗前和任职培训，提高履职能力。积极探索实行人民陪审员仅参与审理事实认定问题的机制和办法。建立经费保障标准定期调整机制，及时足额发放人民陪审员的交通、误工等补助费用，完善人民陪审制度。

（四）与社会综合治理紧密结合，作为推进“枫桥经验”落地开花的一项重要内容

邢台市桥东区法院的做法就有许多可借鉴之处。政法委牵头以“一乡（镇）一庭”为立足点，统筹法官、政法委员、司法助理、人民陪审员、各村民调员于一体，大力推进基层矛盾纠纷化解。2018 年度诉讼案件数量同比下降 40%，展现出“一乡（镇）一庭”在新时代社会治理方面无可替代的作用。

结 语

“一乡（镇）一庭”建设本身即是河北省人民法庭改革的最大动作。随着《中国共产党政法工作条例》《人民陪审员法》的施行，以“一乡（镇）一庭”大力推行为契机，加快中心法庭改革完善步伐，构建基层法院人民法庭繁荣发展的新格局。在目前基层法院人、财、物条件下，如何整合现有资源并借力，通过制度建设，充分挖潜，向自身要生产力，加强人民法庭与基层社会的融合与互动，是研究报告着重关注的问题。

长远来看，人民法庭改革必须以提供充分有效的司法供给为基础。只有资源充沛，才有力量为基层社会综合治理的深化提供源源不断的动力。当然，资源向基层法院，向人民法庭倾斜，需要各地党委、政府的大力支持。

参考文献

王铭铭、王斯福主编《乡土社会的秩序、公正与权威》，中国政法大学出版社，1997。

何兵：《现代社会的纠纷解决》，法律出版社，2003。

顾培东：《人民法庭地位与功能的重构》，《法学研究》2014 年第 1 期。

高其才、黄宇宁、赵彩凤：《基层司法——社会转型时期的三十二个先进人民法庭实证研究》，法律出版社，2009。

张永和主编《社会中的法理》，法律出版社，2012。

皮书起源

“皮书”起源于十七、十八世纪的英国，主要指官方或社会组织正式发表的重要文件或报告，多以“白皮书”命名。在中国，“皮书”这一概念被社会广泛接受，并被成功运作、发展成为一种全新的出版形态，则源于中国社会科学院社会科学文献出版社。

皮书定义

皮书是对中国与世界发展状况和热点问题进行年度监测，以专业的角度、专家的视野和实证研究方法，针对某一领域或区域现状与发展态势展开分析和预测，具备原创性、实证性、专业性、连续性、前沿性、时效性等特点的公开出版物，由一系列权威研究报告组成。

皮书作者

皮书系列的作者以中国社会科学院、著名高校、地方社会科学院的研究人员为主，多为国内一流研究机构的权威专家学者，他们的看法和观点代表了学界对中国与世界的现实和未来最高水平的解读与分析。

皮书荣誉

皮书系列已成为社会科学文献出版社的著名图书品牌和中国社会科学院的知名学术品牌。2016 年，皮书系列正式列入“十三五”国家重点出版规划项目；2013~2019 年，重点皮书列入中国社会科学院承担的国家哲学社会科学创新工程项目；2019 年，64 种院外皮书使用“中国社会科学院创新工程学术出版项目”标识。

S 基本子库
UB DATABASE

中国社会发展数据库（下设 12 个子库）

全面整合国内外中国社会发展研究成果，汇聚独家统计数据、深度分析报告，涉及社会、人口、政治、教育、法律等 12 个领域，为了解中国社会发展动态、跟踪社会核心热点、分析社会发展趋势提供一站式资源搜索和数据分析与挖掘服务。

中国经济发展数据库（下设 12 个子库）

基于“皮书系列”中涉及中国经济发展的研究资料构建，内容涵盖宏观经济、农业经济、工业经济、产业经济等 12 个重点经济领域，为实时掌控经济运行态势、把握经济发展规律、洞察经济形势、进行经济决策提供参考和依据。

中国行业发展数据库（下设 17 个子库）

以中国国民经济行业分类为依据，覆盖金融业、旅游、医疗卫生、交通运输、能源矿产等 100 多个行业，跟踪分析国民经济相关行业市场运行状况和政策导向，汇集行业发展前沿资讯，为投资、从业及各种经济决策提供理论基础和实践指导。

中国区域发展数据库（下设 6 个子库）

对中国特定区域内的经济、社会、文化等领域现状与发展情况进行深度分析和预测，研究层级至县及县以下行政区，涉及地区、区域经济体、城市、农村等不同维度。为地方经济社会宏观态势研究、发展经验研究、案例分析提供数据服务。

中国文化传媒数据库（下设 18 个子库）

汇聚文化传媒领域专家观点、热点资讯，梳理国内外中国文化发展相关学术研究成果、一手统计数据，涵盖文化产业、新闻传播、电影娱乐、文学艺术、群众文化等 18 个重点研究领域。为文化传媒研究提供相关数据、研究报告和综合分析服务。

世界经济与国际关系数据库（下设 6 个子库）

立足“皮书系列”世界经济、国际关系相关学术资源，整合世界经济、国际政治、世界文化与科技、全球性问题、国际组织与国际法、区域研究 6 大领域研究成果，为世界经济与国际关系研究提供全方位数据分析，为决策和形势研判提供参考。

法律声明